L'ÉTHIQUE PROTESTANTE ET L'ESPRIT DU CAPITALISME

paru en 1905

AGORA

MAX WEBER

L'ÉTHIQUE PROTESTANTE ET L'ESPRIT DU CAPITALISME

Suivi de

LES SECTES PROTESTANTES ET L'ESPRIT DU CAPITALISME

PLON

Initialement paru dans la collection
« Recherches en sciences humaines, »
sous la direction d'E. de Dampierre,
cet ouvrage est la traduction de
Gesammelte Aufsätze zur Religionssoziologie, Band I,
4. Aufl. (Tübingen, Mohr, 1947), pp. 1-236.

MAX WEBER

Première édition 1964
Deuxième édition corrigée 1967

Ce texte appartient à la première partie
des Études de sociologie de la religion

Document de Couverture : Portrait des époux
Arnolfini, 1434 - Jan van Eyck
Huile sur bois. National Gallery, Londres.

La présente édition reproduit le corps du texte dans son intégralité mais ne donne qu'une partie des notes. Le lecteur soucieux de retrouver la totalité des références données par Max Weber est invité à se reporter au texte de l'édition Plon. Il y trouvera une biographie plus complète de l'auteur ainsi qu'une bibliographie de ses sources. L'édition Plon donne également l'indication en chiffres arabes entre crochets de la pagination du texte de départ.

(N.d.e.)

ISBN 2-86917-009-2

MARIANNE WEBER

1893 » BIS INS PIANISSIMO DES HÖCHSTEN ALTERS «

AVANT-PROPOS

Tous ceux qui, élevés dans la civilisation européenne d'aujourd'hui, étudient les problèmes de l'histoire universelle, sont tôt ou tard amenés à se poser, et avec raison, la question suivante : à quel enchaînement de circonstances doit-on imputer l'apparition, dans la civilisation occidentale et uniquement dans celle-ci, de phénomènes culturels qui — du moins nous aimons à le penser — ont revêtu une signification et une valeur universelles *?*

Ce n'est qu'en Occident qu'existe une science *dont nous reconnaissons aujourd'hui le développement comme « valable ». Certes, des connaissances empiriques, des réflexions sur l'univers et la vie, des sagesses profondes, philosophiques ou théologiques, ont aussi vu le jour ailleurs — bien que le développement complet d'une théologie systématique, par exemple, appartienne en propre au christianisme, influencé par l'hellénisme (seuls l'Islam et quelques sectes de l'Inde en ont montré des amorces). Bref, nous constatons ailleurs le témoignage de connaissances et d'observations d'une extraordinaire subtilité, surtout dans l'Inde, en Chine, à Babylone, en Égypte. Mais ce qui manquait à l'astronomie, à Babylone comme ailleurs — l'essor de la science des astres à Babylone n'en est que plus suprenant —, ce sont les fondements mathé-*

matiques que seuls les Grecs ont su lui donner. Dans l'Inde, la géométrie ne connaissait pas la « démonstration » rationnelle, élaborée elle aussi par l'esprit grec au même titre que la physique et la mécanique ; de leur côté, les sciences naturelles indiennes, si riches en observations, ignoraient la méthode expérimentale qui est — hormis quelques tentatives dans l'Antiquité — un produit de la Renaissance, tout comme le laboratoire moderne. En conséquence la médecine, d'une technique empirique très développée, notamment dans l'Inde, y était dépourvue de fondement biologique et surtout biochimique. Hormis l'Occident, aucune civilisation ne possède une chimie rationnelle.

La méthode de Thucydide manque à la haute érudition des historiens chinois. Certes, Machiavel trouve des précurseurs dans l'Inde, mais toutes les politiques asiatiques sont dépourvues d'une méthode systématique comparable à celle d'Aristote, et surtout leur font défaut les concepts rationnels. Les formes de pensée strictement systématiques indispensables à toute doctrine juridique rationnelle, propres au droit romain et à son rejeton, le droit occidental, ne se rencontrent nulle part ailleurs. Et cela malgré des débuts réels dans l'Inde, avec l'école Mîmâmsâ, malgré de vastes codifications, comme en Asie antérieure, et en dépit de tous les livres de lois indiens ou autres. En outre seul l'Occident connaît un édifice tel que le droit canon.

De même pour l'art. D'autres peuples ont eu probablement une oreille musicale plus développée que la nôtre ; à coup sûr, ils ne l'avaient pas moins délicate. Diverses sortes de polyphonies ont été largement répandues dans le monde. On trouve ailleurs que chez nous le déchant, le jeu simultané de plusieurs instruments. D'autres ont connu et calculé nos intervalles rationnels musicaux. Mais la musique rationnelle-

*ment harmonique — contrepoint et harmonie — ; la formation du matériel sonore à partir des accords parfaits ; notre chromatisme et notre enharmonie, non pas rapportés à un système de distances [*distanzmäßig*], mais, depuis la Renaissance, interprétés en termes d'harmonie rationnelle ; notre orchestre groupé autour du quatuor à cordes, avec son ensemble organisé d'instruments à vent et sa basse continue ; notre système de notation, qui a rendu possibles la composition et l'exécution de la musique moderne et en assure l'existence durable ; nos sonates, symphonies, opéras — bien qu'il y eût dans les arts musicaux les plus divers musique à programme, altérations tonales et chromatisme — et le moyen de les exécuter, c'est-à-dire nos instruments fondamentaux : orgue, piano, violon, etc. —, voilà qui n'existe qu'en Occident.*

Durant l'Antiquité et en Asie, l'ogive a été employée comme élément décoratif ; on prétend même que l'Orient n'a pas ignoré la croisée d'ogives. Mais l'utilisation rationnelle de la voûte gothique pour répartir les poussées, pour couvrir des espaces de toutes formes et surtout en tant que principe de construction de vastes monuments, base d'un style *englobant sculpture et peinture, tel que le créa le Moyen Age, tout cela est inconnu ailleurs que chez nous. Il en va de même de la solution du problème de la coupole, dont le principe technique a pourtant été emprunté à l'Orient, et de la rationalisation devenue pour nous « classique » de l'art dans son ensemble — en peinture par l'utilisation rationnelle de la perspective linéaire et aérienne — que nous a value la Renaissance. L'imprimerie existait en Chine, mais en Occident seulement est née une littérature imprimée, uniquement conçue pour l'impression et ne devant son existence qu'à l'imprimerie, c'est le cas de la « presse » et des*

« périodiques ». On trouve en Chine, dans l'Islam, toutes sortes d'instituts d'enseignement supérieur dont certains ne sont pas sans analogies superficielles avec nos universités, du moins avec nos grandes écoles. Mais une recherche scientifique rationnelle, systématique et spécialisée, un corps de spécialistes *exercés, n'ont existé nulle part ailleurs à un degré approchant l'importance prédominante qu'ils revêtent dans notre culture. C'est vrai avant tout du* bureaucrate *spécialisé, pierre angulaire de l'État et de l'économie modernes en Occident. Voilà un personnage dont on a connu des précurseurs, mais qui jamais et nulle part n'avait encore été partie intégrante de l'ordre social. Le bureaucrate, le bureaucrate spécialisé lui-même, est sans doute un phénomène fort ancien dans maintes sociétés, et des plus différentes. Mais à aucune autre époque, ni dans aucune autre contrée, on n'aura éprouvé à ce point combien l'existence sociale tout entière, sous ses aspects politiques, techniques, économiques, dépend inévitablement, totalement, d'une* organisation *de bureaucrates spécialisés et compétents. Les tâches majeures de la vie quotidienne sont entre les mains de bureaucrates qualifiés sur le plan technique et commercial, et surtout de fonctionnaires de l'État qualifiés sur le plan* juridique.

*L'organisation de la société en corps ou états [*Stand*] a été largement répandue. Mais la monarchie fondée sur les états [*Ständestaat*], le* rex et regnum *au sens occidental, n'a été connue que de notre civilisation. De plus, Parlements constitués par des « représentants du peuple » élus périodiquement, gouvernements de démagogues, chefs de partis, « ministres » responsables devant le Parlement, tout cela appartient en propre à l'Occident, bien que naturellement les « partis » politiques, au sens d'organisations cherchant à influencer et à conquérir le pouvoir, aient* existé partout. D'une façon générale, l'« État », défini comme une institution politique ayant une « constitution » écrite, un droit rationnellement établi et une administration orientée par des règles rationnelles ou « lois », des fonctionnaires compétents, n'est attesté qu'en Occident avec cet ensemble de caractéristiques, et ce, en dépit de tous les rapprochements possibles.

Tout cela est également vrai de la puissance la plus décisive de notre vie moderne : le capitalisme.

La « soif d'acquérir », la « recherche du profit », de l'argent, de la plus grande quantité d'argent possible, n'ont en eux-mêmes rien à voir avec le capitalisme. Garçons de cafés, médecins, cochers, artistes, cocottes, fonctionnaires vénaux, soldats, voleurs, croisés, piliers de tripots, mendiants, tous peuvent être possédés de cette même soif — comme ont pu l'être ou l'ont été des gens de conditions variées à toutes les époques et en tous lieux, partout où existent ou ont existé d'une façon quelconque les conditions objectives de cet état de choses. Dans les manuels d'histoire de la civilisation à l'usage des classes enfantines on devrait enseigner à renoncer à cette image naïve. L'avidité d'un gain sans limite n'implique en rien le capitalisme, bien moins encore son « esprit ». Le capitalisme s'identifierait plutôt avec la domination [Bändigung], à tout le moins avec la modération rationnelle de cette impulsion irrationnelle. Mais il est vrai que le capitalisme est identique à la recherche du profit, d'un profit toujours renouvelé, dans une entreprise continue, rationnelle et capitaliste — il est recherche de la rentabilité. Il y est obligé. Là où toute l'économie est soumise à l'ordre capitaliste, une entreprise capitaliste individuelle qui ne serait pas animée [orientiert] par la recherche de la rentabilité serait condamnée à disparaître.

Définissons à présent nos termes d'une façon plus

précise qu'on ne le fait d'ordinaire. Nous appellerons action économique « capitaliste » celle qui repose sur l'espoir d'un profit par l'exploitation des possibilités d'échange, c'est-à-dire sur des chances (formellement) pacifiques de profit. L'acquisition par la force (formelle et réelle) suit ses propres lois et il n'est pas opportun (mais comment l'interdire à quiconque ?) de la placer dans la même catégorie que l'action orientée (en dernière analyse) vers le profit provenant de l'échange. Si l'acquisition capitaliste est recherchée rationnellement, l'action correspondante s'analysera en un recul effectué en termes de capital. Ce qui signifie que si l'action utilise méthodiquement des matières ou des services personnels comme moyen d'acquisition, le bilan de l'entreprise chiffré en argent à la fin d'une période d'activité (ou la valeur de l'actif évalué périodiquement dans le cas d'une entreprise continue) devra excéder *le capital, c'est-à-dire la valeur des moyens matériels de production mis en œuvre pour l'acquisition par voie d'échange. Peu importe qu'il s'agisse de marchandises* in natura *données* in commenda *à un marchand itinérant, dont le profit final peut consister en d'autres marchandises* in natura *acquises dans le commerce ; ou bien qu'il s'agisse d'une usine dont l'actif, représenté par des bâtiments, des machines, de l'argent liquide, des matières premières, des produits finis ou semi-finis, des créances, est compensé par des engagements. Ce qui compte, c'est qu'une estimation du capital soit faite en argent ; peu importe que ce soit par les méthodes de la comptabilité moderne ou de toute autre manière, si primitive et rudimentaire soit-elle. Tout se fait par bilans. Au début de l'entreprise : bilan initial ; avant chaque affaire : estimation du profit probable ; à la fin : bilan définitif visant à établir le montant du profit. Par exemple, le bilan initial d'une* commenda *devra déterminer la valeur en argent, reconnue exacte par les associés, des marchandises confiées (dans la mesure où elles n'ont pas déjà forme monétaire au départ) ; et un bilan final permettra de répartir les profits et les pertes. Chaque opération des associés reposera sur le calcul dans la mesure où les transactions seront rationnelles. Il arrive, même de nos jours, qu'on ne fasse ni calcul ni estimation précise, qu'on s'en tienne soit à une approximation, soit à un procédé simplement traditionnel ou conventionnel, lorsque les circonstances n'imposent pas de calcul précis. Mais cela ne touche qu'au degré de* rationalité *de l'acquisition capitaliste.*

*L'important pour notre concept, ce qui détermine ici l'action économique de façon décisive, c'est la tendance [*Orientierung*]* effective *à comparer un résultat exprimé en argent avec un investissement évalué en argent [*Geldschätzungseinsatz*], si primitive soit cette comparaison. Dans la mesure où les documents économiques nous permettent de juger, il y a eu en ce sens, dans tous les pays civilisés, un capitalisme et des entreprises capitalistes reposant sur une rationalisation passable des évaluations en capital [*Kapitalrechnung*]. En Chine, dans l'Inde, à Babylone, en Égypte, dans l'Antiquité méditerranéenne, au Moyen Age aussi bien que de nos jours. Il ne s'agissait pas seulement d'opérations individuelles [*Einzelunternehmungen*] isolées, mais d'entreprises économiques entièrement fondées sur le renouvellement d'opérations capitalistes isolées, voire des exploitations permanentes. Pendant longtemps cependant, le commerce n'a pas revêtu comme le nôtre aujourd'hui un caractère permanent ; il consistait essentiellement en une série d'opérations isolées. Ce n'est que graduellement que l'activité des* gros *négociants a gagné une cohérence interne (notamment avec l'établissement de* *succursales). En tout cas, entreprise capitaliste et entrepreneur capitaliste sont répandus à travers le monde depuis des temps très anciens, non seulement en vue d'affaires isolées, mais encore pour une activité permanente.*

Toutefois, c'est en Occident que le capitalisme a trouvé sa plus grande extension et connu des types, des formes, des tendances qui n'ont jamais vu le jour ailleurs. Dans le monde entier il y a eu des marchands : grossistes ou détaillants, commerçant sur place ou au loin. Toutes sortes de prêts ont existé ; des banques se sont livrées aux opérations les plus variées, pour le moins comparables à celles de notre XVIe *siècle. Les prêts maritimes, les* commenda, *les associations et sociétés en commandite ont été largement répandus et ont même parfois revêtu une forme permanente. Partout où ont existé des crédits de fonctionnement pour les institutions publiques, les prêteurs sont apparus : à Babylone, en Grèce, dans l'Inde, en Chine, à Rome. Ils ont financé des guerres, la piraterie, des marchés de fournitures, des opérations immobilières de toutes sortes.*

Dans la politique d'outre-mer, ils ont joué le rôle d'entrepreneurs coloniaux, de planteurs possesseurs d'esclaves, utilisant le travail forcé. Ils ont pris à ferme domaines et charges, avec une préférence pour le recouvrement des impôts. Ils ont financé les chefs de partis en période d'élections et les condottieri en temps de guerres civiles. En fin de compte, ils ont été des spéculateurs *à la recherche de toutes les occasions de réaliser un gain pécuniaire. Cette variété d'entrepreneurs, les* aventuriers *capitalistes, a existé partout. A l'exception du commerce ou des opérations de crédit et de banque, leurs activités ont revêtu un caractère irrationnel et spéculatif, ou bien elles se sont orientées vers l'acquisition par la violence, avant tout par des prélèvements de butin : soit directement, par la guerre, soit indirectement, sous la forme permanente du butin fiscal, c'est-à-dire par l'exploitation des sujets. Autant de caractéristiques que l'on retrouve souvent encore dans le capitalisme de l'Occident moderne : capitalisme des flibustiers de la finance, des grands spéculateurs, des pourchasseurs de concessions coloniales, des grands financiers. Et surtout dans celui qui fait son affaire de l'exploitation des* guerres, *auquel se trouve liée, aujourd'hui comme toujours, une partie, mais une partie seulement, du grand commerce international.*

Mais, dans les temps modernes, *l'Occident a connu en propre une autre forme de capitalisme : l'organisation rationnelle capitaliste du* travail *(formellement)* libre, *dont on ne rencontre ailleurs que de vagues ébauches. Dans l'Antiquité, l'organisation du travail servile n'a atteint un certain niveau de rationalisation que dans les plantations et, à un moindre degré, dans les* ergasteria. *Au début des temps modernes, la rationalisation a encore été plus restreinte dans les fermes et les ateliers seigneuriaux, ainsi que dans les industries domestiques des domaines seigneuriaux utilisant le travail servile. De véritables industries domestiques, recourant au travail libre, n'ont existé hors de l'Occident — le fait est avéré — qu'à l'état isolé. L'emploi pourtant très répandu de journaliers n'a conduit qu'exceptionnellement à la mise sur pied de manufactures — et cela sous des formes très différentes de l'organisation industrielle moderne (monopoles d'État) —, jamais en tout cas à une organisation de l'apprentissage du métier à la manière de notre Moyen Age.*

Mais l'organisation rationnelle de l'entreprise, liée aux prévisions d'un marché régulier et non aux occasions irrationnelles ou politiques de spéculer, n'est pas la seule particularité du capitalisme occidental. Elle n'aurait pas été possible sans deux autres facteurs importants : la séparation du ménage *[*Haushalt*] et de l'entreprise [*Betrieb*], qui domine toute la vie économique moderne ; la* comptabilité *rationnelle, qui lui est intimement liée. Nous trouvons ailleurs également la séparation dans l'espace du logis et de l'atelier (ou de la boutique) — exemples : le bazar oriental et les* ergasteria *de certaines civilisations. De même, au Levant, en Extrême-Orient, dans l'Antiquité, des associations capitalistes ont leur comptabilité indépendante. Mais par rapport à l'indépendance moderne des entreprises ce ne sont là que de modestes tentatives. Avant tout, parce que les conditions indispensables de cette indépendance, à savoir notre comptabilité rationnelle et notre séparation légale de la propriété des entreprises et de la propriété personnelle, font totalement défaut, ou bien n'en sont qu'à leurs débuts. Partout ailleurs, les entreprises recherchant le profit ont eu tendance à se développer à partir d'une grande économie familiale, qu'elle soit princière ou domaniale (l'*oikos*) ; elles présentent, comme l'a bien vu Rodbertus, à côté de parentés superficielles avec l'économie moderne, un développement divergent, voire opposé.*

Cependant, en dernière analyse, toutes ces particularités du capitalisme occidental n'ont reçu leur signification moderne que par leur association avec l'organisation capitaliste du travail. Ce qu'en général on appelle la « commercialisation », le développement des titres négociables, et la Bourse qui est la rationalisation de la spéculation, lui sont également liés. Sans l'organisation rationnelle du travail capitaliste, tous ces faits — en admettant qu'ils demeurent possibles — seraient loin d'avoir la même signification, surtout en ce qui concerne la structure sociale et tous les problèmes propres à l'Occident moderne qui lui sont connexes. Le calcul exact, fondement de tout le reste, n'est possible que sur la base du travail libre.

Et comme, ou plutôt parce que, en dehors de l'Occident on ne trouve pas trace d'une organisation rationnelle du travail, on ne trouve pas davantage trace d'un socialisme *rationnel. Sans doute le reste du monde a-t-il connu l'économie urbaine, les politiques de ravitaillement urbain, les théories princières du mercantilisme et de la prospérité, le rationnement, la régulation de l'économie, le protectionnisme et les théories du laisser-faire (en Chine). Il a connu aussi des économies communistes et socialistes de types divers : communisme familial, religieux ou militaire, socialisme d'État (en Égypte), cartels monopolistes et organismes de consommateurs. Bien qu'il y ait eu partout des privilèges de marchés pour les cités, des corporations, des guildes et toutes sortes de différences légales entre la ville et la campagne, le concept de « bourgeois » et celui de « bourgeoisie » ont été pourtant ignorés ailleurs qu'en Occident. De même, le « prolétariat », en tant que classe, ne pouvait exister en l'absence de toute entreprise organisant le* travail libre. *Sous diverses formes, on rencontre partout des « luttes de classes » : entre créanciers et débiteurs, entre propriétaires fonciers et paysans sans terres, ou serfs, ou fermiers, entre commerçants et consommateurs ou propriétaires fonciers. Ailleurs qu'en Europe, cependant, on ne trouve que sous une forme embryonnaire les luttes entre commanditaires et commandités de notre Moyen Age occidental. L'antagonisme moderne entre grand entrepreneur industriel et ouvrier salarié libre était totalement inconnu. D'où l'absence de problèmes semblables à ceux que connaît le socialisme moderne.*

Par conséquent, dans une histoire universelle de la

civilisation, le problème central — même d'un point de vue purement économique — ne sera pas pour nous, en dernière analyse, le développement de l'activité capitaliste en tant que telle, différente de forme suivant les civilisations : ici aventurière, ailleurs mercantile, ou orientée vers la guerre, la politique, l'administration ; mais bien plutôt le développement du capitalisme d'entreprise bourgeois, *avec son organisation rationnelle du* travail libre. *Ou, pour nous exprimer en termes d'histoire des civilisations, notre problème sera celui de la naissance de la classe bourgeoise occidentale avec ses traits distinctifs. Problème à coup sûr en rapport étroit avec l'origine de l'organisation du* travail libre *capitaliste, mais qui ne lui est pas simplement identique. Car la* bourgeoisie, *en tant qu'état, a existé avant le développement de la forme spécifiquement moderne du capitalisme — cela, il est vrai, en Occident* seulement.

Il est notoire que la forme proprement moderne du capitalisme occidental a été déterminée, dans une grande mesure, par le développement des possibilités techniques. *Aujourd'hui, sa rationalité dépend essentiellement de la* possibilité d'évaluer *les facteurs techniques les plus importants. Ce qui signifie qu'elle dépend de traits particuliers de la science moderne, tout spécialement des sciences de la nature, fondées sur les mathématiques et l'expérimentation rationnelle. D'autre part, le développement de ces sciences, et des techniques qui en sont dérivées, a reçu et reçoit de son côté une impulsion décisive des intérêts capitalistes qui attachent des récompenses [*Prämien*] à leurs applications pratiques. A vrai dire, l'origine de la science occidentale n'a pas été déterminée par de tels intérêts. Les Indiens ont une numération de position qui équivaut à un calcul algébrique, ils ont inventé le système décimal sans pourtant parvenir ni au calcul ni* à la comptabilité modernes. Il revenait au capital occidental, en se développant, de l'utiliser. Les intérêts capitalistes n'ont pas déterminé la naissance des mathématiques, ou de la mécanique, mais l'utilisation technique du savoir scientifique, si importante pour les conditions de vie de la masse de la population, a certainement été stimulée en Occident par les avantages [Prämien] économiques qui y étaient précisément attachés. Or ces avantages découlaient de la structure sociale spécifique à l'Occident. Nous voici amené à nous demander de quels éléments de cette structure sociale l'utilisation technique de la science découle-t-elle, étant admis que tous les éléments ne sauraient avoir eu une égale importance.

La structure rationnelle du droit et de l'administration est sans aucun doute importante. En effet, le capitalisme d'entreprise rationnel nécessite la prévision calculée, non seulement en matière de techniques de production, mais aussi de droit, et également une administration aux règles formelles. Sans ces éléments les capitalismes aventurier, spéculatif, commercial, sont certes possibles, de même que toutes les sortes de capitalisme politiquement déterminé, mais non pas l'entreprise rationnelle conduite par l'initiative individuelle avec un capital fixe et des prévisions sûres. Seul l'Occident a disposé pour son activité économique d'un système juridique et d'une administration atteignant un tel degré de perfection légale et formelle. Mais d'où vient ce droit ? demandera-t-on. La recherche montre qu'à côté d'autres circonstances les intérêts capitalistes ont indubitablement contribué pour leur part — non pas la seule, ni même la principale — à frayer la voie à l'autorité d'une classe de juristes rompus à l'exercice du droit et de l'administration. Mais ces intérêts n'ont pas créé le droit. De tout autres forces encore y ont contribué. Pourquoi les *intérêts capitalistes en Chine ou dans l'Inde n'ont-ils donc pas dirigé le développement scientifique, artistique, politique, économique sur la voie de la* rationalisation *qui est le propre de l'Occident ?*

Car, dans tous les cas rapportés ci-dessus, il s'agit bien d'une forme de « rationalisme » spécifique, particulier à la civilisation occidentale. Or ce mot peut désigner des choses extrêmement diverses — nous serons amené à le répéter dans la discussion qui va suivre. Il y a, par exemple, des « rationalisations » de la contemplation mystique — c'est-à-dire d'une attitude qui, considérée à partir d'autres domaines de la vie, est tenue pour spécifiquement « irrationnelle » — de la même façon qu'il y a des rationalisations de la vie économique, de la technique, de la recherche scientifique, de l'éducation, de la formation militaire, du droit, de l'administration. En outre, chacun de ces domaines peut être rationalisé en fonction de fins, de buts extrêmement divers, et ce qui est « rationnel » d'un de ces points de vue peut devenir « irrationnel » sous un autre angle. De là des variétés considérables de rationalisation dans les divers domaines de la vie et selon les civilisations. Pour en caractériser les différences, du point de vue de l'histoire des civilisations, il est nécessaire de déterminer quels sont les domaines rationalisés et dans quelle direction ils le sont. Il s'agira donc, tout d'abord, de reconnaître les traits distinctifs *du rationalisme occidental et, à l'intérieur de celui-ci, de reconnaître les formes du rationalisme moderne, puis d'en expliquer l'origine. Toute tentative d'explication de cet ordre devra admettre l'importance fondamentale de l'économie et tenir compte, avant tout, des conditions économiques. Mais, en même temps, la corrélation inverse devra être prise en considération. Car si le développement du rationalisme économique dépend, d'une façon géné-*

rale, de la technique et du droit rationnels, il dépend aussi de la faculté et des dispositions qu'a l'homme d'adopter certains types de conduite *rationnels pratiques. Lorsque ces derniers ont buté contre des obstacles spirituels, le développement du comportement économique rationnel s'est heurté, lui aussi, à de graves résistances intérieures. Dans le passé, les forces magiques et religieuses, ainsi que les idées d'obligation morale qui reposent sur elles, ont toujours compté parmi les plus importants des éléments formateurs de la conduite. C'est ce dont nous parlerons dans les études rassemblées ici.*

Nous avons placé au début deux études assez anciennes. On y tente d'aborder le problème par un aspect important qui est en général l'un des plus difficiles à saisir : de quelle façon certaines croyances religieuses déterminent-elles l'apparition d'une « mentalité économique », autrement dit l'« éthos » d'une forme d'économie ? Nous avons pris pour exemple les relations de l'esprit de la vie économique moderne avec l'éthique rationnelle du protestantisme ascétique. Nous ne nous occuperons donc que d'un seul aspect de l'enchaînement causal. Les études qui suivent[1], *sur l'*Éthique économique des grandes religions du monde, *visent à établir les relations des religions les plus importantes avec l'économie et la stratification sociale. Elles s'efforcent de poursuivre ces deux relations causales aussi loin qu'il sera nécessaire afin de trouver les points de* comparaison *avec le développement occidental qui, en outre, sera lui-même à analyser. C'est la seule façon, en effet, de rechercher avec quelque espoir une imputation causale au regard de ces éléments de l'éthique économique de la religion*

1. Voir bibliographie sommaire en fin de volume.

occidentale par lesquels elle s'oppose aux autres. Toutefois, ces études — si condensées soient-elles — ne prétendent nullement constituer des analyses complètes. Au contraire, c'est de propos délibéré qu'elles mettent l'accent sur les éléments par lesquels chaque civilisation étudiée était et demeure en opposition avec le développement de la civilisation occidentale. Elles sont donc tout entières orientées vers les problèmes qui, de ce point de vue, paraissent importants pour comprendre la civilisation occidentale. Étant donné le but que nous nous sommes fixé, aucun autre procédé ne saurait être retenu. Mais, afin d'éviter tout malentendu, nous soulignerons ici expressément les limites de notre propos.

D'autre part, il convient de mettre en garde le profane contre une surestimation des présentes études. De toute évidence, le sinologue, l'indianiste, le sémitologue, l'égyptologue, n'y trouveront point de faits nouveaux. Souhaitons du moins qu'ils n'y découvrent rien d'essentiel qui soit faux. L'auteur ignore dans quelle mesure il est parvenu, bien que non spécialiste, à approcher un pareil idéal. Celui qui doit s'en remettre à des traductions et doit en outre utiliser les sources littéraires, les témoins archéologiques, les documents d'archives, est bien obligé de se fier aux spécialistes, tout en étant incapable de juger de la valeur exacte de travaux qui sont souvent eux-mêmes très controversés. Un tel auteur a toutes les raisons de se montrer modeste. D'autant qu'au regard de tous les documents qui existent, et ils sont abondants, le nombre de traductions des sources véritables (inscriptions et documents) dont nous disposons (pour la Chine en particulier) est encore des plus restreints. De là — surtout en ce qui concerne l'Asie — le caractère très provisoire de nos essais. Au spécialiste de juger en dernier ressort. Ces études n'ont d'ailleurs été entre-

prises qu'en raison de l'absence à ce jour [1920] de travaux de spécialistes qui répondent au but que nous nous sommes proposé. Elles sont destinées, dans une large mesure, à être bientôt « dépassées », ce qui est finalement le sort de tous les travaux scientifiques. Mais, pour critiquable que cela soit, il est difficile, dans des travaux comparatifs, de se garder de tout empiétement sur le terrain d'autres spécialistes. Résignons-nous donc, dès le départ, à une réussite incomplète.

*Soit que la mode, soit que leur propre ardeur les y induise, les hommes de lettres croient aujourd'hui pouvoir se passer du spécialiste, ou bien le ravaler au rôle de collaborateur subalterne du « voyant » [*Schauender*]. Presque toutes les sciences sont redevables aux dilettantes d'aperçus souvent intéressants, précieux même. Mais si le dilettantisme était le principe de la science, il en serait aussi la fin. Que celui qui désire « voir » aille au cinéma. D'ailleurs, ne lui offre-t-on pas aujourd'hui, sous une forme littéraire, une masse de choses qui appartiennent au champ de nos investigations ? Rien n'est plus éloigné d'études sérieuses et strictement empiriques que semblable attitude. Et j'ajouterai : que celui qui veut entendre un « sermon » aille dans un conventicule. Nous ne dirons pas ici le moindre mot de la valeur relative des civilisations que nous comparons. Il est vrai que le destin de l'humanité ne peut qu'épouvanter celui qui en contemple une période. Mais il est bon de garder pour soi ses petits commentaires personnels, comme on le fait à la vue de la mer ou de la haute montagne, à moins qu'on ne se sente la vocation et le don de les exprimer sous forme d'œuvre d'art ou de prophétie. Dans la plupart des autres cas, la prolixité des discours « intuitifs » masque seulement le fait que l'on est incapable de prendre ses distances par rapport à* l'objet, incapacité qui mérite d'être jugée de la même façon que lorsque ce manque de perspective s'applique aux hommes.

Que nous n'ayons pas eu recours aux matériaux fournis par l'ethnographie nécessite une justification. L'état où cette science est aujourd'hui parvenue devrait évidemment rendre son emploi indispensable dans toute étude approfondie — surtout en ce qui concerne les religions de l'Asie. Si nous nous sommes ainsi limité, ce n'est pas uniquement dû au fait que la capacité de travail d'un homme est limitée. Cette omission nous a paru permise avant tout parce que nous devions obligatoirement traiter ici de l'éthique religieuse des couches sociales, qui dans leurs pays respectifs, jouaient le rôle de « porteurs » de la civilisation, parce que nous nous occupions de l'influence exercée par leur comportement. Or il est très vrai que leur caractère propre ne peut être connu et compris que par confrontation avec les faits ethnographiques. Nous devons donc admettre sans ambages, et même souligner, qu'il s'agit ici d'une lacune de nature à susciter des objections justifiées de la part de l'ethnographie. Cette lacune, nous pouvions espérer la combler par une étude systématique de la sociologie de la religion, mais une telle entreprise aurait outrepassé le propos limité de la présente étude. En conséquence, force nous était de nous contenter d'essayer de mettre au jour, le mieux possible, les points de comparaison avec nos religions de civilisation [Kulturreligionen] de l'Occident.

Pensons enfin au côté anthropologique du problème. Rencontrant sans cesse en Occident, et là seulement, certains types bien déterminés de rationalisation — jusque dans des domaines du comportement qui (apparemment) se sont développés indépendamment les uns des autres — on est naturellement *conduit à y voir le résultat décisif de qualités* héréditaires. *L'auteur confesse qu'il incline — ce qui est tout personnel et subjectif — à attribuer une grande importance à l'hérédité biologique. Mais, en dépit des résultats considérables auxquels est parvenue l'anthropologie, je ne vois pas, jusqu'à présent, comment nous pourrions évaluer, ne fût-ce qu'approximativement, dans quelle mesure et surtout sous quelle forme l'hérédité intervient dans le développement de ce processus de rationalisation. Une des tâches à assigner aux recherches sociologiques et historiques devrait donc consister à découvrir d'abord toutes ces influences et tous ces enchaînements de causes qui peuvent être expliqués de façon satisfaisante comme des réactions au destin et au milieu. Ensuite, et dans le cas seulement où la neurologie et la psychologie des races auraient progressé au-delà des résultats actuels — prometteurs à bien des égards —, nous serions* peut-être *en droit d'espérer des solutions satisfaisantes à ce problème. En attendant, ces conditions semblent faire défaut, et en appeler à l'hérédité serait renoncer prématurément à des connaissances qui sont peut-être dès maintenant à notre portée ; ce serait faire dévier le problème vers des facteurs (aujourd'hui) encore inconnus.*

L'ÉTHIQUE PROTESTANTE ET L'ESPRIT CAPITALISTE

CHAPITRE PREMIER

LE PROBLÈME

1. *Confession et stratification sociale.*

Si l'on consulte les statistiques professionnelles d'un pays où coexistent plusieurs confessions religieuses, on constate avec une fréquence digne de remarque un fait qui a provoqué à plusieurs reprises de vives discussions dans la presse, la littérature et les congrès catholiques en Allemagne : que les chefs d'entreprise et les détenteurs de capitaux, aussi bien que les représentants des couches supérieures qualifiées de la main-d'œuvre et, plus encore, le personnel technique et commercial hautement éduqué des entreprises modernes, sont en grande majorité protestants[1]. Cela sans doute est vrai là où la différence de religion coïncide avec une nationalité différente, donc avec une différence de niveau culturel, comme c'est le cas dans l'est de l'Allemagne entre Allemands et Polonais ; mais le même phénomène apparaît dans les chiffres des statisti-

1. Un de mes élèves a étudié à fond les données statistiques les plus détaillées que nous possédions aujourd'hui sur ce sujet : la statistique confessionnelle du pays de Bade. Cf. Martin OFFENBACHER, *Konfession und soziale Schichtung. Eine Studie über wirtschaftliche Lage der Katholiken und Protestanten in Baden* (Tübingen et Leipzig 1901), t. IV, fasc. 5 des *Voklswirtschaftliche Abhandlungen der badischen Hochschulen.* Les faits et les chiffres utilisés ci-dessous comme exemples sont tous extraits de cette étude.

ques confessionnelles, presque partout où le capitalisme a eu, à l'époque de son épanouissement, les mains libres pour modifier suivant ses besoins la stratification de la population et en déterminer la structure professionnelle. Et le fait est d'autant plus net que le capitalisme a été plus libre. Il est vrai qu'on peut en partie expliquer par des circonstances historiques cette participation relativement plus forte des protestants à la possession du capital[1], à la direction et aux emplois supérieurs dans les grandes entreprises industrielles et commerciales modernes. Ces circonstances remontent loin dans le passé et font apparaître l'appartenance confessionnelle non comme la *cause première* des conditions économiques, mais plutôt, dans une certaine mesure, comme leur *conséquence*. Participer à ces fonctions économiques présuppose d'une part la possession de capitaux, d'autre part une éducation coûteuse, en général les deux à la fois — ce qui est lié, de nos jours encore, à un certain bien-être matériel. Un grand nombre de régions du Reich, les plus riches et les plus développées économiquement, les plus favorisées par leur situation ou leurs ressources naturelles, en particulier la majorité des villes riches, étaient passées au protestantisme dès le XVIe siècle. Fait qui a des répercussions aujourd'hui encore et favorise les protestants dans la lutte pour l'existence économique. Se pose alors la question historique : pourquoi les régions économiquement les plus avancées se montraient-elles en même temps particulièrement favorables à une révolution

1. Par exemple, à Bade, en 1895, pour 1 000 protestants le capital assujetti à l'impôt sur le revenu était de 954 060 marks ; pour 1 000 catholiques, 589 000 marks. Il est vrai que les juifs venaient largement en tête avec 4 000 000 de marks pour 1 000.

dans l'Église ? La réponse est beaucoup moins simple qu'on pourrait le penser.

Sans conteste, l'émancipation à l'égard du traditionalisme économique apparaît comme l'un des facteurs qui devaient fortifier la tendance à douter aussi de la tradition religieuse et à se soulever contre les autorités traditionnelles. Mais il importe de souligner également un fait trop oublié : la Réforme ne signifiait certes pas l'élimination de la domination de l'Église dans la vie de tous les jours, elle constituait plutôt la substitution d'une *nouvelle* forme de domination à l'ancienne. Elle signifiait le remplacement d'une autorité extrêmement relâchée, pratiquement inexistante à l'époque, par une autre qui pénétrait tous les domaines de la vie publique ou privée, imposant une réglementation de la conduite infiniment pesante et sévère. L'autorité de l'Église catholique, « punissant l'hérétique mais indulgente au pécheur » — et cela était vrai autrefois plus encore qu'aujourd'hui —, est tolérée de nos jours par des peuples ayant une physionomie économique profondément moderne. De même, elle était supportée à la fin du XVe siècle par les régions de la terre les plus riches, les plus développées économiquement parlant. L'autorité du calvinisme, telle qu'elle sévit au XVIe siècle à Genève et en Écosse, à la fin du XVIe et au début du XVIIe siècle dans la plus grande partie des Pays-Bas, au XVIIe siècle en Nouvelle-Angleterre et, pour un temps, en Angleterre, représenterait pour nous la forme la plus absolument insupportable de contrôle ecclésiastique sur l'individu. C'est d'ailleurs ce que ressentaient de larges couches de l'ancien patriciat, à Genève comme en Hollande et en Angleterre. Et ce dont les réformateurs se plaignaient dans ces pays économiquement les plus évolués, ce n'était pas que la domination religieuse sur l'individu fût trop forte, mais au contraire qu'elle fût trop faible. Or, comment se fait-il que les pays à l'économie la plus développée et, dans ces pays, les classes moyennes en plein essor aient alors non seulement supporté avec patience la tyrannie, jusque-là inconnue, du puritanisme, mais l'aient même défendue avec héroïsme ? Un héroïsme dont les classes *bourgeoises en tant que telles* n'ont fait que rarement preuve auparavant, et jamais depuis. Ce fut *the last of our heroisms*, comme Carlyle l'a dit non sans raison.

En outre — et il faut le souligner — si dans la vie économique moderne les protestants détiennent une part plus grande du capital et sont plus nombreux aux postes de direction, il est possible, nous l'avons dit, que ce soit la conséquence, en partie du moins, d'une plus grande richesse transmise par héritage. Mais il existe certains autres phénomènes qui ne peuvent être expliqués de la même façon. Nous n'en retiendrons que quelques-uns. Tout d'abord, les parents catholiques diffèrent grandement des protestants dans le choix du genre d'enseignement secondaire qu'ils font donner à leurs enfants — différence qu'on décèle très généralement dans le pays de Bade, en Bavière ou en Hongrie. Il faut, sans aucun doute, mettre pour une très grande part au compte de différences dans l'importance de la fortune héritée le fait que le pourcentage des étudiants catholiques dans les établissements secondaires est considérablement inférieur à la proportion des catholiques par rapport à la population totale[1]. Mais on ne saurait

1. La population du pays de Bade comprenait en 1895 : 37 % de protestants, 61,3 % de catholiques et 1,5 % de juifs. Les

expliquer de la même façon pourquoi les bacheliers catholiques qui sortent de *Realgymnasien*, de *Realschulen*, de *höheren Bürgerschulen* et autres établissements qui préparent aux études techniques et aux professions industrielles et commerciales ne représentent qu'un pourcentage nettement inférieur à celui des protestants[1], tandis que les humanités ont toutes leurs préférences. En revanche, on peut de cette façon rendre compte de la faible participation des catholiques aux profits tirés du capital.

élèves poursuivant des études après les années d'enseignement obligatoire se répartissaient comme suit pour la période 1885-1894 (OFFENBACHER, *op. cit.*, p. 16) :

	Protestants %	*Catholiques* %	*Juifs* %
Gymnasien	43	46	9,5
Realgymnasien	**60**	31	9
Oberrealschulen	**52**	41	7
Realschulen	49	40	11
Höhere Bürgerschulen	51	37	12
Moyenne	48	42	10

Le même phénomène se retrouve en Prusse, en Bavière, dans le Würtemberg, en Alsace-Lorraine et en Hongrie (voir les chiffres dans OFFENBACHER, *op. cit.* cf. la note 1, p. 29).

[Le *Gymnasium* dispense l'enseignement classique. Au *Realgymnasium*, le grec est supprimé et le latin réduit, au profit des langues vivantes, des mathématiques, des sciences. Les *Realschulen* et *Oberrealschulen* sont semblables au *Realgymnasium*, sauf que le latin y est remplacé par les langues vivantes. — ÉD.]

1. Les chiffres mentionnés dans la note précédente montrent que la fréquentation des écoles secondaires par les catholiques est inférieure d'un tiers à la proportion de ceux-ci dans la population. Ils ne dépassent leur moyenne, de très peu d'ailleurs, que dans le cas des lycées classiques (sans doute comme préparation à des études de théologie). Compte tenu des développements qui vont suivre, faisons encore remarquer le fait caractéristique qu'en Hongrie la fréquentation des écoles secondaires par les réformés présente une moyenne encore plus élevée.

Autre observation, plus frappante encore, et qui permet de comprendre la part minime qui revient aux catholiques dans la main-d'œuvre qualifiée de la grande industrie moderne. Il est bien connu que l'usine prélève dans une large mesure sa main-d'œuvre qualifiée parmi les jeunes générations de l'artisanat, qu'elle soustrait à celui-ci après lui avoir laissé la charge de les former. Mais cela est beaucoup plus vrai des compagnons protestants que des compagnons catholiques. En d'autres termes, les compagnons catholiques manifestent une tendance prononcée à demeurer dans l'artisanat, pour y devenir assez souvent maîtres ouvriers, alors que, dans une mesure relativement plus large, les protestants sont attirés par les usines, où ils constitueront les cadres supérieurs de la main-d'œuvre qualifiée et assumeront les emplois administratifs. Indubitablement, le choix des occupations et, par là même, la carrière professionnelle, ont été déterminés par des *particularités mentales* que conditionne le milieu, c'est-à-dire, ici, par le type d'éducation qu'aura inculquée l'atmosphère religieuse de la communauté ou du milieu familial.

Or, dans l'Allemagne moderne, la participation assez minime des catholiques à la vie des affaires [*Erwerbsleben*] est d'autant plus frappante qu'elle contredit une tendance observée de tout temps, et aujourd'hui encore. Les minorités nationales ou religieuses qui se trouvent dans la situation de « dominés » par rapport à un groupe « dominant » sont, d'ordinaire, vivement attirées par l'activité économique du fait même de leur exclusion, volontaire ou involontaire, des positions politiques influentes. Leurs membres les plus doués cherchent ainsi à satisfaire une ambition qui ne trouve pas à s'employer au service de l'État. C'est ce qui s'est passé avec les Polonais en Russie et en Prusse-Orientale, où ils étaient en progrès économique rapide — au contraire de ce qu'on voyait en Galicie où ils étaient les maîtres. Il en allait de même un peu plus tôt dans la France de Louis XIV avec les huguenots, avec les non-conformistes et les quakers en Angleterre et enfin — *last but not least* — avec les juifs depuis deux mille ans. Mais en Allemagne nous ne constatons pas le même phénomène chez les catholiques ; du moins rien n'est moins évident. Et même dans le passé, à une époque où ils étaient persécutés, ou seulement tolérés, en Hollande et en Angleterre, les catholiques — à l'inverse des protestants — n'offrent point le spectacle d'un développement économique notable. Bien plus, c'est un fait que les protestants (et parmi eux plus particulièrement certaines tendances, dont il sera parlé plus loin) ont montré une disposition toute spéciale pour le rationalisme économique, qu'ils constituent la couche dominante ou la couche dominée, la majorité ou la minorité ; ce qui n'a jamais été observé au même point chez les catholiques, dans *l'une ou l'autre* de ces situations. En conséquence, le principe de ces attitudes différentes ne doit pas être recherché uniquement dans des circonstances extérieures temporaires, historico-politiques, mais dans le caractère intrinsèque et permanent des croyances religieuses.

Il importerait donc de savoir quels sont, ou quels ont été, les éléments particuliers de ces religions qui ont agi et agissent encore en partie dans le sens que nous avons décrit. En partant d'analyses superficielles et de certaines « impressions » contemporaines, on pourrait essayer d'exprimer cette opposition ainsi : le catholicisme est plus « détaché du monde » [*Weltfremdheit*], ses éléments ascétiques révèlent un idéal plus élevé, il a dû inculquer à ses fidèles une plus grande indifférence à l'égard des biens de ce monde. Une telle explication correspond en effet au schéma usuel du jugement populaire. Les protestants se réfèrent à cette façon de voir pour critiquer les idéaux ascétiques (réels ou supposés) de la conduite catholique ; les catholiques répondent de leur côté en dénonçant le « matérialisme » comme une conséquence de la sécularisation de tous les domaines de la vie par le protestantisme. Un auteur moderne [Offenbacher] a cru pouvoir formuler en ces termes l'opposition qui apparaît entre les deux confessions dans leur relation avec la vie économique :

> Le catholique est [...] plus tranquille, possédé d'une moindre soif de profit ; il préfère une vie de sécurité, fût-ce avec un assez petit revenu, à une vie de risque et d'excitation, celle-ci dût-elle lui apporter richesses et honneurs. La sagesse populaire dit plaisamment : soit bien manger, soit bien dormir. Dans le cas présent le protestant préfère bien manger ; tandis que le catholique veut dormir tranquille.

En fait, il est possible que ce désir de bien manger, dans l'Allemagne d'aujourd'hui, se rencontre au moins partiellement chez de nombreux protestants qui ne le sont que de nom. Mais les choses étaient très différentes dans le passé. Il est bien connu que c'est tout le contraire de la joie de vivre [*Weltfreude*] qui caractérisait les puritains anglais, hollandais, américains et, nous le verrons plus loin, c'est là à nos yeux l'un de leurs traits les plus importants. Du reste, le protestantisme français a conservé très longtemps, et conserve de nos jours encore dans une certaine mesure, le caractère qui partout a marqué les Églises calvinistes en général, en particulier celles « sous la croix » [*unter dem Kreuz*] au temps des guerres de religion. Néanmoins — ou peut-être c'est pourquoi (nous poserons la question plus tard) — il est bien connu que le protestantisme a été l'un des agents les plus importants du développement du capitalisme et de l'industrie en France, et il l'est resté dans la mesure où la persécution le lui a permis. Si par « détachement du monde » on entend le sérieux et la prépondérance des intérêts religieux dans la conduite de la vie de tous les jours, alors les calvinistes français étaient, et demeurent, au moins aussi détachés du monde que les catholiques du nord de l'Allemagne par exemple, qui sont certainement plus profondément attachés au catholicisme qu'aucun autre peuple au monde. Les uns et les autres se distinguent de la même façon des partis religieux dominants dans leurs pays respectifs. Les catholiques français sont de très bons vivants dans leurs couches inférieures, alors que dans leurs couches supérieures ils sont tout simplement hostiles à la religion. Tout comme les protestants allemands d'aujourd'hui sont absorbés par la vie économique de ce bas monde et, dans les couches supérieures, en majorité indifférents à l'égard de la religion. Ces idées vagues — prétendu détachement du monde du catholicisme, prétendu joie de vivre matérialiste du protestantisme — ne mènent nulle part, rien ne le montre plus clairement. Sous cette forme générale, elles ne concordent que très partiellement avec les faits en ce qui concerne le présent et pas du tout quant au passé. Mais si nous voulions les utiliser malgré tout, nous devrions, en plus des constatations précédentes, tenir compte d'autres remarques qui s'imposent immédiatement et qui suggèrent que toute cette opposition entre le détachement du monde, l'ascèse, la piété religieuse, d'une part, et la participation capitaliste à la vie des affaires, d'autre part, pourrait se ramener purement et simplement à une parenté profonde.

Pour commencer, quelques aspects extérieurs : il est certainement remarquable de constater que nombre de représentants des formes les plus intériorisées de la piété chrétienne, notamment parmi les adeptes du piétisme, sont issus de milieux commerçants. On pourrait donc penser à une sorte de réaction de natures très sensibles, inadaptées à la vie commerciale, contre le culte de Mammon. C'est dans ce sens que saint François d'Assise et de nombreux piétistes ont interprété subjectivement leur conversion. De même, ce phénomène si frappant — attesté même chez un Cecil Rhodes — que les entrepreneurs capitalistes de grande envergure sont nés dans les presbytères pourrait être expliqué par une réaction contre leur éducation ascétique. Cependant, cette interprétation est insuffisante pour expliquer le fait que l'on rencontre dans les mêmes groupes un sens extrêmement aigu des affaires *combiné* avec une piété qui pénètre et domine la vie entière. Ces cas ne sont pas isolés ; au contraire, ce sont des traits caractéristiques des Églises et des sectes les plus importantes de l'histoire du protestantisme. Le calvinisme en particulier, *partout où il est apparu*, présente toujours cette combinaison[1]. Il ne fut nullement lié, à l'époque de l'expansion de la Réforme, à une classe déterminée, ce qui rend d'autant plus caractéristique le fait qu'en France, dans les Églises huguenotes, les

1. Naturellement, cette proposition n'est vraie que lorsqu'il existe une possibilité de développement capitaliste dans la région considérée.

moines et les industriels (marchands et artisans) furent dès le début très nombreux et le sont restés, en dépit des persécutions. Les Espagnols, eux aussi, savaient que l'« hérésie » (c'est-à-dire le calvinisme des Pays-Bas) « stimulait l'esprit des affaires », ce qui correspond parfaitement à l'opinion exprimée par sir William Petty dans sa discussion des raisons de l'essor du capitalisme aux Pays-Bas. Gothein définit avec raison la diaspora calviniste comme « la pépinière de l'économie capitaliste ». La supériorité de la situation économique de la France et de la Hollande, points de départ de cette diaspora, ou encore le rôle considérable exercé par l'exil et le fait d'être arraché à ses liens traditionnels[1] pourraient

1. Il a été établi sans conteste que le simple fait de changer de résidence est un moyen efficace d'intensifier le rendement du travail. La même jeune fille polonaise qui, dans son pays, ne s'est jamais trouvée dans des circonstances qui lui permettent de gagner sa vie et la tirent de sa paresse traditionnelle, semble changer de nature et devient capable d'efforts sans limites lorsqu'elle travaille à l'étranger en qualité d'ouvrière saisonnière. Ceci vaut également pour les ouvriers migrants italiens. Il ne s'agit pas uniquement ici de l'influence éducative d'un milieu nouveau plus stimulant — qui joue un rôle évidemment, mais n'est pas décisif — car ce phénomène se produit aussi bien lorsque les tâches sont exactement les mêmes qu'au pays natal (dans l'agriculture, par exemple). De plus, l'hébergement dans des casernements pour travailleurs saisonniers, etc., entraîne souvent un abaissement temporaire du niveau de vie qui ne serait pas toléré dans le pays d'origine. Le simple fait de travailler dans un environnement différent de celui qui est habituel brise la tradition, et c'est là le fait « éducatif ». Le développement économique de l'Amérique est le résultat de tels facteurs, est-il nécessaire de le souligner ? Dans l'Antiquité, l'exil des juifs à Babylone revêt une signification analogue ; la même chose est également vraie pour les parsis. Mais, en ce qui concerne les protestants, l'influence des croyances religieuses constitue évidemment un facteur indépendant. On peut le constater par les différences indéniables qui opposent, dans leur comportement économique, les puritains des colonies de la

même, dans ce cas, être considérés comme décisifs. Mais la situation était la même en France au XVIIe siècle, ainsi qu'en témoignent les efforts déployés par Colbert. L'Autriche elle-même — pour ne citer que cet exemple — accueillit occasionnellement des fabricants protestants.

Pourtant, toutes les sectes protestantes ne semblent pas avoir pesé dans cette direction avec une force égale. C'est le calvinisme qui paraît avoir exercé une des actions les plus fortes, même en Allemagne : plus que d'autres, plus que le luthéranisme par exemple, la confession « réformée » aurait favorisé le développement de l'esprit capitaliste, dans le Wuppertal et ailleurs. C'est ce que tendrait à prouver l'étude comparée de ces deux confessions dans leur ensemble et sur des points particuliers, spécialement dans le Wuppertal[1]. En Écosse, Buckle et, parmi les poètes anglais, Keats ont mis l'accent sur ces mêmes relations. Il y a plus frappant encore, il suffit de le rappeler : des sectes dont le détachement de ce monde est devenu aussi proverbial que la richesse, comme les quakers et les mennonites, unissent une vie réglée par la religion à un sens très aigu des affaires. Les premiers ont joué en Amérique le rôle qui fut celui des seconds en Allemagne et aux Pays-Bas. Qu'en Prusse-orientale Frédéric-Guillaume Ier lui-même ait considéré les mennonites, en dépit de leur refus absolu du service militaire, comme indispensables à l'industrie, est un fait qui, étant donné le caractère de ce

Nouvelle-Angleterre aux catholiques du Maryland, aux épiscopaliens du Sud et au Rhode Island multiconfessionnel. Il en va à peu près de même dans l'Inde avec les jaïns.

1. A Hambourg, ville presque entièrement luthérienne, l'unique fortune qui remonte au XVIIe siècle est celle d'une famille réformée bien connue.

roi, illustre de façon péremptoire ces faits nombreux et bien établis. Enfin, il est connu que la combinaison d'une piété intense avec un profond sens des affaires est un des caractères du piétisme. Il suffit de se souvenir de la Rhénanie et de Calw. Inutile d'accumuler les exemples dans cet exposé préliminaire ; ceux que nous venons de présenter, en bien petit nombre, soulignent déjà combien l'« esprit de travail », de « progrès » (ou quelle que soit la façon de le désigner), dont on tend à attribuer l'éveil au protestantisme, ne doit pas être compris comme « joie de vivre », ou dans un sens en relation avec la philosophie des Lumières, comme on n'a que trop tendance à le faire de nos jours. Le vieux protestantisme des Luther, des Calvin, des Knox, des Voet n'avait franchement rien à voir avec ce qu'aujourd'hui l'on appelle « progrès ». Il était l'ennemi déclaré de toutes sortes d'aspects du mode de vie dont le sectaire le plus extrémiste ne pourrait aujourd'hui se passer. S'il fallait trouver une parenté entre certaines expressions du vieil esprit protestant et de la civilisation capitaliste moderne, force serait, bon gré mal gré, de la chercher dans leurs traits purement religieux et *non* dans cette prétendue « joie de vivre », plus ou moins matérialiste ou hostile à l'ascétisme. Dans *l'Esprit des lois* (XX, VII), Montesquieu dit des Anglais : « C'est le peuple du monde qui a le mieux su se prévaloir à la fois de ces trois grandes choses : la religion, le commerce et la liberté. » Leur supériorité commerciale et — ce qui lui est lié sous un autre rapport — l'adoption d'institutions politiques libres ne dépendraient-elles pas de [cette prééminence dans la religion], de ce record de piété que Montesquieu leur attribue ?

Une fois la question posée de cette façon, un

grand nombre de rapports possibles, vaguement entrevus, nous viennent à l'esprit. Notre tâche consistera dès lors à *formuler* aussi clairement que possible ce que nous n'apercevrons encore que confusément devant l'inépuisable diversité des phénomènes historiques. Il sera alors nécessaire d'abandonner le domaine des représentations vagues et générales pour tenter de pénétrer les traits particuliers et les différences de ces univers religieux que constituent historiquement les diverses expressions du christianisme.

Auparavant quelques remarques s'avèrent indispensables : d'abord, sur le caractère propre du phénomène dont nous cherchons l'explication historique ; ensuite, sur le sens dans lequel une telle explication est possible dans les limites de nos recherches.

2. *L'« esprit » du capitalisme.*

Pour titre de cette étude nous avons choisi l'expression, quelque peu prétentieuse, d'« esprit du capitalisme ». Que faut-il entendre par là ? En essayant d'en donner quelque chose comme une définition, on se heurte à certaines difficultés qui appartiennent à la nature de ce genre de recherches.

Si tant est qu'il existe un objet auquel cette expression puisse s'appliquer de façon sensée, il ne s'agira que d'un « individu historique », c'est-à-dire d'un complexe de relations présentes dans la réalité historique, que nous réunissons, en vertu de leur signification culturelle, en un tout conceptuel. [*Wenn überhaupt ein Objekt auffindbar ist, für welches der Verwendung jener Bezeichnung irgendein Sinn zukommen kann, so kann es nur ein « historisches Individuum » sein, d. h. ein Komplex von Zusammenhängen in der geschichtlichen Wirklichkeit, die wir unter dem Gesichtspunkte ihrer Kulturbedeutung begrifflich zu einem Ganzen zusammenschließen.*]

Or un tel concept historique ne peut être défini suivant la formule *genus proximum, differentia specifica*, puisqu'il se rapporte à un phénomène significatif pris dans son *caractère* individuel propre ; mais il doit être *composé* graduellement, à partir de ses éléments singuliers qui sont à extraire un à un de la réalité historique. On ne peut donc trouver le concept définitif au début mais à la fin de la recherche. En d'autres termes, c'est seulement au cours de la discussion que se révélera le résultat essentiel de celle-ci, à savoir la meilleure façon de formuler ce que nous entendons par « esprit » du capitalisme ; la meilleure, c'est-à-dire la façon la plus appropriée selon les points de vue qui nous intéressent ici. En outre, ces points de vue (dont nous aurons à reparler), à partir desquels les phénomènes historiques que nous étudions peuvent être analysés, ne sont en aucune manière les seuls possibles. Ainsi qu'il en va pour chaque phénomène historique, d'autres points de vue nous feraient apparaître d'autres traits comme « essentiels ». Il s'ensuit, sans plus, que sous le concept d'« esprit » du capitalisme il n'est nullement nécessaire de comprendre *seulement* ce qui se présente *à nous* en tant qu'essentiel pour l'objet de nos recherches. Cela découle de la nature même de la conceptualisation des phénomènes historiques [*historische Begriffsbildung*], laquelle n'enchâsse pas, à toutes fins méthodologiques, la réalité dans des catégories abstraites, mais s'efforce de l'articuler dans des relations génétiques concrètes qui revêtent inévitablement un caractère individuel propre.

Ainsi donc, si nous réussissons à déterminer l'objet que nous essayons d'analyser et d'expliquer historiquement, il ne s'agira pas d'une *définition* conceptuelle mais, au début tout au moins, d'un signalement [*Veranschaulichung*] provisoire de ce que nous entendons par esprit du capitalisme. En effet un tel signalement est indispensable pour nous entendre clairement sur l'objet de notre étude. C'est pourquoi nous allons nous référer à un document de cet « esprit », dans sa pureté presque classique, qui contient ce que nous cherchons ici. Il offre en même temps l'avantage d'être dépourvu de toute relation directe avec la religion, donc, en ce qui concerne notre thème, dépourvu d'idées préconçues :

> Souviens-toi que le *temps*, c'est de l'*argent*. Celui qui, pouvant gagner dix shillings par jour en travaillant, se promène ou reste dans sa chambre à paresser la moitié du temps, bien que ses plaisirs, que sa

paresse, ne lui coûtent que six pence, celui-là ne doit pas se borner à compter cette seule dépense. Il a dépensé en outre, jeté plutôt, cinq autres shillings.

Souviens-toi que le *crédit*, c'est de l'*argent*. Si quelqu'un laisse son argent entre mes mains alors qu'il lui est dû, il me fait présent de l'intérêt ou encore de tout ce que je puis faire de son argent pendant ce temps. Ce qui peut s'élever à un montant considérable si je jouis de beaucoup de crédit et que j'en fasse bon usage.

Souviens-toi que l'argent est, par nature, *générateur et prolifique*. L'argent engendre l'argent, ses rejetons peuvent en engendrer davantage, et ainsi de suite. Cinq shillings qui travaillent en font six, puis se transforment en sept shillings trois pence, etc., jusqu'à devenir cent livres sterling. Plus il y a de shillings, plus grand est le produit chaque fois, si bien que le profit croît de plus en plus vite. Celui qui tue une truie, en anéantit la descendance jusqu'à la millième génération. Celui qui assassine *(sic)* une pièce de cinq shillings, détruit tout ce qu'elle aurait pu produire : des monceaux de livres sterling.

Souviens-toi du dicton : *le bon payeur est le maître de la bourse d'autrui*. Celui qui est connu pour payer ponctuellement et exactement à la date promise, peut à tout moment et en toutes circonstances se procurer l'argent que ses amis ont épargné. Ce qui est parfois d'une grande utilité. Après l'assiduité au travail et la frugalité, rien ne contribue autant à la *progression* d'un jeune homme dans le monde que la ponctualité et l'équité dans ses affaires. Par conséquent, il ne faut pas conserver de l'argent emprunté une heure de plus que le temps convenu ; à la moindre déception, la bourse de ton ami te sera fermée pour toujours.

Il faut prendre garde que les actions les plus insignifiantes peuvent influer sur le *crédit* d'une personne. Le bruit de ton marteau à 5 heures du matin ou à 8 heures du soir, s'il parvient à ses oreilles, rendra ton créancier accommodant six mois de plus ; mais s'il te voit jouer au billard, ou bien s'il entend ta voix dans une taverne alors que tu devrais être au travail, cela l'incitera à te réclamer son argent dès le lendemain ; il l'exigera d'un coup, avant même que tu l'aies à ta disposition pour le lui rendre.

Cela prouvera, en outre, que tu te souviens de tes dettes ; *tu apparaîtras comme un homme scrupuleux et honnête*, ce qui augmentera encore ton *crédit*.

Garde-toi de penser que tout ce que tu possèdes t'appartient et de vivre selon cette pensée. C'est une erreur où tombent beaucoup de gens qui ont du crédit. Pour t'en préserver tiens un compte exact de tes dépenses et de tes revenus. Si tu te donnes la peine de tout noter en détail, cela aura un bon résultat : tu découvriras combien des dépenses merveilleusement petites et insignifiantes s'enflent jusqu'à faire de grosses sommes, tu t'apercevras alors de ce qui aurait pu être épargné, de ce qui pourra l'être sans grand inconvénient à l'avenir [...].

Pour six livres sterling par an, tu pourras avoir l'usage de cent livres, pourvu que tu sois un homme dont la sagesse et l'honnêteté sont connues.

Celui qui dépense inutilement chaque jour une pièce de quatre pence, dépense inutilement plus de six livres sterling par an, soit le prix auquel revient l'utilisation de cent livres.

Celui qui gaspille inutilement chaque jour la valeur de quatre pence de son temps, gaspille jour après jour le privilège d'utiliser cent livres sterling.

Celui qui perd inutilement pour cinq shillings de son temps, perd cinq shillings ; il pourrait tout aussi bien jeter cinq shillings dans la mer.

Celui qui perd cinq shillings, perd non seulement cette somme, mais aussi tout ce qu'il aurait pu gagner en l'utilisant dans les affaires, ce qui constituera une somme d'argent considérable, au fur et à mesure que l'homme jeune prendra de l'âge.

C'est Benjamin Franklin[1] qui nous fait ce sermon

1. La dernière citation est extraite de *Necessary Hints to Those that Would Be Rich* (écrit en 1736) [Œuvres, éd. Sparks, II, p. 80], le reste provient de l'*Advice to a Young Tradesman* (écrit en 1748), [éd. Sparks, II, pp. 87 et suiv.] Les italiques figurent dans le texte de Franklin.

— avec les paroles mêmes que Ferdinand Kürnberger dans son « image de la civilisation américaine », débordante d'esprit et de fiel, raille en tant que profession de foi supposée du Yankee. Qui doutera que c'est l'« esprit du capitalisme » qui parle ici de façon si caractéristique, mais qui osera prétendre que tout ce qu'on peut comprendre sous ce concept y soit contenu ? Arrêtons-nous encore un instant sur ce texte dont Kürnberger résume ainsi la philosophie : « Ils font du suif avec le bétail, de l'argent avec les hommes. » Le propre de cette philosophie de l'avarice semble être l'idéal de l'homme d'honneur dont le crédit est reconnu et, par-dessus tout, l'idée que le *devoir* de chacun est d'augmenter son capital, ceci étant supposé une fin en soi. En fait, ce n'est pas simplement une manière de faire son chemin dans le monde qui est ainsi prêchée, mais une éthique particulière. En violer les règles est non seulement insensé, mais doit être traité comme une sorte d'oubli du devoir. Là réside l'essence de la chose. Ce qui est enseigné ici, ce n'est pas simplement le « sens des affaires » — de semblables préceptes sont fort répandus — c'est un *éthos.* Voilà le point qui précisément nous intéresse.

Lorsqu'un de ses associés, s'étant retiré des affaires, proposa à Jacob Fugger d'en faire autant — il avait gagné assez d'argent et devait désormais en laisser gagner aux autres —, celui-ci, après avoir taxé le premier de pusillanimité, lui rétorqua qu'« il était d'un tout autre avis et qu'il voulait gagner de l'argent aussi longtemps qu'il le pourrait ». De toute évidence, l'esprit de cette déclaration est fort éloigné de celui de Franklin. Ce qui, dans le cas de Fugger, exprime l'audace commerciale et certaine disposition personnelle moralement indifférente revêt chez Franklin le caractère d'une maxime *éthi-*

que pour se bien conduire dans la vie. C'est dans ce sens spécifique que le concept d'« esprit du capitalisme » est employé ici — l'esprit du capitalisme *moderne* s'entend. Étant donné la manière dont nous avons posé le problème, il va de soi que nous ne nous occuperons ici que du capitalisme de l'Europe occidentale et de l'Amérique. Car si le capitalisme a existé en Chine, aux Indes, à Babylone, dans l'Antiquité et au Moyen Age, comme nous le verrons, *c'est précisément cet éthos qui lui faisait défaut.*

Toutes les admonitions morales de Franklin sont teintées d'utilitarisme. L'honnêteté est *utile* puisqu'elle nous assure le crédit. De même, la ponctualité, l'application au travail, la frugalité ; *c'est pourquoi* ce sont là des vertus. On pourrait en déduire logiquement que, par exemple, l'apparence de l'honnêteté peut rendre le même service ; que cette apparence suffirait et qu'un surplus inutile de cette vertu apparaîtrait aux yeux de Franklin comme étant une prodigalité improductive. En effet, son autobiographie confirme cette impression, par exemple le récit de sa « conversion » à ces vertus[1] ou la discussion de l'utilité du strict maintien de

1. « Je fus de plus en plus convaincu que *la vérité, la bonne foi, l'honnêteté* dans les relations de l'homme avec l'homme étaient de la plus haute importance pour *le bonheur dans la vie ; je mis alors mes résolutions par écrit :* elles sont toujours là dans mon *journal* et je les pratiquerai tant que je vivrai. A la vérité, la révélation en tant que telle n'avait aucune prise sur moi ; mais mon opinion était que si certaines actions ne sont pas mauvaises simplement parce que la doctrine révélée les interdit, ou bonnes en ce que celle-ci les prescrit, néanmoins ces actions peuvent nous avoir été interdites comme mauvaises pour nous, ou recommandées dans la mesure où elles s'affirmaient pour nous bénéfiques, de par leur nature même, toutes circonstances considérées. » *Autobiography* (éd. F. W. Pine, New York, Henry Holt, 1916), p. 112.

l'*apparence* de la modestie, l'application à abaisser son propre mérite afin d'obtenir l'approbation de tous[1]. D'après Franklin, ces vertus, comme toutes les autres, ne seraient des vertus que dans la mesure où elles seraient réellement utiles à l'individu ; et la simple apparence suffirait si elle pouvait assurer le même service. Cette conclusion est inévitable pour le strict utilitarisme. L'impression qu'ont les Allemands que les vertus, telles qu'elles sont professées en Amérique, ne sont qu'« hypocrisie » semble ici confirmée de façon flagrante. Mais, en vérité, les choses ne sont pas si simples. Ce soupçon est démenti par le caractère de Benjamin Franklin tel qu'il nous apparaît dans son autobiographie, d'une si rare franchise. Le fait que l'utilité des vertus lui ait été révélée par Dieu, qui voulait ainsi le vouer au bien, montre clairement qu'il existe ici tout autre chose que des maximes égocentriques agrémentées de morale.

Mais, surtout, cette éthique est entièrement dépouillée de tout caractère eudémoniste, voire hédoniste. Ici, le *summum bonum* peut s'exprimer ainsi :

1. « Je me dérobai, par conséquent, à tous les regards et je présentai la chose [c'est-à-dire, un projet de bibliothèque dont il était l'instigateur] comme émanant d'*un certain nombre d'amis* qui m'avaient demandé de prendre l'affaire en main et de la proposer à ceux qu'ils tenaient pour des amateurs de la lecture. De cette manière, mon affaire marcha sans encombre, et plus tard, j'ai employé ce procédé, à plusieurs reprises, dans des circonstances semblables ; je puis le recommander chaleureusement, étant donné les fréquents succès qu'il m'a assurés. Ce petit sacrifice momentané de votre vanité vous sera amplement remboursé plus tard. Si pendant *quelque temps* on ignore à qui en revient le mérite, quelqu'un de plus vaniteux que vous se trouvera encouragé à le revendiquer pour lui, et alors, l'envie elle-même sera disposée à vous rendre justice en arrachant le plumage usurpé pour le rendre à son légitime propriétaire. » *Autobiography*, p. 140.

gagner de l'argent, toujours plus d'argent, tout en se gardant strictement des jouissances spontanées de la vie. L'argent est à ce point considéré comme une fin en soi qu'il apparaît entièrement transcendant et absolument irrationnel sous le rapport du « bonheur » de l'individu ou de l'« avantage » que celui-ci peut éprouver à en posséder. Le gain est devenu la fin que l'homme se propose ; il ne lui est plus subordonné comme moyen de satisfaire ses besoins matériels. Ce renversement de ce que nous appellerions l'état de choses naturel, si absurde d'un point de vue naïf, est manifestement l'un des *leitmotive* caractéristiques du capitalisme et il reste entièrement étranger à tous les peuples qui n'ont pas respiré de son souffle. Mais il exprime également une série de sentiments intimement liés à certaines représentations religieuses. Si nous nous demandons, en particulier, pourquoi on doit « des hommes faire de l'argent », Benjamin Franklin, bien qu'il n'ait été lui-même qu'un assez pâle déiste, répondra (cf. son autobiographie) par une citation de la Bible, que son père, en strict calviniste, lui a rabâchée dans son enfance :

Vois-tu un homme preste à la besogne ?
Au service des rois il entrera,
Au service des gens obscurs il ne restera pas.
Prov. XII, 29.

Gagner de l'argent — dans la mesure où on le fait de façon licite — est, dans l'ordre économique moderne, le résultat, l'expression de l'application et de la compétence au sein d'une *profession* ; et il est facile de voir que cette *activité*, cette application sont l'alpha et l'oméga de la morale de Franklin, telle que celle-ci nous est apparue dans les citations précédentes et telle qu'elle s'exprime dans tous ses écrits sans exception.

En effet, cette idée particulière — si familière pour nous aujourd'hui, mais en réalité si peu évidente — que le *devoir* s'accomplit dans l'exercice d'un métier, d'une profession [*Berufspflicht*], c'est l'idée caractéristique de l'« éthique sociale » de la civilisation capitaliste ; en un certain sens, elle en est le fondement. C'est une obligation que l'individu est supposé ressentir et qu'il ressent à l'égard de son activité « professionnelle », peu importe celle-ci ; en particulier, peu importe qu'elle apparaisse au sentiment naïf [*dem unbefangenen Empfinden*] comme l'utilisation par l'individu de sa force de travail personnelle, ou seulement comme l'utilisation de ses biens matériels (en tant que « capital »).

Certes, cette conception n'est pas particulière au domaine du capitalisme ; nous tenterons plus loin, en suivant sa trace dans le passé, de remonter jusqu'à son origine. Naturellement, il est encore moins question de soutenir qu'il est actuellement nécessaire à la perpétuation du capitalisme moderne que chacun, patron ou ouvrier, fasse siennes ces maximes éthiques. Chacun trouve aujourd'hui en naissant l'économie capitaliste établie comme un immense cosmos, un habitacle dans lequel il doit vivre et auquel il ne peut rien changer — du moins en tant qu'individu. Dans la mesure où l'individu est impliqué dans les rapports de l'économie de marché, il est contraint à se conformer aux règles d'action capitalistes. Le fabricant qui agirait continuellement à l'encontre de ces règles serait éliminé de la scène économique tout aussi infailliblement que serait jeté à la rue l'ouvrier qui ne pourrait, ou ne voudrait, s'y adapter.

Ainsi le capitalisme, parvenu de nos jours à dominer toute la vie économique, éduque et choisit, par un processus de sélection économique, les sujets — entrepreneurs et ouvriers — les mieux adaptés et qui lui sont nécessaires. Mais on touche ici du doigt les limites de cette notion de sélection en tant que moyen d'explication historique. Pour que ce mode de vie, cette façon d'envisager sa besogne, si bien adaptés aux particularités du capitalisme, puissent être « sélectionnés », puissent dominer les autres, il leur faut évidemment tout d'abord prendre naissance, mais ce ne sera pas chez des individus isolés : ils devront exprimer une conception commune à des groupes humains dans leur totalité. C'est cette origine qu'il est nécessaire d'expliquer. Nous parlerons ci-après en détail de la doctrine simpliste du matérialisme historique, suivant laquelle de telles idées sont le reflet, ou la superstructure, de situations économiques données. Pour notre propos, il suffit de faire remarquer que l'« esprit du capitalisme » (au sens où nous l'entendons ici) existait sans nul doute dans le pays qui a vu naître Benjamin Franklin, le Massachusetts, *avant* que ne se développe l'ordre capitaliste. Dès 1632, des doléances s'étaient élevées contre l'excès du calcul dans la poursuite du profit, propre à la Nouvelle-Angleterre qui se distinguait ainsi des autres contrées de l'Amérique. De plus, il est certain que le capitalisme s'était moins bien implanté dans les colonies voisines (devenues depuis les États du Sud de l'Union), qui avaient été fondées par de grands capitalistes dans le dessein de faire des affaires, tandis que les colonies de la Nouvelle-Angleterre avaient été fondées, pour des raisons religieuses, par des prédicateurs et des intellectuels avec l'aide de petits bourgeois, d'artisans et de *yeomen.* Dans le cas présent, la relation causale est donc l'inverse de celle que proposerait le matérialisme historique.

Mais les premiers cheminements de telles idées sont semés d'épines, bien plus que ne le supposent les théoriciens de la « superstructure ». Les idées ne s'épanouissent pas comme des fleurs. L'esprit du capitalisme, dans le sens que nous lui avons donné jusqu'ici, a dû, pour s'imposer, lutter contre un monde de forces hostiles. Un état d'esprit semblable à celui qui s'exprime dans les passages cités de Benjamin Franklin a rencontré l'approbation de tout un peuple. Il aurait été tout bonnement proscrit dans l'Antiquité aussi bien qu'au Moyen Age[1] en

1. Je profite de cette occasion pour procéder [...] à quelques remarques « anticritiques ». Dans *Der Bourgeois,* Sombart affirme, ce qui est insoutenable, que l'éthique de Franklin est la répétition, mot pour mot, de certains écrits de ce génie universel de la Renaissance que fut Leon Battista Alberti. A côté d'écrits théoriques sur les mathématiques, la sculpture, la peinture, l'architecture et l'amour (il était misogyne), Alberti est également l'auteur d'un ouvrage en quatre volumes sur l'art de tenir sa maison, le *Trattato della famiglia.* Malheureusement, à la date où ceci est rédigé, je n'ai pu me procurer que la vieille édition de Bonucci, et non celle de Mancini. La citation de Franklin a été textuellement reproduite ci-dessus. Où donc trouver des passages correspondants chez Alberti, en particulier la maxime du début : « Le temps, c'est de l'argent », et les exhortations qui la suivent ? A ma connaissance, le seul passage qui présente quelque ressemblance, si légère soit-elle, se trouve vers la fin du livre premier du *Trattato della famiglia* (éd. Bonucci, II, p. 353) où Alberti parle en termes très généraux de l'argent comme *nervus rerum* du ménage et de la nécessité de le gérer avec beaucoup de soin : c'est ce qu'enseigne Caton l'Ancien dans *De re rustica.* Il est tout à fait déplacé de traiter Alberti, qui était très fier de descendre d'une des plus nobles familles de Florence (« nobilissimi cavalieri », *op. cit.* pp. 213, 228, 247, etc., de l'éd. Bonucci) comme un bâtard plein de ressentiment parce que sa naissance illégitime l'aurait exclu, en tant que bourgeois, de la noblesse — alors qu'elle ne le disqualifiait socialement en aucune manière. Ce qui est caractéristique du personnage, c'est qu'Alberti recommande les *grandes* entreprises comme les seules dignes d'une *nobile e onesta famiglia* et d'un *libero e nobile animo* et comme coûtant moins de travail (*ibid.* p. 209). (Comparer « Del governo della fami-

glia », *ibid.*, IV, p. 55, de même p. 116 de la rédaction pour les Pandolfini ; d'où il découle que le placement optimum se fait dans la laine et la soie !) En outre, il faut observer un train de maison ordonné et rigoureux, c'est-à-dire proportionner les dépenses aux recettes.

C'est la *santa masserizia* qui, essentiellement, n'est qu'un des principes de la *tenue d'un ménage*, et non un principe d'*acquisition* (nul n'aurait dû être mieux à même de le comprendre que Sombart). De même, dans la discussion sur la nature de l'argent *(ibid.)*, il s'agit de la gestion des ressources (argent ou *possessioni*) et non de la mise en valeur d'un *capital (ibid.)*, comme il ressort nettement des paroles mises dans la bouche de Gianozzo. Pour se garantir des incertitudes de la fortune, Alberti recommande de s'habituer de bonne heure à une activité continue *in cose magnifiche e ample* (*ibid.* p. 192), et de se garder de l'oisiveté, constant danger pour toute position dans le monde ; il importe aussi, pour parer aux revers, d'apprendre soigneusement un métier approprié au rang social, (mais toute *opera mercenaria* est indigne, *ibid.*, I, p. 209). Son idéal de *tranquillità dell'animo* ; sa forte inclination pour l'épicurisme du λάθε βιώσας (*vivere a sè stesso, ibid.* p. 262) ; son aversion particulière pour les fonctions officielles (p. 258) qui sont une source d'inquiétude, suscitent des ennemis et peuvent entraîner dans des affaires déshonorantes ; son idéal de vie à la campagne, dans une villa ; sa vanité, nourrie du souvenir des ancêtres ; *l'honneur de la famille* conçu comme la valeur décisive et en tant qu'idéal (pour cette raison la famille maintiendra l'unité de sa fortune, à la manière florentine, au lieu de la laisser démembrer) — tout cela, aux yeux des puritains, n'aurait été qu'idolâtrie de la créature et, à ceux de Benjamin Franklin, que l'expression de quelque pathos aristocratique, inconnu de lui. A noter en outre sa très haute estime de la littérature (car l'*industria* s'applique surtout aux ouvrages littéraires ou scientifiques), pour lui proprement la chose la plus digne des efforts humains. En général la *masserizia*, au sens de « conduite rationnelle du ménage » [*Haushalt*], n'est mise sur le même plan et considérée d'égale valeur que par l'illettré Gianozzo, pour qui elle est le moyen de vivre indépendant tout en évitant la misère. Ainsi, cette notion, venue de l'éthique monastique, apparaît tout d'abord chez un vieux prêtre (*ibid.* p. 249).

Venons-en maintenant à l'éthique et à la manière de vivre de Franklin, et aussi à celles de ses ancêtres puritains. Comparons, pour en comprendre la différence profonde, les œuvres du lettré de la Renaissance, qui s'adressent aux patriciens humanistes, avec les écrits de Franklin, destinés à la couche inférieure de la classe moyenne (expressément aux commis), et aussi avec les brochures de piété et les sermons des puritains. Dans son rationalisme économique, Alberti se réfère continuellement aux auteurs antiques. Sa façon de traiter les problèmes économiques est essentiellement la même que celle que l'on trouve dans les œuvres de Xénophon (qu'il ne connaît pas), de Caton, de Varron et de Columelle (cités tous les trois), sauf que chez Caton et Varron — à la différence d'Alberti — l'*acquisition* en tant que telle est mise au premier plan. En outre, les commentaires qu'Alberti fait incidemment sur l'usage des *fattori*, leur division du travail, leur discipline, sur la méfiance que l'on doit nourrir à l'endroit des paysans, etc., font l'effet d'une transposition, à l'intérieur d'une économie du travail libre, d'une économie domestique et d'un sytème de métayage, de la sagesse de Caton qui, elle, s'appliquait à une économie fondée sur l'esclavage. Sombart (dont la référence au stoïcisme est décidément fallacieuse) considère que le rationalisme économique avait déjà été « développé dans ses dernières conséquences » par Caton ; il n'a pas tout à fait tort, si l'on interprète correctement ce dernier. Il est possible de réunir dans une même catégorie le *diligens pater familias* des Romains et le *massajo* d'Alberti. Il est surtout caractéristique qu'une propriété rurale, chez Caton, soit jugée et évaluée comme un objet d'investissement. D'autre part, la notion d'*industria* est nuancée différemment, en raison de l'influence chrétienne. C'est là précisément que réside la différence. Venue de l'ascétisme monastique et répandue par les écrits des moines, la notion d'*industria* est le germe d'un *éthos* qui sera développé plus tard par l'ascétisme protestant, lui, exclusivement séculier (voir *infra*). (*D'où*, comme nous le soulignerons souvent, leur parenté avec le thomisme, doctrine officielle de l'Église ; parenté toutefois *moins étroite* que celle qui les relie aux moines mendiants et moralistes de Florence et de Sienne.) Cet *éthos* n'apparaît pas dans les écrits de Caton et d'Alberti : pour l'un comme pour l'autre, il s'agit de la *sagesse* dans la conduite de la vie, et non pas d'éthique. Chez Franklin aussi, la tendance utilitaire est indéniable, mais il est impossible de s'y tromper, le sermon aux jeunes marchands à un résonance morale pathétique qui en fait tout le caractère. Un manque de scrupule dans le maniement de l'argent équivaut pour lui à un « assassinat » d'embryons de capital — donc à une imperfection *morale*.

Alberti est qualifié de pieux par Sombart, mais en fait, bien qu'il ait reçu les ordres, comme beaucoup d'humanistes, et obtenu un bénéfice de Rome, il n'a jamais (sauf en deux passages assez ternes) justifié par des motifs religieux le genre de vie qu'il recommandait. Une réelle parenté entre Alberti et Franklin n'existe que dans la mesure où le premier ne motive *pas encore* ses préceptes économiques par des conceptions religieuses et où le second ne les motive *plus* ainsi. Pour l'un comme pour l'autre, la seule justification dans ce domaine, du moins la justification formelle, c'est l'utilitarisme — Alberti préconise la manufacture de la laine et de la soie, partant, l'utilitarisme social et mercantile « qui donnerait du travail à beaucoup de gens » (ALBERTI, *ibid.* p. 292). Les analyses d'Alberti sur ce sujet sont un excellent exemple de cette sorte de « rationalisme » économique — immanent pour ainsi dire — qu'on trouve effectivement, en tant que « reflet » des conditions économiques, dans les écrits des auteurs qui, partout et à toutes les époques, se sont purement intéressés « à la chose même » ; dans la Chine classique, en Grèce, à Rome, non moins que pendant la Renaissance et à l'époque des Lumières. De même que dans l'Antiquité chez Caton, Varron et Columelle, c'est sans nul doute une sorte de *ratio* économique qui se développe chez Alberti et ses pareils, en particulier avec la doctrine de l'*industria.* Mais qui pourrait croire qu'une telle théorie, œuvre de lettrés, eût été capable de se déployer en une force révolutionnaire comparable à celle d'une croyance religieuse qui, elle, dispose du salut pour récompenser [*Heilsprämie*] une manière de vivre particulière (en ce cas, méthodiquement rationalisée) ? A l'inverse, on voit très bien ce que peut donner une rationalisation de la conduite orientée par la *religion* (et éventuellement du comportement économique). En dehors des sectes protestantes, il suffit de considérer, malgré leurs différences, l'exemple des jaïns, des juifs, de certaines sectes ascétiques au Moyen Age, de Wyclif, des Frères moraves, lesquels sont un rejeton du mouvement hussite, des skopzis et des stundistes en Russie, enfin de bon nombre d'ordres monastiques.

Nous dirons, pour anticiper : une éthique ancrée dans la religion entraîne pour le sujet certains *bénéfices psychologiques* [*psychologische Prämien*] (de caractère non économique) extrêmement efficaces pour le maintien de l'attitude qu'elle prescrit — et cela aussi longtemps que la croyance religieuse reste vivante — mais de simples sagesses temporelles, telle celle d'Alberti, *ne* dispensent *pas* de tels bénéfices : c'est là une différence essentielle. Cependant, dans la mesure où ces bénéfices produisent un effet, la *direction* dans laquelle celui-ci se fait sentir, et qui diverge souvent de la *doctrine* des théologiens (pour eux, simple doctrine), fait que cette éthique exerce une influence indépendante sur la conduite et par là-même sur l'économie. Avouerai-je que c'est le seul point de cet essai que je ne me serais pas attendu à voir si complètement passer sous silence ?

J'aurai à parler plus loin des moralistes théologiens de la fin du Moyen Age, relativement bien disposés à l'égard du capitalisme (saint Antonin de Florence et saint Bernardin de Sienne, notamment), et que Sombart a très mal compris. En tout cas, Alberti ne peut en rien passer pour l'un d'eux. A la démarche de la pensée monastique, il n'a emprunté que l'*industria*, peu tant qu'attitude sans dignité et manifestation d'une avarice sordide. Il en va de même, de nos jours encore, pour tous les groupes sociaux qui se trouvent moins directement sous la coupe du capitalisme moderne, ou qui lui sont le moins adaptés. Non pas peut-être — comme on l'a déjà souvent dit — parce qu'aux époques précapitalistes la soif de profit aurait été encore inconnue ou moins vive. Ni parce que *l'auri sacra fames*, l'avidité pour l'or aurait été moindre jadis — ou le serait maintenant — hors des milieux du capitalisme bourgeois qu'à l'intérieur de sa sphère particulière, ainsi que sont

importent les intermédiaires. Alberti, Pandolfini et leurs pareils, en dépit d'une obéissance tout extérieure, étaient déjà intérieurement émancipés de la tutelle de l'Église. Malgré ses ressemblances avec l'éthique chrétienne traditionnelle, leur disposition d'esprit était dans une large mesure « païenne ». Brentano pense que j'en ai « ignoré » la signification pour le développement de la pensée économique moderne (et aussi pour celui de la politique économique). Certes, je ne m'occupe pas *ici* de *cet* ordre de choses. Ce serait hors de propos dans une étude sur « *l'éthique protestante* et l'esprit du capitalisme ». Comme on le verra en d'autres occasions, loin d'en nier la signification, j'étais et je demeure, pour d'excellentes raisons, de l'avis que cette sphère d'activités et aussi la direction où son influence s'est exercée, ont été entièrement *différentes* de celles de l'éthique protestante (dont il faut rechercher les ancêtres spirituels dans les sectes et l'éthique de Wyclif et de Hus, ce qui n'est pas de mince importance). Cette attitude *n'a pas* influencé le *mode de vie* de la bourgeoisie naissante, mais la politique des hommes d'État et des princes. Il importe de commencer par distinguer soigneusement ces deux séries de causes, partiellement convergentes. En ce qui concerne Benjamin Franklin, ses brochures sur l'économie domestique — utilisées aujourd'hui dans l'enseignement en Amérique — à l'inverse des gros livres d'Alberti, à peu près ignorés hors des cercles érudits, font en fait partie de cette catégorie d'œuvres qui ont exercé une grande influence sur la vie pratique. Mais j'ai défini expressément Franklin comme un homme situé au-delà de la réglementation puritaine de la vie, de son temps d'ailleurs fort atténuée ; il en va de même de la philosophie anglaise des Lumières en général, dont les rapports avec le puritanisme ont été souvent exposés.

disposés à le croire de modernes romantiques pleins d'illusions. Non, ce n'est pas là que réside la différence entre l'esprit capitaliste et l'esprit précapitaliste. L'avidité du mandarin chinois, celle de l'aristocrate de l'ancienne Rome, celle du paysan moderne, peuvent soutenir toutes les comparaisons. Et l'*auri sacra fames* du cocher napolitain, du *barcaiuolo*, celle de représentants asiatiques de métiers analogues, tout comme celle de l'artisan de l'Europe du Sud ou de l'Asie, se révélera — chacun a pu le constater — extraordinairement plus intense, et en particulier bien moins scrupuleuse que, disons, celle d'un Anglais placé dans des circonstances identiques.

Le manque absolu de scrupules, l'égoïsme intéressé, la cupidité et l'âpreté au gain ont été précisément les traits marquants des pays dont le développement capitaliste bourgeois — mesuré à l'échelle occidentale — était resté en retard. Tout employeur le dira : le manque de *coscienziosità* des ouvriers de ces pays — l'Italie par exemple, comparée à l'Allemagne — a été, et dans une certaine mesure demeure, l'un des principaux obstacles à leur développement capitaliste. Le capitalisme ne peut pas utiliser le travail de ceux qui pratiquent la doctrine du *liberum arbitrium* indiscipliné, pas plus qu'il ne peut employer — Franklin nous l'a montré — un homme d'affaires absolument sans scrupules. La différence n'est donc pas une question de degré dans la soif du gain pécuniaire. L'*auri sacra fames* est aussi vieille que l'histoire de l'homme. Mais nous verrons que ceux qui s'y soumettent sans retenue — tel le capitaine hollandais qui « irait en Enfer pour gagner de l'argent, dût-il y roussir ses voiles » — ne pourraient à *aucun* titre passer pour des témoins de l'« esprit » spécifiquement moderne du capitalisme considéré comme *phénomène de masse* ; et cela seul importe. A toutes les époques de l'histoire, cette fièvre d'acquisition sans merci, sans rapport avec aucune norme morale, s'est donné libre cours chaque fois qu'elle l'a pu. Semblable en cela à la guerre et à la piraterie, le commerce libre s'est souvent révélé dépourvu de frein moral dans ses rapports avec les étrangers ou avec ceux qui n'appartenaient pas au même groupe. Cette « morale pour l'extérieur » [*Außenmoral*] permettait en ce cas ce qui était interdit avec des frères. En tant qu'« aventure », l'acquisition capitaliste a été un phénomène familier dans toutes les économies monétaires, pour ceux qui faisaient fructifier l'argent, que ce soit par les *commenda*, la ferme des impôts, les avances de l'État, le financement des guerres, les cours princières ou les fonctionnaires. L'état d'esprit de l'aventurier qui se rit de toute limitation éthique a donc été universel. La brutalité consciente et absolue de l'acquisition s'est souvent trouvée dans un rapport extrêmement étroit avec le conformisme le plus strict et le respect de la tradition. Toutefois, avec l'effritement de celle-ci et l'insertion plus ou moins complète de la libre entreprise dans la société, cette nouveauté n'a été ni justifiée moralement ni encouragée, mais seulement *tolérée* comme un fait. Fait tenu pour éthiquement indifférent, voire répréhensible, mais malheureusement inévitable. Ce fut là non seulement l'attitude morale de tout enseignement pratique de l'homme moyen à l'époque « précapitaliste », en ce sens que l'utilisation rationnelle du capital dans une entreprise permanente et l'organisation rationnelle capitaliste du travail n'étaient pas encore devenues la force dominante qui détermine l'activité économique. Cette attitude fut justement l'un des obstacles majeurs auxquels s'est toujours heurtée l'adaptation des hommes aux conditions d'une économie selon l'ordre capitaliste bourgeois.

En tant que style de vie déterminé, surgissant drapé dans une « éthique », l'« esprit du capitalisme » eut à lutter tout d'abord contre cette façon de sentir, de se comporter et de réagir aux situations nouvelles que l'on appelle la *tradition*. Ici aussi il nous faut remettre à plus tard toute tentative de procéder, une fois pour toutes, à une définition. Mais nous essaierons — tout au moins à titre provisoire — de clarifier notre pensée à l'aide de quelques cas particuliers. Commençons par en bas, avec les ouvriers.

Le *travail aux pièces* est l'un des moyens techniques que l'entrepreneur moderne a accoutumé d'utiliser pour obtenir de « ses » ouvriers un rendement maximum. Considérons l'agriculture : la rentrée des récoltes est l'un de ces cas où l'intensification du travail est absolument nécessaire. Étant donné l'incertitude des conditions atmosphériques, de grands profits ou de lourdes pertes dépendent en effet du rythme auquel ces activités sont menées. C'est pourquoi on a alors très généralement recours au travail à la tâche. Et comme l'intérêt de l'entrepreneur s'accroît avec l'augmentation du rendement, on a le plus souvent cherché à accélérer l'engrangement de la récolte en *élevant* le taux de rémunération du travail aux pièces. On s'est ainsi efforcé d'intéresser les ouvriers en leur donnant l'occasion de gagner en un temps très court un salaire inhabituellement élevé. Cependant, des difficultés particulières sont apparues. L'augmentation du taux de rémunération du travail aux pièces a souvent eu pour résultat non pas d'élever, mais de réduire le rendement du travail pour une période donnée, les ouvriers réagissant à l'augmentation de salaire par une réduction de la production journalière. L'homme qui recevait par exemple 1 mark pour faucher 1 arpent fauchait 2 1/2 arpents et gagnait 2,5 marks. Lorsque l'arpent passait à 1,25 mark, il ne fauchait pas 3 arpents, comme on l'avait escompté et comme il aurait pu le faire aisément, pour gagner 3,75 marks, mais 2 arpents seulement, ce qui lui permettait de continuer ainsi à gagner les 2,5 marks habituels. Le gain supplémentaire l'attirait moins que la réduction de son travail. Il ne se demandait pas : combien puis-je gagner par jour si je fournis le plus de travail possible ? mais : combien dois-je travailler pour gagner les 2,5 marks que j'ai reçus jusqu'à présent et qui couvrent mes besoins courants ? Voilà un des exemples de ce que nous entendons par traditionalisme. L'homme ne désire pas « par nature » gagner de plus en plus d'argent, mais il désire, tout simplement, vivre selon son habitude et gagner autant d'argent qu'il lui en faut pour cela. Partout où le capitalisme a entrepris son œuvre d'augmentation de la productivité du travail humain par l'accroissement de son intensité, il s'est heurté à la résistance obstinée de ce leitmotiv du travail de l'économie précapitaliste. Il s'y heurte d'autant plus aujourd'hui que la main-d'œuvre à laquelle il a affaire est plus « arriérée » (du point de vue capitaliste).

Revenons à notre exemple. Après l'échec d'un appel au « sens du profit » par le moyen de hauts salaires, il ne restait plus qu'à recourir au procédé inverse : par un *abaissement* du salaire contraindre l'ouvrier à un travail accru afin de conserver le même gain. De nos jours encore, pour l'observateur superficiel, bas salaires et hauts profits semblent être en corrélation, tout ce qui est déboursé comme salaire paraissant correspondre à une réduction du profit. Sans désemparer, le capitalisme a suivi cette voie depuis le début. Des siècles durant, ce fut un article de foi que les bas salaires sont productifs, en ce sens qu'ils augmentent le produit du travail. Selon un Pieter de la Court — dont l'esprit est sur ce point, nous le verrons, tout à fait semblable à celui du vieux calvinisme — le peuple ne travaille-t-il pas que parce qu'il est pauvre, et aussi longtemps qu'il le reste ?

Toutefois, l'efficacité de ce moyen, pour apparente qu'elle soit, a ses limites. Certes, pour pouvoir se développer, le capitalisme requiert l'existence, sur le marché du travail, d'un surplus de population afin d'en louer les services à bas prix. Mais s'il est vrai qu'une « armée de réserve » très nombreuse favorise dans certains cas son expansion quantitative, elle fait aussi obstacle à son développement qualitatif et en particulier à la transition vers des formes d'entreprise qui recourent à un travail intensif. De bas salaires ne sont nullement synonymes de travail à bon marché. D'un point de vue purement quantitatif, l'efficacité du travail baisse avec un salaire physiologiquement insuffisant, ce dernier pouvant même signifier, à la longue, une sélection des bons à rien. De nos jours, le Silésien moyen qui déploie son effort maximum fauche dans le même temps moins des deux tiers de la surface fauchée par le Poméranien ou le Mecklembourgeois, mieux payés et mieux nourris, et le Polonais produit d'autant moins qu'il vit plus à l'est. Pour s'en tenir au plan des affaires, les bas salaires font long feu chaque fois qu'il s'agit de produits dont la fabrication exige un travail qualifié quelconque, l'emploi de machines coûteuses et fragiles, ou en général une attention soutenue et de l'initiative. Ici, les bas salaires ne sont pas rentables, leur effet est inverse de celui qui était escompté. Car non seulement un sens élevé des responsabilités y est indispensable, mais de plus il y faut un état d'esprit qui soit libéré, au moins pendant les heures de travail, de la sempiternelle question : comment gagner un salaire donné avec le maximum de commodité et le minimum d'efforts ? Le travail, au contraire, doit s'accomplir comme s'il était un but en soi — une « vocation » [*Beruf*]. Or un tel état d'esprit n'est pas un produit de la nature. Il ne peut être suscité uniquement par de hauts ou de bas salaires. C'est le résultat d'un long, d'un persévérant processus d'éducation. Aujourd'hui que le capitalisme est bien en selle, le recrutement de la main-d'œuvre est relativement aisé dans tous les pays industriels. Dans le passé, c'était dans chaque cas un problème des plus difficiles[1]. Et, même de nos jours, le capitalisme n'aurait pu arriver au but sans le secours d'un puissant allié qui, nous le verrons plus tard, l'a secondé dans son développement.

1. C'est pourquoi, dans bien des cas, l'introduction d'industries *capitalistes* n'aurait pas été possible sans d'importants mouvements de population en provenance de territoires de vieille civilisation. Si juste que soit l'observation de Sombart touchant la différence entre « dextérité » personnelle, secrets de fabrication des artisans et technique moderne scientifique et objective, cette différence était à peine sensible à l'aurore du capitalisme. En fait, il est commun que les qualités éthiques de l'ouvrier de l'industrie capitaliste (et, en un certains sens, celles de l'entrepreneur également) soient « plus rares » que l'habileté de l'artisan, figée par des siècles de tradition. Aussi l'industrie contemporaine, dans le choix de son implantation, n'est-elle pas absolument indépendante de ces qualités de la population, qualités acquises par une longue tradition et une éducation en vue du travail intensif. Quand une telle dépendance est observée, les préjugés scientifiques actuels l'attribuent à des qualités raciales congénitales plutôt qu'à la tradition et à l'éducation, ce qui à mon sens est des plus douteux.

Pour préciser, prenons un exemple. Les ouvrières aujourd'hui offrent souvent l'image d'une attitude au travail traditionaliste et rétrograde, surtout celles qui sont célibataires. En particulier, elles font preuve d'un manque absolu de bonne volonté et se révèlent totalement incapables de renoncer à des méthodes héritées ou apprises au profit d'autres plus efficaces. Les employeurs se plaignent presque tous que les femmes — disons les femmes allemandes — soient incapables d'assimiler de nouvelles formes de travail, d'y concentrer leur intelligence, voire, plus simplement, de l'utiliser. Les explications qu'on leur donnera sur la possibilité de se rendre le travail plus facile, plus lucratif surtout, se heurteront généralement chez elles à un manque total de compréhension. Augmenter le tarif du travail aux pièces n'éveille en elles aucun écho. Cependant, il en va autrement — ce qui de notre point de vue n'est pas sans importance — avec les femmes qui ont reçu une éducation spécifiquement religieuse, piétiste notamment. On entend dire souvent — et les statistiques le confirment — que c'est dans ce groupe que l'on rencontre, de beaucoup, les meilleures chances d'éducation économique. La capacité de concentrer sa pensée aussi bien que le fait de considérer son travail comme une « obligation morale » se trouvent ici couramment associés avec un esprit de stricte économie, sachant calculer la possibilité de gains plus élevés, et avec une maîtrise de soi, une sobriété qui augmentent considérablement le rendement. Terrain des plus favorables à cette conception du travail en tant que fin en soi, vocation [*Beruf*], qu'exige le capitalisme. L'éducation religieuse accroît les chances de surmonter la routine traditionnelle. Cette observation à propos de l'état présent du capitalisme[1] montre ainsi qu'une question mérite d'être posée : comment cette connexion entre l'adaptation au capitalisme et les facteurs religieux a-t-elle été possible dès l'origine ? Car, de nombreux faits on peut déduire qu'elle existait déjà à cette époque, et sous une forme analogue. L'aversion et la persécution dont les méthodistes furent victimes au XVIIIe siècle, de la part de leurs compagnons de travail, ne résultaient pas uniquement, ou principalement, de leurs excentricités religieuses — l'Angleterre en a vu beaucoup d'autres, et de plus frappantes. Comme le suggère la destruction de leurs outils [par leurs compagnons de travail], thème qui revient si fréquemment dans les témoignages contemporains, il faut en chercher la cause dans leur trop grande bonne volonté au travail, ainsi que nous dirions aujourd'hui.

Mais revenons au présent, et tournons-nous maintenant vers l'entrepreneur pour tenter de préciser le sens que prend à nos yeux la notion de « tradition ».

Dans ses thèses sur la genèse du capitalisme[2], Sombart distingue les deux grands principes directeurs de l'histoire économique : la « satisfaction des

1. Les remarques précédentes risquent d'être mal comprises. La tendance d'un type bien connu d'hommes d'affaires à utiliser pour ses buts propres le principe qu'« il faut une religion pour le peuple » n'a rien à voir avec le problème qui nous intéresse. Pas plus, d'ailleurs, que naguère cette bonne volonté de nombre de gens, de membres du clergé luthérien en particulier, qui, par sympathie pour l'autorité, se mettaient à sa disposition, telle une « police noire », dénonçant la grève comme un péché et les syndicats comme des agents de la « convoitise ». Les facteurs étudiés dans notre texte ne concernent pas des faits exceptionnels, mais des faits fort communs qui, nous le verrons, réapparaissent continuellement et de façon typique.

2. *Der moderne Kapitalismus*, 1re éd., I, p. 62.

besoins » et l'acquisition. La forme et la direction de l'activité économique sont déterminées, dans le premier cas par la mesure des besoins personnels, dans le second par la poursuite du profit au-delà de la limite fixée par la satisfaction des besoins. Ce que Sombart appelle économie des besoins semble, de prime abord, identique à ce que nous désignons ici par traditionalisme économique. De fait, il en serait ainsi si le concept de besoin se limitait aux besoins traditionnels. Dans le cas contraire, un grand nombre de types économiques, nécessairement considérés comme capitalistes selon une définition que Sombart donne en un autre endroit, sortiraient de la catégorie de l'économie d'acquisition pour être rattachés à celle des besoins. Certaines entreprises privées tirent un profit de leur capital (argent ou marchandises évaluées en argent) en achetant des moyens de production et en vendant des produits fabriqués — méritant à ce titre sans aucun doute l'étiquette de capitalistes — et peuvent en même temps conserver un caractère traditionnel. Ce ne fut nullement l'exception, mais bien plutôt la règle, au cours de l'histoire économique récente, en dépit des fréquentes entorses représentées par les irruptions puissantes, répétées, de l'esprit du capitalisme. Certes, la forme capitaliste d'une entreprise et l'esprit dont elle est animée se trouvent généralement dans une sorte de rapport d'« adéquation », mais la relation d'interdépendance « nécessaire » fait défaut. Néanmoins, nous emploierons provisoirement le terme d'« esprit du capitalisme (moderne) » pour caractériser la recherche rationnelle et systématique du profit par l'exercice d'une profession [*Beruf*], attitude qu'illustre l'exemple de Benjamin Franklin. Ce qui est justifié, d'une part, parce que cette attitude a trouvé sa forme la plus adéquate dans l'entreprise capitaliste moderne, et d'autre part, parce qu'elle a trouvé dans cet « esprit » son moteur le plus adéquat.

Mais les deux phénomènes peuvent très bien s'observer séparément. Benjamin Franklin était pénétré de l'esprit du capitalisme à une époque où son imprimerie ne se distinguait en rien, par la forme, d'une entreprise artisanale quelconque. Et nous verrons qu'au début des temps modernes les entrepreneurs capitalistes du patriciat commercial ne furent nullement les seuls porteurs, ou les principaux apôtres, de ce que nous appelons ici esprit du capitalisme[1], mais que ce rôle revient plutôt aux couches de la classe moyenne industrielle, qui cherchaient à s'élever. De même, au XIXe siècle, ses représentants classiques ne furent point les élégants gentlemen de Liverpool et de Hambourg qui se transmettaient leurs fortunes commerciales de génération en génération, mais au contraire les parvenus de Manchester et de Rhénanie-Westphalie, de

1. Je veux mettre ici en évidence que cette hypothèse ne trouve pas sa justification *a priori*. La technique de l'entreprise capitaliste d'une part et, de l'autre, la mentalité professionnelle [*der Geist der Berufsarbeit*] qui donne au capitalisme sa force d'expansion ont dû avoir leur racine dans la même couche sociale. Il en va de même des rapports sociaux des croyances religieuses. Historiquement, le calvinisme fut l'un des éducateurs de l'esprit du capitalisme. Mais aux Pays-Bas, pour des raisons qui seront exposées plus loin, les grands capitalistes étaient des remontrants plutôt que des adeptes du calvinisme de stricte observance. La *petite* et *moyenne* bourgeoisie, classe en pleine ascension où se recrutaient principalement les entrepreneurs, était ici comme ailleurs composée, pour la plus grande part, de « typiques » représentants à la fois de l'éthique capitaliste et de la religion calviniste. Ce qui concorde avec notre thèse qu'il y eut partout, et de tout temps, de grands banquiers et de grands marchands, mais que l'organisation capitaliste rationnelle du travail industriel n'est apparue qu'avec la transition du Moyen Age aux temps modernes.

condition souvent fort modeste à l'origine. Au XVIe siècle déjà, on rencontre une situation analogue : les industries naissantes furent, pour la plupart, l'œuvre de parvenus.

L'exploitation d'une banque, par exemple, celle d'une maison d'exportation de gros, celle d'un important commerce de détail, ou encore celle d'une grande entreprise industrielle de produits fabriqués à domicile, ne sont certainement possibles que sous la forme d'une entreprise capitaliste. Néanmoins, ces diverses entreprises peuvent être dirigées dans un esprit strictement traditionnel. En fait, les affaires d'une grande banque d'émission ne peuvent absolument pas être conduites d'une autre manière. Durant des époques entières, le commerce maritime a reposé sur des monopoles et des privilèges légaux de caractère strictement traditionnel. Dans le commerce de détail — et je ne parle pas ici de ces vulgaires fainéants sans capital qui réclament aujourd'hui le soutien de l'État —, la révolution est en cours qui mettra un terme au vieux traditionalisme. Le même bouleversement a fait éclater les structures anciennes du travail à domicile, auquel le travail à domicile moderne n'est apparenté que par la forme. Le cours suivi par cette révolution, et la signification qu'elle peut avoir — bien que ces choses soient connues — doivent être mis en évidence par un exemple concret.

Jusqu'à la fin du siècle dernier environ — tout au moins dans bien des branches de l'industrie textile de notre continent — la vie de l'industriel qui employait des travailleurs à domicile était, selon nos conceptions actuelles, assez agréable. On peut l'imaginer à peu près ainsi : les paysans venaient à la ville où habitait l'entrepreneur et lui apportaient les pièces tissées — dans le cas du lin la matière première avait été produite, principalement ou entièrement, par le paysan lui-même. Après une vérification minutieuse, et souvent officielle, de la qualité, on leur en payait le prix convenu. Pour les marchés relativement éloignés, les clients de l'entrepreneur étaient des revendeurs qui s'adressaient à lui (sans que, généralement, ce fût déjà sur échantillons) pour trouver une qualité à laquelle ils étaient attachés ; ils achetaient ce qu'ils trouvaient dans son entrepôt à moins que, longtemps avant, ils n'aient passé commande — et dans ce dernier cas les commandes avaient été transmises aux paysans. Ces clients ne se déplaçaient personnellement, si tant est qu'ils le fissent, qu'à d'assez longs intervalles. Autrement, il suffisait de correspondre : c'est ainsi que, lentement, s'accrut le système des échantillons. Le nombre d'heures de travail était très modéré, cinq à six par jour, parfois beaucoup moins, davantage le cas échéant, dans les moments de presse. Les gains étaient modestes ; suffisants pour mener une vie décente et mettre de l'argent de côté dans les bonnes années. Dans l'ensemble, les concurrents entretenaient entre eux de bonnes relations, étant d'accord sur les principes essentiels des opérations. Une visite prolongée au café, chaque jour, un petit cercle d'amis — la vie agréable et tranquille.

A tous égards, c'était là une *forme* d'organisation « capitaliste » : l'entrepreneur exerçait une activité purement commerciale ; l'emploi de capitaux était indispensable ; enfin, l'aspect objectif du processus économique, la comptabilité, était rationnel. Mais en fait il s'agissait d'une activité économique traditionnelle, si l'on considère l'*esprit* qui animait l'entrepreneur : traditionnel, le mode de vie ; traditionnels, le taux du profit, la quantité de travail fourni, la façon de mener l'entreprise et les rapports entretenus avec les ouvriers ; essentiellement traditionnels enfin, le cercle de la clientèle, la manière de rechercher de nouveaux clients et d'écouler la marchandise. Tout cela dominait la conduite de l'affaire, était sous-jacent — si l'on peut dire — à l'*éthos* de cette catégorie d'entrepreneurs.

Soudain, à un moment donné, cette vie tranquille prit fin ; le plus souvent aucune transformation essentielle dans la *forme* de l'organisation, telle que le passage à l'entreprise fermée [*geschlossener Betrieb*], l'utilisation du métier mécanique, etc., n'était survenue. Il s'était produit tout simplement ceci : un jeune homme d'une famille d'entrepreneurs s'était rendu à la campagne ; il y sélectionne avec soin les tisserands qu'il voulait employer ; il aggrave leur dépendance et augmente la rigueur du contrôle de leurs produits, les transformant ainsi de paysans en ouvriers. D'autre part, il change les méthodes de vente en entrant le plus possible en contact direct avec les consommateurs. Il prend entièrement en main le commerce de détail et sollicite lui-même les clients ; il les visite régulièrement chaque année, et surtout il adapte la qualité des produits aux goûts et aux besoins de la clientèle. En même temps, il agit selon le principe : réduire les prix, augmenter le chiffre d'affaires. La conséquence habituelle d'un tel processus de rationalisation n'a pas tardé à se manifester : ceux qui n'emboîtaient pas le pas étaient éliminés. L'idylle s'effondrait sous les premiers coups de la concurrence ; des fortunes considérables s'édifiaient qui n'étaient pas placées à intérêt, mais réinvesties dans l'entreprise. L'ancien mode de vie, confortable et sans façons, lâchait pied devant la dure sobriété de quelques-uns. Ceux-ci s'élevaient aux premières places parce qu'ils ne voulaient pas consommer, mais gagner, tandis que ceux-là, qui désiraient perpétuer les anciennes mœurs, étaient obligés de réduire leurs dépenses.

En général, cette révolution ne dépend pas d'un afflux d'argent frais — je connais des cas où il a suffi de quelques milliers de marks empruntés à des parents — mais d'un *esprit* nouveau : l'« esprit du capitalisme » est entré en action. Le problème majeur de l'expansion du capitalisme moderne n'est pas celui de l'origine du capital, c'est celui du développement de l'esprit du capitalisme. Partout où il s'épanouit, partout où il est capable d'agir de lui-même, il *crée* son propre capital et ses réserves monétaires — ses moyens d'action — mais l'inverse n'est pas vrai. Son entrée en scène, cependant, fut rarement pacifique. Le premier novateur s'est très régulièrement heurté à la méfiance, parfois à la haine, surtout à l'indignation morale — j'en connais des cas précis. Une véritable légende s'est formée sur sa vie passée, que recouvraient des ombres mystérieuses. Comment ne pas reconnaître que seul un caractère d'une force peu commune peut garantir son sang-froid à un entrepreneur de ce « style nouveau » et le mettre à l'abri du naufrage moral et économique ? De plus, indépendamment de la sûreté du coup d'œil et de l'activité réalisatrice, ce n'est qu'en vertu de qualités éthiques bien déterminées et fortement développées qu'il s'est trouvé à même d'inspirer à ses clients et à ses ouvriers une confiance absolue en ses innovations. Rien d'autre ne lui eût donné la force de surmonter des obstacles sans nombre et, par-dessus tout, d'assumer le travail infiniment plus intense qui est exigé de l'entrepreneur moderne. Mais ces qualités éthiques sont très différentes de celles qui, naguère, étaient requises par la tradition.

Sauf exception, ceux que l'on trouve à l'origine de ce tournant décisif, si insignifiant en apparence, mais qui insuffla un nouvel esprit à la vie économique, n'étaient pas des spéculateurs, des risque-tout sans scrupules, des aventuriers tels qu'il s'en rencontre à toutes les époques de l'histoire économique, ni même simplement de grands financiers. Au contraire, ces novateurs furent élevés à la dure école de la vie, calculateurs et audacieux à la fois, des hommes avant tout sobres et sûrs, perspicaces, entièrement dévoués à leur tâche, professant des opinions sévères et de stricts « principes » bourgeois.

On serait tenté de croire que ces qualités morales personnelles n'auraient rien à voir avec une quelconque maxime éthique ou même une idée religieuse, ou même que la corrélation serait essentiellement négative. Bien plutôt, la capacité de *se soustraire* à la tradition reçue — une sorte d'*Aufklärung* libérale — permettrait seule de mener une vie d'affaires ainsi conçue. En fait, c'est précisément le cas aujourd'hui. De nos jours, il n'y a guère de relation entre les croyances religieuses et la conduite de la vie, et, dans la mesure où cette relation existe, elle est d'ordinaire négative, du moins en Allemagne. Les gens présentement animés par l'esprit du capitalisme sont d'habitude indifférents, sinon hostiles à l'Église. Le pieux ennui du paradis a peu d'attraits pour ces natures actives ; la religion leur semble un moyen d'arracher les hommes aux travaux d'ici-bas. Les interroge-t-on sur le « sens » d'une activité sans relâche, leur demande-t-on pourquoi ils ne sont jamais satisfaits de ce qu'ils possèdent — ce qui les fait paraître si insensés à ceux qui s'orientent purement et simplement vers la vie d'ici-bas — ils répondront peut-être, en admettant qu'ils sachent quoi dire : « Je travaille pour mes enfants et mes petits-enfants. » Mais le plus souvent, car ce motif ne leur est pas particulier : il anime aussi le traditionaliste —, ils répondront, avec plus d'exactitude, que leur affaire, avec son activité sans trêve, est tout simplement devenue indispensable à leur existence. De fait, c'est là l'unique motivation possible ; cependant, considérée du point de vue du bonheur personnel, elle exprime combien *irrationnelle* est cette conduite où l'homme existe en fonction de son entreprise et non l'inverse.

De toute évidence, le sentiment de puissance, la considération sociale que confère le simple fait de la richesse, jouent aussi leur rôle. Lorsque l'imagination d'un peuple entier a été dirigée sur les grandeurs purement quantitatives, comme aux États-Unis, le romantisme des chiffres exerce sa magie irrésistible sur ceux des hommes d'affaires qui sont aussi des « poètes ». Encore convient-il de noter que se laisser ainsi séduire n'est guère le fait des dirigeants véritables, de ceux notamment dont le succès est durable. De plus, dans les milieux de parvenus, en Allemagne, le recours aux propriétés de famille, aux titres de noblesse qui font oublier les origines sociales, de même que le comportement des fils dans les universités ou dans le corps des officiers sont des produits caractéristiques de la décadence, des manifestations d'épigones. Tel qu'il a été représenté, en Allemagne même, par des exemples brillants et isolés, le « type idéal » de l'entrepreneur capitaliste n'a rien de commun avec ces arrivistes plus ou moins raffinés. Il redoute l'ostentation et la dépense inutile tout autant que la jouissance consciente de sa puissance ; il se sent gêné des signes extérieurs de considération sociale dont il est l'objet. En d'autres termes — et nous allons examiner la signification historique de ce fait important — sa vie emprunte souvent un visage ascétique, ce qui apparaissait nettement dans le « sermon » de Benjamin Franklin que nous avons cité. Par exemple, il n'est nullement exceptionnel — ce serait plutôt la règle — de trouver chez notre entrepreneur une sorte de modestie, essentiellement plus franche d'ailleurs que cette réserve si judicieusement recommandée par Franklin. Il ne « tire rien » de sa richesse pour lui-même, en dehors du sentiment irrationnel d'avoir bien fait sa besogne [*Berufserfüllung*].

Voilà précisément ce qui semble à l'homme précapitaliste le comble de l'inconcevable, de l'énigmatique, du sordide et du méprisable. Qu'un être humain puisse choisir pour tâche, pour but unique d'une vie, l'idée de descendre dans la tombe chargé d'or et de richesse, ne s'explique pour lui que par l'intervention d'un instinct pervers, l'*auri sacra fames*.

De nos jours, avec nos institutions politiques, légales et économiques, avec la structure et les formes d'organisation générales propres à notre ordre économique, cet esprit du capitalisme, nous l'avons dit, pourrait être purement et simplement intelligible en tant que résultat d'une adaptation. Le système capitaliste a besoin de ce dévouement à la vocation [*Beruf*] de gagner de l'argent. Cette attitude à l'égard des biens matériels est à ce point adaptée au système, si intimement liée aux conditions de survie dans la lutte économique pour l'existence, qu'il ne saurait plus être question, aujourd'hui, d'une relation nécessaire de cette façon de vivre avec une quelconque *Weltanschauung* moniste. En fait, ceux qui adoptent cette attitude n'ont plus besoin du soutien d'aucune force religieuse, et ils ressentent les tentatives de la religion pour influer sur la vie économique — dans la mesure où ces tentatives sont encore sensibles — comme des entraves analogues à la réglementation de l'économie par l'État. Ce sont alors les intérêts commerciaux, sociaux et politiques qui tendent à déterminer opinions et comportements. Quiconque n'adapte pas sa conduite aux conditions du succès capitaliste va à sa perte ou, à tout le moins, ne peut s'élever bien haut. Ces phénomènes sont ceux d'une époque où le capital moderne, ayant remporté la victoire, s'est émancipé de ses anciens tuteurs. Mais étant donné qu'il s'est révélé capable, en son temps, de détruire les formes médiévales de régulation de la vie économique par sa seule alliance avec le pouvoir grandissant de l'État moderne, nous pouvons dire provisoirement qu'il aurait pu en aller ainsi de ses relations avec les forces religieuses. Notre tâche consiste précisément à rechercher si tel a bien été le cas et quelle en est la signification.

Car il est à peine besoin de démontrer que cette façon de concevoir l'enrichissement en tant que fin en soi à laquelle les hommes se trouvent astreints, en tant que vocation [*Beruf*], se heurtait aux sentiments moraux d'époques entières.

Le principe *Deo placere vix potest*, intégré au droit canon et qui s'appliquait à l'activité des marchands, était considéré à cette époque comme ayant force de loi (au même titre que le passage de l'Évangile sur l'intérêt). Il en allait pareillement pour les paroles de saint Thomas qualifiant de *turpitudo* la recherche du profit (ce terme incluant même le profit inévitable et par conséquent éthiquement justifié). Par rapport aux vues plus radicalement antichrématistiques de groupes assez étendus, cela n'en constituait pas moins de sérieuses concessions de la part de l'Église catholique envers les puissances financières des cités italiennes avec lesquelles l'Église entretenait des relations si intimes. Et même là où la doctrine était encore mieux accordée aux faits, chez saint Antonin de Florence par exemple, le sentiment n'était jamais entièrement absent que l'acquisition pour elle-même, était, au fond, un *pudendum* qui ne pouvait être toléré qu'en raison des nécessités de la vie en ce monde.

Quelques moralistes de cette époque, des nominalistes en particulier, acceptaient comme inéluctable l'apparition des formes capitalistes dans les affaires, et ils tentaient de les justifier — surtout dans le commerce — parce que nécessaires. Non sans contradiction, ils voyaient en l'*industria* qui s'y développait la source légitime, et par cela même éthiquement inattaquable, du profit. Mais la doctrine dominante rejetait l'« esprit » de l'acquisition capitaliste comme *turpitudo* ou, à tout le moins, se refusait à lui accorder une valeur éthique positive. Une conception « morale » comme celle de Benjamin Franklin eût été purement inconcevable. Elle n'était que la conception des cercles capitalistes eux-mêmes. Aussi longtemps qu'ils restaient attachés à la tradition de l'Église, leur travail [*Lebensarbeit*] était, au mieux, quelque chose de moralement indifférent, de toléré, mais, en raison du danger continuel de conflit avec l'interdiction de l'usure par l'Église, il n'en était pas moins dangereux pour le salut de l'âme. Comme le montrent des sources, à la mort de riches personnes des sommes considérables revenaient à des institutions religieuses en tant qu'« argent de la conscience » [*Gewissensgeld*] ; parfois même des sommes d'argent étaient restituées à d'anciens débiteurs, dans la pensée qu'elles leur avaient été prises injustement par *usura.* Tendances presque hérétiques ou considérées comme scabreuses mises à part, il n'en allait autrement que dans les cercles patriciens déjà émancipés de la tradition. Mais les sceptiques et les indifférents eux-mêmes se réconciliaient avec l'Église par des dons : en tout état de cause, il valait mieux s'assurer contre l'incertitude de ce qui pouvait se passer après la mort, et (du moins selon une conception assez relâchée bien qu'extrêmement répandue) une soumission extérieure aux commandements de l'Église suffisait à assurer le salut. Ici apparaît le caractère *extérieur* à la morale, voire tout simplement *immoral*, que les intéressés eux-mêmes attachaient à leur propre comportement.

Comment cette activité, tolérée par la morale dans le meilleur des cas, a-t-elle pu se transformer en profession au sens de Benjamin Franklin ? Comment expliquer historiquement que, dans le plus grand centre capitaliste du temps, dans la Florence des XIVe et XVe siècles, marché de l'argent et du capital de toutes les grandes puissances politiques, cette attitude fût considérée comme éthiquement injustifiable, ou, au mieux, tolérée ? Alors qu'au XVIIIe siècle, dans des conditions petites-bourgeoises, au milieu des forêts de Pennsylvanie, où les affaires menaçaient de dégénérer en troc par simple manque d'argent, où l'on trouvait à peine trace de grandes entreprises industrielles, où les banques n'en étaient qu'à leurs tout premiers pas, le même fait ait pu être considéré comme l'essence de la conduite morale, qu'il ait même été recommandé au nom du devoir. Parler ici de « reflet » des conditions « matérielles » sur la « superstructure idéelle » serait pur non-sens. Quel est donc l'arrière-plan d'idées qui a conduit à considérer cette sorte d'activité, dirigée en apparence vers le seul profit, comme une vocation [*Beruf*] envers laquelle l'individu se sent une *obligation morale* ? Car ce sont ces idées qui ont conféré à la conduite de l'entrepreneur « nouveau style » son fondement éthique et sa justification.

En règle générale, on a défini le rationalisme économique comme le fondement de l'économie moderne — voyez en particulier les exposés souvent heureux et efficaces de Sombart. A bon droit, sans aucun doute, si l'on entend par là l'accroissement de la productivité du travail, qui a soustrait celui-ci à la sujétion des limitations organiques naturelles de l'homme en soumettant les processus de production aux données de la science. Or ce processus de rationalisation de la technique et de l'économie détermine aussi, cela va de soi, une part importante des idéaux [*Lebensideale*] de la société bourgeoise. Mettre le travail au service d'une organisation rationnelle qui fournisse à l'humanité ses biens matériels est toujours apparu, incontestablement, aux représentants de l'esprit du capitalisme comme un des buts de leur tâche [*Lebensarbeit*]. Pour toucher du doigt cette vérité évidente, il suffira de lire, par exemple, le compte rendu des efforts de Franklin pour apporter à Philadelphie des améliorations édilitaires. La satisfaction et la fierté d'avoir « procuré du travail » à de nombreux hommes, d'avoir participé à l'« épanouissement » économique de sa ville natale — aux sens démographique et commercial que le capitalisme associe à ce mot — tout cela évidemment fait partie de la joie de vivre spécifique, indubitablement « idéaliste », de l'homme d'affaires moderne. De même, la rationalisation sur la base d'un calcul rigoureux est l'une des caractéristiques fondamentales de l'économie capitaliste individuelle, dirigée avec prévoyance et circonspection vers le résultat escompté. Quel contraste avec la vie au jour le jour du paysan, avec la routine de l'artisan des anciennes corporations et de ses privilèges, ou encore avec le capitaliste aventurier attiré par l'exploitation des circonstances politiques et les spéculations irrationnelles...

Peut-être semblerait-il que l'essor de l'esprit du capitalisme serait plus facilement compris si on le considérait en tant que partie du développement de la rationalité dans son ensemble ; il pourrait être déduit de positions de principe sur les problèmes fondamentaux de l'existence. L'on devrait alors considérer historiquement le protestantisme comme une simple « étape antérieure » d'une philosophie purement rationaliste. Que l'on tente sérieusement de soutenir cette thèse, et l'on conviendra qu'il n'est pas possible de poser ainsi le problème, l'histoire du rationalisme, tout simplement, ne progressant pas également dans tous les domaines. Par exemple, si on la conçoit comme une simplification et une remise en ordre [*Gliederung*] du contenu de la loi [*Rechtsstoff*], la rationalisation du droit privé avait atteint son degré le plus élevé dans le droit romain à la fin de l'Antiquité, mais elle demeurait des plus retardataires dans certains pays ayant atteint un très haut degré de rationalisation économique, tels que l'Angleterre, où la renaissance du droit romain s'est brisée contre la puissance des grandes corporations de juristes, tandis que le même droit romain conservait sa suprématie dans les pays catholiques du sud de l'Europe. La philosophie rationnelle, purement séculière [*diesseitig*], du XVIIIe siècle, n'a pas trouvé son seul ni même son principal terrain de prédilection dans les pays où le capitalisme était le plus développé. Dans les pays de catholicisme romain, le voltairianisme reste, de nos jours encore, le bien commun de larges couches parmi les classes supérieures et — ce qui dans la pratique est plus important — des classes moyennes. En outre, si l'on entend par « rationalisme pratique » cette manière de vivre qui rapporte consciemment le monde aux intérêts séculiers [*diesseitig*] du *moi* et le juge selon ceux-ci, ce style de vie était, et est encore, caractéristique des peuples du *liberum arbitrium*, lequel est si profondément ancré chez les Italiens et les Français. Mais nous sommes déjà convaincus que ce n'est pas là le terrain sur lequel a prospéré cette relation de l'homme à sa besogne [*Beruf*], relation si nécessaire au capitalisme. A vrai dire, il faudrait placer en épigraphe à toute étude sur la rationalité ce principe très simple mais souvent oublié : la vie peut être rationalisée conformément à des points de vue finaux [*letzt*] extrêmement divers et suivant des directions extrêmement différentes. La rationalité est un concept historique qui renferme tout un monde d'oppositions. Nous aurons à rechercher de quel esprit est née cette forme concrète de pensée et de vie rationnelles ; à partir de quoi s'est développée cette idée de besogne [*Berufs-Gedanke*] et de dévouement au travail professionnel [*Berufsarbeit*] — si irrationnelle, nous l'avons vu, du point de vue purement eudémoniste de l'intérêt personnel —, qui fut pourtant et qui demeure l'un des éléments caractéristiques de notre culture capitaliste. Ce qui *nous* intéresse ici, c'est précisément l'origine de cet élément *irrationnel* qu'elle contient, comme toute notion de *Beruf*.

3. *La notion de* Beruf *chez Luther. Objectifs de la recherche.*

Il paraît désormais évident que le mot allemand *Beruf*, et peut-être plus clairement encore le mot anglais *calling*, suggère déjà, à tout le moins, une connotation religieuse — celle d'une tâche imposée par Dieu. Connotation qui nous sera d'autant plus sensible que nous aurons mis l'accent sur *Beruf* dans un contexte concret. Si nous faisons l'historique de ce mot à travers les langues de civilisation, nous constatons d'abord que, chez les peuples où prédomine le catholicisme — il en va de même pour ceux de l'Antiquité classique — aucun vocable de nuance analogue n'existe pour désigner ce que nous, Allemands, appelons *Beruf* (au sens d'une tâche de l'existence [*Lebensstellung*], d'un travail défini)[1], alors qu'il en existe un chez tous les peu-

1. Seul, l'hébreu, parmi les langues de l'Antiquité, présente des expressions de sens analogue. En premier lieu avec le mot מְלָאכָה, employé pour les fonctions sacerdotales (*Ex.* XXXV, 21 ; *Né.* XI. 22 ; I *Chr.* IX, 13, XXIII, 4, XXVI, 30) ; pour les occupations au service du roi (en particulier I *Sam.* VIII, 16 ; I *Chr.* IV, 23, XXIX, 6) ; pour le service d'un fonctionnaire *royal* (*Est.* III, 9, IX, 3) ; d'un *surveillant* de travaux (II *Rois* XII, 12) ; d'un esclave (*Gen.* XXXIX, 11) ; pour les travaux *agricoles* (I *Chr.* XXVII, 26) ; pour les *artisans*, (*Ex.* XXXI, 5 ; XXXV, 21 ; I *Rois* VII, 14) ; pour les marchands (*Ps.* CVII, 23) et, dans le passage de Ben Sira, XI, 20 dont nous allons parler, pour toute espèce de « besogne » [*Berufsarbeit*]. Ce mot qui dérive de la racine לאך, « envoyer », signifiait donc « tâche » à l'origine. Les citations précédentes montrent qu'il exprime des notions familières au royaume bureaucratique de Salomon reposant sur le système de la corvée et édifié sur le modèle égyptien. Ainsi que je l'ai appris de A. Merx, le sens étymologique était déjà entièrement perdu dans l'Antiquité. Employé à propos de toute espèce de travail, ce mot était devenu effectivement aussi neutre que l'allemand *Beruf* ; comme celui-ci, il fut même utilisé à l'origine pour les fonctions

religieuses. L'expression חק, travail déterminé, tâche assignée, pensum, qui apparaît également chez Ben Sira (*Si.* XI, 20), et que les Septante traduisent par διαθήκη, dérive donc de la terminologie de la bureaucratie féodale, de même que דְּבַר־יוֹם (*Ex.* V, 13 ; comp. *Ex.* V, 14, où les Septante emploient de même διαθήκη, pour « tâche » *(pensum)*. Les Septante traduisent par κρίμα dans *Si.* XLIII, 10). Chez Ben Sira, XI, 20, elle correspond manifestement à l'accomplissement des commandements de Dieu, et elle est donc également apparentée à *Beruf*. Pour ce passage de Ben Sira nous renvoyons à l'ouvrage bien connu de Smend sur Jésus ben Sira et pour les mots διαθήκη, ἔργον, πόνος, à l'index de sa *Weisheit des Jesus Sirach* (Berlin 1907). On sait que le texte hébreu du livre de Ben Sira était perdu, et qu'il a été redécouvert par Schechter, puis complété en partie à l'aide de citations trouvées dans le Talmud. Luther ne le possédait donc pas, et ces deux concepts hébreux n'ont pu exercer la moindre influence sur son vocabulaire ; voir ci-dessous sur *Prov.* XXII, 29.)

En grec, il n'existe pas de vocable ayant une acception éthique correspondant à celle du mot *Beruf*. Là où, de façon tout à fait conforme à notre usage actuel (voir ci-dessous), Luther traduit Jésus ben Sira (*Si.* XI, 20-21) : *bleibe in deinem Beruf*, la version des Septante présente une fois ἔργον, l'autre fois πόνος, mais apparemment, dans ce dernier cas, le passage est entièrement corrompu (l'original hébreu parle de l'« éclat » de l'aide de Dieu !). D'autre part, τὰ προσήκοντα a été employé au Moyen Age avec le sens général de « devoirs ». A. Dieterich m'a fait remarquer que, dans les œuvres des stoïciens, κάματος possède occasionnellement une connotation semblable, bien que son origine linguistique soit incertaine. Chez ces mêmes auteurs, toutes les autres expressions (telles que τάξις, etc.) n'ont pas de connotation éthique.

L'occupation continue d'un homme, son travail, qui est aussi (normalement) la source de ses revenus, le fondement économique durable de son existence, enfin ce que l'on exprime en allemand par *Beruf*, se rend en latin, en dehors de l'incolore *opus*, et cela avec un contenu éthique de nuance au moins apparentée, soit par *officium* (de *opificium*, éthiquement incolore à l'origine, mais plus tard, par exemple chez SÉNÈQUE, *De beneficiis*, IV, 18, où il signifie *Beruf*), soit encore par *munus* — qui dérive des corvées obligatoires dans les anciennes communes civiles — soit enfin par *professio*. Ce dernier mot était aussi employé — ce qui est caractéristique — avec le sens de devoir public, lequel était probablement lié aux déclarations d'impôts des citoyens. Plus tard, il fut appliqué spécialement aux « professions libérales » au sens moderne de ce mot (comme dans *professio bene dicendi*). Dans ce domaine assez restreint, il prend une acception assez semblable à celle de *Beruf* (même au sens le plus intériorisé du mot ; ainsi lorsque Cicéron dit de quelqu'un : *non intelligit quid profiteatur*, voulant signifier : « Il ne connaît pas sa vraie vocation »), sauf que, naturellement, cette dernière acception ne possède pas la moindre nuance *religieuse*. Ceci est encore plus vrai pour *ars*, employé à l'époque impériale à propos des métiers manuels. Les passages de Jésus ben Sira cités sont traduits dans la *Vulgate* une fois (v. 20) par *opus* et l'autre (v. 21) par *locus*, ce qui signifie alors à peu près « situation sociale ». L'addition *mandaturam tuorum* est le fait de l'*ascétique* saint Jérôme, Brentano le souligne à juste titre, sans remarquer toutefois, ni ici ni ailleurs, que c'est *précisément* là ce qui caractérise l'origine *ascétique* du concept — ascétisme détaché de ce monde avant la Réforme, à l'intérieur de ce monde après elle. On ignore d'ailleurs d'après quel texte saint Jérôme a établi sa traduction. Une influence de l'ancienne signification liturgique de מְלָאכָה n'est pas à exclure.

Parmi les langues romanes, seul l'espagnol *vocación*, au sens d'appel [*Beruf*] *intérieur* en vue de quelque chose, par analogie avec un office ecclésiastique, offre une connotation qui correspond en partie au mot allemand, mais il n'est jamais employé pour rendre « besogne » dans son sens matériel. Dans les traductions romanes de la Bible, l'espagnol *vocación*, l'italien *vocazione* et *chiamamento* — habituellement pris dans un sens qui correspond en partie à l'usage luthérien et calviniste — sont employés *uniquement* pour traduire la κλῆσις du Nouveau Testament, l'appel au salut éternel de l'Évangile, la *vocatio* de la Vulgate. Il est étrange que Brentano soutienne, que ce fait, par moi-même allégué pour défendre mes vues, prouve l'existence, avant la Réforme, de la notion de besogne au sens que celle-ci a pris plus tard. On ne constate absolument rien de ce genre. Κλῆσις était *nécessairement* traduit par *vocatio*. Mais où et quand a-t-il été employé, durant le Moyen Age, avec son sens actuel ? Le fait probant, c'est cette traduction et que, malgré cela, ce mot ne s'applique pas aux besognes profanes. Dans la traduction italienne de la Bible (XVe siècle) reproduite dans la *Collezione di opere inedite e rare* (Bologna, 1887), *chiamamento* est employé ainsi à côté de *vocazione*, alors que les traductions modernes n'utilisent que ce dernier vocable. D'autre part, les mots employés dans les langues romanes pour « besogne », au sens *profane* d'activité rémunératrice [*Erwerbstätigkeit*], n'ont aucune connotation religieuse — ce qui ressort de tous les dictionnaires ainsi que d'un exposé de mon ami le professeur Baist, de Fribourg. Soit que ces mots dérivent de *ministerium*, d'*officium*, à l'origine pourvus d'une certaine nuance religieuse, ou bien d'*ars*, de *professio*, d'*implicare (impiego)*, qui ne l'ont jamais eue. Les passages de Jésus ben Sira précédemment cités, où Luther a recours à *Beruf*, sont traduits en français, v. 20 par « office », v. 21 par « labeur » (traduction calviniste) ; en ples où le protestantisme est prépondérant. On s'aperçoit en outre qu'il ne s'agit pas là d'une quelconque particularité ethnique de la langue étudiée, que ce n'est nullement, par exemple, l'expression d'un « esprit germanique ». Dans son acception actuelle, ce mot provient des traductions de la Bible ; plus précisément, il reflète l'esprit du traducteur et *non* celui de l'original[1]. Il semble avoir été employé pour la première fois, avec les sens qu'il

espagnol v. 20 par *obra*, v. 21 par *lugar* (d'après la Vulgate), par *posto* dans les traductions protestantes récentes. Dans les pays latins, les protestants, du fait qu'ils ne représentaient qu'une minorité, n'ont pas réussi — si toutefois ils en ont fait la tentative — à exercer sur leurs langues respectives une influence créatrice comparable à celle de Luther sur la langue allemande de chancellerie, à l'époque moins rationalisée (au sens académique du terme).

[Deux versions françaises récentes traduisent ainsi *Si.* XI, 20-21 :

Bible de Jérusalem (texte hébreu) :

20 Sois attaché à ta besogne et mets-y ta joie et vieillis dans ton travail.
21 N'admire pas les œuvres du pécheur.
Confie-toi dans le Seigneur et tiens-toi à ta besogne.
Car c'est chose facile aux yeux du Seigneur, rapidement, en un instant, d'enrichir un pauvre.

Édition Dhorme (texte grec) :

20 Sois ferme en ton alliance, consacre lui ta vie
Et vieillis dans ton œuvre.
21 Ne t'émerveille pas des œuvres du pécheur,
Mais aie confiance au Seigneur et persévère dans ton effort,
Car il est facile aux yeux du Seigneur
D'enrichir rapidement d'un seul coup l'indigent.

1. En revanche, cette idée ne se trouve que partiellement développée — encore est-ce de façon implicite — dans la Confession d'Augsbourg. L'article 26 (éd. Kolde, p. 43 [citée par Weber], professe : « En effet, l'Évangile [...] ne condamne pas le gouvernement civil, ni l'État, ni le mariage, mais il veut qu'on observe toutes ces choses comme de véritables institutions divines, et que, dans ces divers états, on pratique la charité chrétienne et fasse de véritables bonnes œuvres, chacun selon sa vocation [*ein jeder nach seinem Beruf*]. » [Traduction française de C. F. Rosenstiehl, p. 64.]

a de nos jours, dans la traduction de Luther, au livre de Jésus ben Sira, *l'Ecclésiastique* (XI, 20-21)[1]. Dès lors, cette signification est passée très vite dans le langage profane de tous les peuples protestants,

Le texte latin dit simplement : *et in talibus ordinationibus exercere caritatem.* [Le texte latin et le texte allemand de la Confession d'Augsbourg sont indépendants, l'un n'étant pas la traduction de l'autre. La traduction Rosenstiehl a été faite sur le texte allemand.]

La conséquence qui découle de cette prescription d'obéir aux autorités montre qu'ici *Beruf* était considéré, du moins à l'origine, comme un ordre objectif au sens de 1 *Cor.* VII, 20.

L'article 27 (Kolde, p. 83) parle de *Beruf* (latin : *in vocatione sua*) en relation seulement avec les « états » [*Stände*] établis par Dieu, tels que celui d'un pasteur, d'un prédicateur, d'un magistrat, d'un prince, d'un seigneur, etc. Cela dans la seule version allemande du *Konkordienbuch*, la phrase manquant dans l'édition princeps allemande.

Ce n'est qu'à l'article 26 (Kolde, p. 81) que *Beruf* est pris dans un sens qui implique, au moins, son acception moderne : « [...] que la mortification du corps doit servir, non pas à mériter la grâce, mais à maintenir le corps dans une disposition qui ne fasse point obstacle à ce qui est exigé de chacun, selon sa vocation [*einem nach seinem Beruf*] (latin : *juxta vocationem suam*).

1. Selon les dictionnaires, et ce fait m'a été aimablement confirmé par mes collègues et professeurs Braune et Hoops, le mot *Beruf* (hollandais *beroep*, anglais *calling*, danois *kald*, suédois *kallelse*) n'apparaît, avec son sens *profane* actuel, dans *aucune* des langues qui le connaissent aujourd'hui avant la traduction de la Bible par Luther. En moyen-haut-allemand, moyen-bas-allemand et moyen-néerlandais, les mots apparentés à *Beruf* ont tous la même signification que *Ruf* en allemand moderne — y compris, à la fin du Moyen Age, celle de *Berufung* [= *Vokation*], c'est-à-dire d'un appel à un ministère ecclésiastique par les évêques qui en jugent digne — cas particulier souvent mentionné dans les dictionnaires des langues scandinaves. Cette dernière acception a été occasionnellement utilisée par Luther lui-même. Même si cet emploi particulier du mot a pu favoriser plus tard son changement de sens, la création du moderne *Beruf* remonte linguistiquement aux traductions *protestantes* de la Bible. Les seules anticipations de ce sens ne se rencontrent que chez *Tauler* (mort en 1361), ainsi que nous le verrons plus loin. Ce mot a été forgé par *toutes* les langues qui

ont subi l'influence profonde des traductions *protestantes* de la Bible, alors qu'il ne se trouve pas, du moins dans son sens actuel, dans celles (telles les langues romanes) qui ont échappé à cette influence.

Luther traduit par *Beruf* deux concepts totalement différents. En premier lieu, la κλῆσις, paulinienne, au sens de l'appel divin en vue du salut éternel. Cf. I *Cor.* I, 26 ; *Éph.* I, 18, IV, 1-4 ; II *Thes.* I, 11 ; *Héb.* III, 1 ; II *Pierre* I, 10. Dans tous ces passages il s'agit de l'idée, purement religieuse, de l'appel lancé par Dieu au moyen de l'Évangile annoncé par les apôtres : le mot κλῆσις n'a rien de commun avec les professions temporelles, au sens moderne du mot. Avant Luther, les bibles allemandes employaient dans le cas présent *ruffunge* (ainsi dans tous les incunables de la bibliothèque de Heidelberg) ; elles disaient également : *von Gott gefordert* au lieu de : *von Gott geruffet.* Mais en second lieu, ainsi que nous l'avons déjà signalé, Luther traduit les passages de Jésus ben Sira discutés dans une note précédente (dans la version des Septante ἐν τῷ ἔργῳ σου παλαιώθητι et καὶ ἔμμενε τῷ πόνῳ σου), par « beharre in deinem *Beruf* » et « bleibe in deinem *Beruf* » au lieu de « bleibe bei deiner *Arbeit* », et les traductions catholiques ultérieures dûment autorisées (par exemple celle de Fleischütz, Fulda, 1781) l'ont purement et simplement suivi sur ce point, ainsi que dans les passages du Nouveau Testament. La traduction par Luther de ce passage de Jésus ben Sira constitue, autant que je sache, le premier cas où le mot allemand *Beruf* est employé dans son acception moderne, purement temporelle. L'exhortation du verset précédent (v. 20[a]) στῆθι ἐν διαθήκῃ σου est rendue par : « bleibe in Gottes Wort », bien que les passages XIV, 1 et XLIII, 10 de Ben Sira montrent que — correspondant à l'hébreu חק employé par Ben Sira (selon la citation du Talmud) — διαθήκη signifie réellement quelque chose d'analogue à notre *Beruf*, à savoir le destin ou le travail assigné. Nous l'avons déjà dit, le mot *Beruf* n'existait pas en allemand avec le sens qu'il a acquis entre-temps et qu'il conserve de nos jours. A ma connaissance, un tel sens ne se trouve ni chez les plus anciens traducteurs de la Bible ni chez les prédicateurs. Avant Luther, les bibles allemandes traduisaient ce même passage à l'aide de *Werk.* Berthold von Regensburg emploie dans ses sermons *Arbeit* là où nous parlerions de *Beruf.* L'usage est donc ici le même que celui de l'Antiquité. Le premier passage que je connaisse où, non pas *Beruf,* mais *Ruf* (pour traduire κλῆσις) s'applique à un travail purement temporel, se trouve dans le beau sermon de Tauler sur *Éph.* IV (Œuvres, édition de Bâle, f° 117 v) : de paysans qui transportent du « fumier » il est dit : ils se conduisent souvent mieux, « so sie folgen einfeltiglich ihrem Ruff denn die geistlichen Menschen, die auf ihren Ruf nicht Acht haben ». Cette signification du mot *Ruf* n'est pas passée dans la langue profane. Certes, l'influence de Tauler sur Luther n'est pas absolument certaine bien qu'au début ce dernier hésite entre l'emploi de *Ruf* et de *Beruf* (*Werke*, édition d'Erlangen, LI, p. 51), pourtant dans *Freiheit eines Christenmenschen* on trouve comme un écho de ce sermon. Il reste que Luther n'a pas employé le mot *Ruf* dans le sens purement temporel que lui attribue Tauler. (Ceci contre DENIFLE, *Luther*, p. 163.)

A part l'exhortation générale à la confiance en Dieu, le conseil de Ben Sira, dans la version des Septante, ne contient manifestement rien qui se rapporte à une *valorisation* spécifiquement religieuse de l'accomplissement de la besogne profane. Dans le second passage, l'expression πόνος, rude labeur, en serait plutôt le contraire si le passage n'était corrompu. Ce que dit Ben Sira correspond simplement à l'exhortation du Psalmiste (*Ps.* XXXVII, 3) : « Habite la terre, et vis tranquille », comme l'indique clairement l'exhortation (v. 21) à ne pas se laisser éblouir par les œuvres des infidèles, car il est facile à Dieu « en un instant d'enrichir un pauvre ». Seule présente une parenté avec la κλῆσις évangélique l'exhortation du début de rester dans le חק (v. 20) mais ici, précisément, Luther n'a pas employé *Beruf* pour rendre le grec διαθήκη. Un passage de la première lettre aux Corinthiens et sa traduction vont établir un lien entre ces deux emplois apparemment hétérogènes du mot *Beruf* par Luther.

Le contexte se présente ainsi [traduction de la Bible de Jérusalem] I *Cor.* VII : « [17] [...] que chacun continue de vivre dans la condition que lui a assignée le Seigneur, tel que l'a trouvé l'appel de Dieu [...]. [18] Quelqu'un était-il circoncis lors de son appel ? qu'il ne se fasse pas de prépuce. L'appel l'a-t-il trouvé incirconcis ? qu'il ne se fasse pas circoncire. [19] La circoncision n'est rien, rien non plus l'incirconcision ; ce qui compte, c'est d'observer les commandements de Dieu. [20] Que chacun demeure en l'état où l'a trouvé l'appel de Dieu (εν τῆ κλήσει η εκλήθη est sans aucun doute un hébraïsme, m'a assuré le professeur Merx. Dans la Vulgate : *in qua vocatione vocatus est*). [21] Étais-tu esclave lors de son appel ? ne t'en soucie pas. Et même si tu peux devenir libre, mets plutôt à profit ta condition d'esclave. [22] Car celui qui était esclave lors de son appel dans le Seigneur est un affranchi du Seigneur ; de même celui qui était libre lors de son appel est un esclave du Christ. [23] Vous avez été bel et bien achetés ! Ne vous rendez pas esclaves des hommes. [24] Que chacun, frères, demeure devant Dieu dans l'état où l'a trouvé son appel. » Au verset 29, on trouve la remarque que « le temps se fait court », suivie des commandements bien connus, fondés sur l'attente eschatologique : « [29] [...] que ceux qui ont femmes vivent comme s'ils n'en avaient pas ; [30] [...] ceux qui achètent, comme s'ils ne possédaient pas. » D'accord en cela avec les traductions plus anciennes, en 1523 encore, Luther traduit κλῆσις (au v. 20) par *Ruf* (édition d'Erlangen, LI, p. 51) et l'interprète ensuite par *Stand*, état.

Il est évident, en effet, qu'en cet endroit et en cet endroit seulement le mot κλῆσις correspond approximativement au latin *status* et à l'allemand *Stand* (état de mariage, état de servitude, etc.). Mais il ne correspond certainement pas au sens moderne de *Beruf*, contrairement à ce qu'affirme Brentano, *op. cit.* p. 137. Brentano a aussi mal lu ce passage que mon commentaire. Conformément à sa racine, κλῆσις est apparenté à ἐκκησία, assemblée appelée ; si tant est que le matériel lexicologique soit suffisant, on ne rencontre qu'une seule fois κλῆσις dans la littérature grecque, en un passage de Denys d'Halicarnasse où il correspond au mot latin *classis* (mot emprunté au grec : la partie des citoyens « appelés sous les drapeaux »). Theophylaktos (XIe-XIIe siècles) commente I *Cor.* VII, 20 : ενοῖψ και εν οῖψ τάγματι και πολιτεύματι ὢν επίσ τευσεν (Mon collègue, le professeur Deissmann, a attiré mon attention sur ce passage). En tout cas, notre *Beruf ne* correspond *pas* à la κλῆσις de Denys d'Halicarnasse. Dans l'exhortation fondée sur l'eschatologie, « que chacun reste dans sa condition [*Stand*] présente », Luther avait traduit κλῆσις par *Beruf* ; mais lorsque, plus tard, il traduisit les apocryphes, il utilisa *Beruf* pour rendre πόνος dans le commandement traditionaliste et antichrématistique de Jésus ben Sira selon qui chacun doit rester dans la même occupation [*Hantierung*], cela sans doute à cause de la *similitude objective* de contenu des deux exhortations. C'est là l'important, le point caractéristique. Nous l'avons dit, I *Cor.* VII, 20 n'emploie pas κλῆσις dans le sens de *Beruf*, besogne délimitée.

Entre-temps (ou presque en même temps), en 1530, la Confession d'Augsbourg avait établi le dogme protestant selon lequel est inutile le dépassement, à la façon catholique, de la moralité propre à la vie dans ce monde ; et la formule : « einem jeglichen nach seinem Beruf » y était employée (voir la note précédente). Ceci, et l'appréciation de l'ordre, considéré comme *sacré*, dans lequel l'individu se trouve placé, conception qui gagnait du terrain dans les années 1530, ressort nettement de la traduction de Luther. Conséquence de sa croyance, de plus en plus nettement définie, dans les voies particulières de la divine Providence, jusques et y compris les moindres détails de la vie ; et en même temps, de son inclination croissante à accepter comme immuable et voulu par Dieu l'ordre des choses de ce monde. *Vocatio*, en latin traditionnel, signifiait l'appel [*Berufung*] divin à une vie de sainteté, en particulier comme religieux cloîtré ou comme prêtre séculier. Sous l'influence du dogme, la vie dans une profession profane prit chez Luther la même acception. En effet, tandis qu'il traduisait maintenant, par *Beruf*, πόνος et ἔργον de Ben Sira, pour lesquels jusqu'alors il n'y avait eu que l'analogie (latine) provenant de la traduction monastique, quelques années auparavant, dans les *Proverbes* (XXII, 29) ainsi qu'en d'autres passages (*Gen.* XXXIX, 11), il avait encore traduit par *Geschäft* l'hébreu מְלָאכָה sur lequel se fondait l'ἔργον, du texte grec ; cet ἔργον qui, comme le scandinave *Kald, Kallelse* et l'allemand *Beruf*, était primitivement en relation avec un appel *spirituel* (Septante ἔργον, Vulgate *opus* ; Bibles anglaises *business* ; et à l'avenant dans les traductions scandinaves et toutes celles que j'ai sous les yeux).

Le mot *Beruf* avec son sens moderne, que Luther avait ainsi finalement créé, resta un certain temps d'usage entièrement luthérien. Les calvinistes considéraient les apocryphes comme non canoniques. Ce n'est qu'en conséquence du développement qui avait fait passer au premier plan l'intérêt pour la vérification [*Bewährung*] du salut, qu'ils acceptèrent le concept de profession et qu'ils le mirent fortement en relief. Mais dans leurs premières traductions (en langues romanes) ils ne disposaient pas d'un *mot* correspondant et n'avaient pas le pouvoir d'en créer un dans un langage dont l'usage était déjà stéréotypé.

Dès le XVIe siècle, le concept de *Beruf* au sens moderne, s'étend à la littérature profane [*außerkirchlich*]. Avant Luther, les traducteurs de la Bible avaient utilisé *Berufung* pour rendre κλῆσις (par exemple, dans les versions des incunables de Heidelberg de 1462-1466 et 1485). La traduction de Eck (1537) dit : « in dem Ruf, worin er Beruft ist ». Pour la plupart les traductions catholiques ultérieures suivent directement Luther. La première de toutes les versions anglaises, celle de Wyclif (1382) emploie *cleping* (vieux mot anglais qui sera remplacé plus tard par l'expression d'emprunt *calling*) ; ce mot, qui correspond déjà à l'usage ultérieur de la Réforme, est à coup sûr caractéristique de l'éthique des lollards. La traduction de Tyndale (1534), en revanche, interprète cette idée au sens de *status* : « in the same *state* wherein he was called » ; de même la Bible de Genève de 1557. La traduction officielle de Cranmer (1539) substitue *calling* à *state*, tandis que la Bible catholique de Reims (1582) ainsi que les Bibles anglicanes de cour du temps d'Élisabeth, s'appuyant sur la Vulgate, retournent de façon caractéristique à *vocation*.

Murray a déjà établi que, pour l'Angleterre, la traduction de la Bible par Cranmer a été la source de la conception puritaine de *calling* au sens de *Beruf, trade*. Dès le milieu du XVIe siècle, *calling* est employé en ce sens. On parlait en 1588 d'*unlawful callings*, en 1603 de *greater callings*, au sens d'occupations élevées, etc. (voir Murray, au mot *calling*). L'idée de Brentano est des plus singulières, qui veut (*op. cit.* p. 139) qu'au Moyen Age *vocatio* n'était pas traduit par *Beruf*, que ce concept était alors qu'auparavant on ne trouvait nulle part l'amorce d'un sens analogue, ni dans leur littérature profane, ni chez leurs prédicateurs — à l'exception toutefois, autant que j'ai pu m'en assurer, d'un mystique allemand dont l'influence sur Luther est bien connue.

Ce nouveau sens du mot correspond à une idée nouvelle, il est un produit de la Réforme. Ce fait est généralement admis. Sans doute voyons-nous apparaître dès le Moyen Age, et même à l'époque hellénistique tardive, les premiers éléments d'une telle évaluation positive de l'activité quotidienne. Nous en parlerons plus tard. Mais estimer que le devoir s'accomplit dans les affaires temporelles, qu'il constitue l'activité morale la plus haute que l'homme puisse s'assigner ici-bas — voilà sans conteste le fait absolument nouveau. Inéluctablement, l'activité quotidienne revêtait ainsi une signification religieuse, d'où ce sens [de vocation] que prend la notion de *Beruf.* Celle-ci est l'expression du dogme, commun à toutes les sectes protestantes, qui rejette la discrimination catholique des commandements moraux en *praecepta* et *consilia.* L'unique moyen de vivre d'une manière agréable à Dieu n'est pas de dépasser la morale de la vie séculière par l'ascèse monastique, mais exclusivement d'accomplir dans le monde les devoirs correspondant à la place que l'existence assigne à l'individu dans la société [*Lebensstellung*], devoirs qui deviennent ainsi sa « vocation » [*Beruf*].

ignoré parce que seuls des hommes *libres* peuvent embrasser une profession et qu'à l'époque il *n'existait pas* d'hommes libres dans les métiers bourgeois. Je n'arrive pas à bien comprendre cette assertion, étant donné que toute la structure sociale des métiers au Moyen Age, à l'inverse de l'Antiquité, reposait sur le travail libre et que, surtout, les marchands étaient pour la plupart des hommes libres.

Cette idée se développe chez Luther au cours de la première décennie de son activité de réformateur. Au début, en complet accord avec la tradition médiévale prédominante, telle que saint Thomas par exemple peut la représenter, il pense que la tâche séculière, bien que voulue par Dieu, est de l'ordre de la créature. C'est le fondement indispensable, naturel, de la vie dans la foi, moralement neutre en soi comme le boire ou le manger. Mais le métier [*Beruf*] prendra pour Luther de plus en plus d'importance à mesure qu'il approfondira l'idée de la *sola fides* et qu'il en tirera les conséquences logiques, soulignant avec toujours plus d'âpreté son opposition aux « conseils évangéliques » du monachisme, suivant lui « dictés par le démon ». Non seulement la vie monastique est à ses yeux entièrement dépourvue de valeur en tant que moyen de se justifier devant Dieu, mais encore elle soustrait l'homme aux devoirs de ce monde et apparaît ainsi à Luther comme le produit de l'égoïsme et de la sécheresse du cœur. A l'opposé, l'accomplissement dans le monde de la besogne professionnelle est pour lui l'expression extérieure de l'amour du prochain, ce qu'il justifie par cette observation que la division du travail contraint chaque individu à travailler pour les autres. L'extrême naïveté de ce point de vue contraste d'une manière presque caricaturale avec les propositions bien connues d'Adam Smith[1] sur le même sujet. Mais cette justification, on le voit essentiellement scolastique, disparaîtra

1. « Nous n'attendons pas notre dîner de la bienveillance du boucher, du brasseur ou du boulanger, mais de ce que ceux-ci considèrent comme leur propre intérêt. Ce n'est pas à leur humanité que nous nous adressons, mais à leur égoïsme ; nous ne leur parlons jamais de nos propres besoins mais de leur avantage. » (*Wealth of Nations*, livre Ier, chap. II.)

elle-même bientôt ; elle fera place à l'affirmation, répétée avec une énergie croissante, qu'en toutes circonstances l'accomplissement des devoirs temporels est la seule manière de vivre qui plaise à Dieu. L'accomplissement de ces devoirs, et lui seul, est la volonté de Dieu, et par conséquent tous les métiers licites ont absolument même valeur devant Dieu[1].

Que cette justification morale de l'activité temporelle ait été un des résultats les plus importants de la Réforme, de l'action de Luther en particulier, cela est absolument hors de doute et peut même être considéré comme un lieu commun[2]. Combien cette conception est éloignée de l'état d'âme [*Stimmung*] contemplatif d'un Pascal, avec sa haine profonde pour toute activité mondaine, à laquelle il déniait la moindre valeur et qui, il en était intimement convaincu, n'est que ruse et vanité. Elle est encore plus éloignée de l'adaptation au monde, libérale et utilitaire, accomplie par le probabilisme des Jésuites. Mais comment se représenter en ses détails la signification pratique de cet aboutissement du protestantisme ? D'ordinaire la chose est bien plus obscurément sentie que clairement perçue.

Tout d'abord — est-il besoin de le souligner ? — l'« esprit du capitalisme » ne peut se réclamer de Luther, tant au sens que nous avons jusqu'à présent attaché à cette expression qu'à quelque autre sens

1. Avant Luther, on trouve cette idée chez Tauler, qui tient la vocation [*Ruf*] spirituelle et la vocation mondaine comme équivalentes en principe. L'opposition au thomisme est commune au mystique allemand et à Luther.

2. Il est d'autant plus surprenant que certains chercheurs puissent croire qu'une création aussi neuve ait pu se produire sans laisser de trace sur l'*action* des hommes. J'avoue ne pas comprendre.

que ce soit. Les cercles religieux qui célèbrent aujourd'hui avec le plus d'ardeur le grand « événement » [*Tat*] qu'a été la Réforme, ne sont en aucune façon des amis du capitalisme. Luther lui-même aurait brutalement repoussé tout rapport de parenté avec, disons, la façon de penser d'un Franklin. Ajoutons que ses récriminations contre les grands marchands de son temps, tels les Fugger et leurs semblables, ne sauraient évidemment être prises pour un indice de quoi que ce soit : lutter, aux XVIe et XVIIe siècles, contre les privilèges, en droit et en fait, des grandes compagnies commerciales serait en effet plutôt comparable aux campagnes menées de nos jours contre les trusts et, pas plus que ces dernières, ne peut être considéré comme l'expression d'un point de vue traditionaliste. Contre ces gens-là, lombards, « trapézites », monopolistes, gros spéculateurs et banquiers favorisés par l'Église anglicane d'une part, rois et parlements d'Angleterre et de France de l'autre, puritains et huguenots menèrent une lutte acharnée. Après la bataille de Dunbar (sept. 1650), Cromwell écrivait au Long Parlement : « Daignez réformer les abus de toutes les professions ; que s'il s'en trouve une qui fasse beaucoup de pauvres pour un petit nombre de riches, cela ne sert point la chose publique. » Ailleurs en revanche, on le trouvera animé d'un état d'esprit spécifiquement « capitaliste ». D'un autre côté dans nombre de déclarations contre l'usure et l'intérêt en général, Luther exprime sans équivoque, sur la nature de l'acquisition capitaliste, des vues qui, comparées à celles de la scolastique finissante, sont, d'un point de vue capitaliste, franchement « arriérées ». Parmi celles-ci, naturellement, l'argument sur la stérilité de l'argent, déjà réfuté par saint Antonin de Florence.

Cependant il n'est pas nécessaire d'entrer dans les détails. En ce sens surtout que les implications, pour la conduite en ce monde, de l'idée de vocation [*Beruf*] au sens religieux étaient de nature à recevoir des interprétations fort différentes. Le tout premier résultat de la Réforme fut — par contraste avec les conceptions catholiques — d'accroître considérablement les récompenses [*Prämien*] d'ordre religieux que procurait au fidèle son travail quotidien, accompli dans le cadre d'une profession, et d'en faire un objet de morale. L'évolution de l'idée de vocation [*Beruf*] où s'exprimait ce changement a désormais dépendu de l'évolution religieuse des diverses Églises réformées. L'autorité de la Bible, d'où Luther avait cru tirer cette idée de profession, favorisait dans l'ensemble une interprétation traditionaliste. Ignorant dans les prophéties proprement dites la tendance à dépasser la moralité de ce monde, n'en présentant en d'autres endroits que des rudiments, des amorces, l'Ancien Testament en particulier avait élaboré une idée religieuse similaire, mais strictement traditionaliste. Que chacun soit à son gagne-pain [*Nahrung*] et laisse les impies courir après le gain : tel est le sens de tous les passages qui traitent directement des occupations [*Hantierung*] de ce monde. Il faut attendre le Talmud pour rencontrer une position sinon fondamentalement, du moins partiellement différente. L'attitude personnelle de Jésus se manifeste, dans sa pureté classique, par la prière caractéristique de l'Orient ancien : « Donnez-nous aujourd'hui notre pain quotidien. » Et le refus radical du monde qui s'exprime dans le μαμωνάς τῆς άδικίας excluait que l'idée moderne de besogne se réclame directement de lui. Au temps des apôtres, dans le Nouveau Testament et spécialement chez saint Paul, les premières générations chrétiennes sont toutes remplies de l'attente eschatologique, et considèrent l'activité professionnelle avec indifférence ou même d'une façon qui est au fond traditionaliste : puisque toutes choses attendent la venue du Seigneur, que chacun reste donc dans l'état et l'occupation mondaine où l'appel [*Ruf*] du Seigneur l'a trouvé, et qu'il travaille comme auparavant : ainsi il ne tombera pas à la charge de ses frères — du reste il n'y en a plus pour longtemps. Luther lisait la Bible avec les lunettes propres à son état d'esprit [*Gesamtstimmung*] et, de 1518 à 1530 environ, celui-ci évolua dans un sens de plus en plus traditionaliste.

Étant donné qu'il pensait que le métier est de l'ordre de la créature, une conception très proche de l'indifférence eschatologique de saint Paul prédominait chez Luther dans les premières années de son action de réformateur, en ce qui concerne les modes de l'activité en ce monde. Indifférence que saint Paul avait exprimée dans *I Cor.* VII : chacun peut faire son salut dans l'état où il se trouve placé ; durant le si bref pèlerinage de la vie, il serait absurde d'attacher de l'importance au mode d'occupation. La poursuite d'un gain matériel qui dépasse les besoins propres n'est donc que le signe de l'absence de grâce divine, et comme ce gain ne semble possible qu'aux dépens d'autrui, il est à rejeter absolument. Mais plus Luther se trouva mêlé aux affaires du monde, plus il mit l'accent sur la signification du travail professionnel. Ce qui l'amena à considérer de plus en plus ce dernier comme un ordre spécial de Dieu à l'individu de remplir la charge concrète assignée par la Providence. A la suite de ses luttes contre les illuministes [*Schwarmgeister*] et les agitations paysannes, l'ordre historique objectif dans lequel l'individu a été placé par Dieu devient de plus en plus, aux yeux de Luther, une manifestation directe de la volonté divine. L'accent mis avec une force accrue sur l'élément providentiel, jusque dans les événements particuliers de la vie, le conduira désormais de plus en plus à une interprétation traditionaliste reposant sur l'idée de décret de la Providence [*Schickung*]. L'individu doit *rester* délibérément dans l'état et la profession où Dieu l'a placé et maintenir ses aspirations terrestres dans les limites que cette situation lui impose. Si le traditionalisme économique était au début le résultat de l'indifférence paulinienne, il devient plus tard l'expression de la croyance toujours plus intense en la divine Providence, cette croyance qui identifie l'obéissance inconditionnée à Dieu et la soumission inconditionnée à la situation donnée. A partir de quoi, Luther a radicalement échoué dans l'établissement d'un lien nouveau ou, pour le moins, d'un lien reposant sur des principes fondamentaux, entre occupations professionnelles et principes *religieux*. La pureté de la doctrine, telle qu'elle s'imposera à lui de façon inébranlable après les luttes des années 1520, en tant que critère unique et infaillible de l'Église, suffira déjà en soi à empêcher le développement des points de vue nouveaux dans le domaine éthique.

Ainsi, pour Luther, la notion de *Beruf* demeurait-elle traditionaliste. L'homme est tenu d'accepter sa besogne comme lui étant donnée par décret divin et il doit s'en accommoder [*shicken*]. Nuance qui l'emportait sur cette autre idée, que l'activité professionnelle est une tâche, mieux encore, *la* tâche assignée par Dieu à l'homme. Le luthéranisme orthodoxe, en se développant, a encore accentué ce trait. Le seul résultat éthique immédiat fut donc quelque chose de négatif : on supprimait bien la subordination des tâches séculières aux tâches ascétiques, mais on prêchait en même temps l'obéissance aux supérieurs et la soumission aux conditions d'existence données [*Schickung*] que la Providence a faites à chaque homme une fois pour toutes[1]. Nous verrons, en discutant de l'éthique religieuse du Moyen Age, que cette conception luthérienne de la besogne quotidienne avait été déjà largement préparée par les mystiques allemands. Rappelons seulement l'équivalence que Tauler établissait, en leur principe, entre les besognes spirituelles et les besognes profanes et le *peu* d'estime où il tenait, comme œuvres méritoires, les formes ascétiques traditionnelles ; ce point de vue découlait pour lui de l'importance décisive accordée dans son système à la prise de possession du divin par l'âme dans la contemplation et l'extase. En un certain sens, le luthéranisme marque même un recul, cela dans la mesure où chez Luther — et plus encore, dans son Église — les fondements psychologiques d'une éthique rationnelle de la profession sont devenus assez incertains, par comparaison

1. Par contraste avec ce qui a été dit plus haut des effets du piétisme sur la rentabilité du travail des femmes, on s'explique ainsi pourquoi des industriels modernes soutiennent parfois que les travailleurs à domicile qui observent strictement la religion luthérienne (en Westphalie par exemple) ont souvent une façon de penser traditionaliste. Ils répugnent à changer leurs méthodes de travail — même si cela n'implique pas l'obligation de travailler en usine — malgré la tentation d'un salaire plus élevé, et ils justifient leur position en disant que dans l'au-delà toutes choses sont égales. On voit donc que le simple fait de l'appartenance à une Église, comme celui de la croyance, n'ont pas en eux-mêmes de signification essentielle pour la conduite dans son ensemble. Ce sont des idéaux et des contenus [*Lebensinhalt*] religieux bien plus concrets qui ont joué leur rôle dans le développement du capitalisme, et le jouent encore, quoique dans une moindre mesure.

avec les mystiques. (Sur ce point, les conceptions de ceux-ci ne sont pas sans rappeler en partie celles des piétistes et, en partie aussi, celles de quakers). Il en est ainsi précisément — nous aurons encore à le montrer — *parce que* la tendance à la discipline ascétique était, au yeux de Luther, suspecte de constituer une sanctification par les œuvres, ce qui l'entraîna, et son Église avec lui, à repousser cette idée de plus en plus à l'arrière-plan.

Ainsi, autant que nous avons pu nous en rendre compte jusqu'à présent, la simple notion de *Beruf* au sens luthérien est tout au plus d'une portée problématique pour notre recherche : c'était tout ce que nous avions à déterminer ici. Ce qui ne veut pas dire que la forme luthérienne de la réorganisation de la vie religieuse soit sans signification pratique pour l'objet de notre étude. Bien au contraire. Il est toutefois évident que la portée qu'elle peut avoir ne découle pas *directement* de l'attitude de Luther et de son Église à l'égard de l'activité temporelle et qu'elle n'est peut-être pas aussi facile à saisir en général que dans d'autres expressions du protestantisme. Il semble donc qu'il soit préférable de considérer en premier lieu les formes de protestantisme où la relation entre vie pratique et spiritualité sont plus faciles à cerner que dans le luthéranisme. Nous avons déjà fait état du rôle qu'ont joué et le *calvinisme* et les *sectes* protestantes dans le développement du capitalisme. Aux rapports de Luther avec un Zwingli, animé d'un « esprit différent » du sien, répondent les rapports que ses successeurs spirituels entretinrent avec le calvinisme. Puis le catholiscisme a toujours, et jusque dans le présent, considéré le calvinisme comme l'adversaire véritable. Sans doute cela peut-il tout d'abord s'expliquer par des raisons purement politiques. La Réforme demeure inconcevable sans l'évolution religieuse de Luther ; elle a été pour longtemps marquée par la personnalité de ce dernier. Toutefois son œuvre n'aurait pas duré extérieurement sans le calvinisme. Mais la raison de l'horreur que le calvinisme inspire à la fois aux catholiques et aux luthériens se trouve aussi fondée sur ses particularités éthiques. Au premier coup d'œil, on discerne déjà que les rapports qu'il établit entre la vie religieuse et l'activité terrestre diffèrent grandement de ceux qui existent dans le catholicisme ou le luthéranisme. On le constate jusque dans la sorte de littérature qu'animent exclusivement des motifs religieux. Prenons, par exemple, la fin de la *Divine Comédie*, là où le poète, au Paradis, reste muet dans la contemplation passive des secrets de Dieu, et comparons-la avec la fin de cet autre poème que l'on a coutume d'appeler la « Divine Comédie du puritanisme ». Après avoir décrit l'expulsion du paradis terrestre, Milton termine ainsi le dernier chant du *Paradis perdu*[1].

They, looking back, all the eastern side beheld
Of paradise, so late their happy seat,
Waved over by that flaming brand ; the gate
With dreadful face thronged and fiery arms.
Some natural tears they dropped, but wiped them soon :
The world was all before them, there to choose
Their place of rest, and Providence their guide.
They, hand in hand, with wandering steps and slow,
Through Eden took their solitary way.

1. Eux, regardant en arrière, virent tout le côté oriental/Du Paradis, naguère leur heureux séjour/ ondulé par le glaive flamboyant. La porte/ fourmillait de figures redoutables et d'armes en feu./ Ils laissèrent tomber quelques larmes naturelles, mais les essuyèrent bientôt./ Le monde entier était devant eux, pour y choisir/ le lieu de leur repos, et la Providence était leur guide. Main en main, à pas incertains et lents,/ Ils prirent à travers l'Éden leur chemin solitaire.

Livre XII, v. 641-650,
(traduction de Pierre Messiaen, éditions Aubier Montaigne).

Quelques vers plus haut, l'archange saint Michel s'était adressé à Adam en ces termes :

[...] Only add
Deeds to thy knowledge aswerable ; add faith
Add virtue, patience, temperance ; add love,
By name to come called Charity, the soul
Of all the rest : then wilt thou not be loth
To leave this Paradise, but shall possess
A Paradise within thee, happier far.[1]

On sent immédiatement que cette puissante expression de l'attention sérieuse que le puritain dirige sur le monde, cette valorisation [*Wertung*] de la vie d'ici-bas considérée comme une *tâche* à accomplir, aurait été impossible sous la plume d'un auteur médiéval. Mais elle n'aurait pas été moins étrangère au luthéranisme, tel que celui-ci s'exprime par exemple dans les chorals de Luther et de Paul Gerhardt. A ce sentiment vague, nous aurons à substituer une *formulation* logique plus précise et à rendre raison de cette différence. Invoquer le « caractère national » serait non seulement confesser purement et simplement son ignorance ; dans le cas présent, ce serait en outre totalement insoutenable. Attribuer un « caractère national » unique aux Anglais du XVIIe siècle serait historiquement faux. Cavaliers et Têtes rondes ne se considéraient pas simplement comme deux partis, mais comme deux espèces d'hommes radicalement distinctes, et quiconque observe soigneusement les faits est bien

1. ... Ajoute seulement/ Des actions qui répondent à ton savoir ; ajoute la foi/ Ajoute la vertu, la patience, la tempérance ; ajoute l'amour,/ Dans l'avenir nommé charité, âme/ De tout le reste. Alors tu ne regretteras plus/ De quitter ce Paradis mais tu posséderas/ En toi-même un Paradis bien plus heureux.

Livre XII, v. 581-587, *ibid.*

obligé de leur donner raison. D'autre part, on ne trouve pas de différences de caractère entre les *merchants adventurers* anglais et les anciens marchands hanséatiques, pas plus qu'on ne constate à la fin du Moyen Age d'écart profond entre les caractères anglais et allemand qui ne puisse s'expliquer par la simple divergence de leurs destinées politiques[1]. C'est l'emprise des mouvement religieux — non pas uniquement, mais en premier lieu — qui est à l'origine de ces différences que nous percevons aujourd'hui[2].

Par conséquent, si, dans nos recherches sur les rapports entre l'éthique des vieux protestants et le développement de l'esprit capitaliste, nous partons des créations de Calvin, du calvinisme et des autres sectes puritaines, il ne faut pas en déduire pour autant que nous nous attendons à rencontrer chez l'un des fondateurs ou des représentants de ces mouvements religieux, comme *but* de l'effort de sa vie, l'éveil de ce que nous appelons « esprit capitaliste », et cela en quelque sens que ce soit. Nous ne croyons certes pas que la recherche des biens de ce monde, conçue comme une fin en elle-même, ait jamais revêtu une valeur éthique pour aucun d'entre eux. Disons-le une fois pour toutes : pour aucun des réformateurs — et parmi ceux-ci nous rangerons pour notre propos un Menno, un Fox, un Wesley — les programmes de réforme morale n'ont jamais

1. En particulier l'orgueil national anglais, produit de la *Magna Charta* et des grandes guerres. L'expression, si typique de nos jours : « She looks like an English girl », appliquée à une jeune beauté étrangère, était déjà employée au XVe siècle.

2. Naturellement, ces différences se sont aussi maintenues en Angleterre. Notamment la *squirearchy* est demeurée, jusqu'à nos jours, le foyer de la *merrie old England*, et toute la période qui s'est écoulée depuis la Réforme peut être considérée comme une lutte entre les deux éléments de la société anglaise.

constitué la préoccupation dominante. Ces hommes ne furent à aucun degré des fondateurs de sociétés pour la « culture morale », les représentants de réformes sociales humanitaires ou d'idéaux culturels. Le salut des âmes — et lui seul — tel fut le pivot de leur vie, de leur action. Leurs buts éthiques, les manifestations pratiques de leurs doctrines étaient tous ancrés là, et n'étaient que les *conséquences* de motifs purement religieux. C'est pourquoi nous devons nous attendre à ce que les effets de la Réforme sur la culture, pour une grande part — sinon, de notre point de vue particulier, la part prépondérante — aient été des conséquences imprévues, *non voulues*, de l'œuvre des réformateurs, conséquences souvent fort éloignées de tout ce qu'ils s'étaient proposé d'atteindre, parfois même en contradiction avec cette fin.

Ainsi la présente étude pourrait sans doute contribuer, pour sa modeste part, à faire comprendre de quelle façon les « idées » deviennent des forces historiques efficaces. pour écarter tout malentendu sur le sens que nous attribuons ici à une telle efficacité de motifs purement idéels, nous nous permettrons d'ajouter quelques remarques pour conclure cet exposé préliminaire.

Disons-le expressément dès l'abord, il ne s'agira nullement de tenter d'*évaluer* [*werten*] les idées de la Réforme en un sens politico-social [*sozialpolitisch*] ou religieux déterminé. Nous avons constamment affaire à des aspects de la Réforme qui risquent d'apparaître comme accessoires, superficiels même, à une conscience authentiquement religieuse. Simplement, nous avons entrepris de préciser la part qui revient aux facteurs religieux parmi la complexité des innombrables facteurs [*Einzelmotive*] historiques ayant contribué au développement de notre civilisation moderne, spécifiquement orientée vers le monde d'ici-bas. La question que nous posons ne vise qu'à déterminer, parmi certains contenus caractéristiques de cette civilisation, ceux qu'il convient d'*imputer* à l'influence de la Réforme comme cause historique. Ce faisant, il faudra nous défaire de l'idée que la Réforme peut se déduire en tant qu'« historiquement nécessaire » à partir de transformations économiques. En fait, d'innombrables circonstances historiques qui ne peuvent s'insérer dans aucune « loi économique », ni recevoir aucune explication de cette espèce — notamment les processus purement politiques —, ont dû concourir au maintien des Églises nouvellement créées.

D'autre part, il est hors de question de soutenir une thèse aussi déraisonnable et doctrinaire qui prétendrait que « l'esprit du capitalisme » (toujours au sens provisoire où nous employons ce terme) *ne* saurait être *que* le résultat de certaines influences de la Réforme, jusqu'à affirmer même que le capitalisme en tant que *système économique* est une création de celle-ci. Le fait que telle ou telle forme importante d'organisation capitaliste soit considérablement plus ancienne que la Réforme en est une réfutation suffisante. Bien au contraire, notre unique souci consistera à déterminer dans quelle mesure des influences religieuses ont contribué, qualitativement, à la formation d'un pareil esprit, et, quantitativement, à son expansion à travers le monde ; à définir en outre quels sont les *aspects* concrets de la *civilisation* capitaliste qui en ont découlé. En face de l'énorme enchevêtrement d'influences réciproques entre bases matérielles, formes d'organisation sociales et politiques, teneur spirituelle des époques de Réforme, force nous est de commencer par rechercher si certaines « affinités électives » sont perceptibles entre les formes de la croyance religieuse et l'éthique professionnelle. En même temps, il nous faudra élucider, dans la mesure du possible, de quelle *façon* et dans quelle *direction* le mouvement religieux, par suite de ces affinités électives, a influencé le développement de la civilisation matérielle. Ce n'est que lorsque ce point aura été déterminé avec une précision suffisante que nous pourrons tenter d'évaluer la part des motifs religieux dans les origines de la civilisation et celle qui revient à d'autres éléments.

CHAPITRE II

L'ÉTHIQUE DE LA BESOGNE DANS LE PROTESTANTISME ASCÉTIQUE

I. *Les fondements religieux de l'ascétisme séculier.*

Historiquement, il existe quatre sources principales du protestantisme ascétique (au sens où ce terme est employé ici) : 1° le calvinisme *sous la forme* qu'il a revêtue dans les principales contrées de l'Europe occidentale qui ont subi son influence, en particulier au cours du XVIIe siècle ; 2° le piétisme ; 3° le méthodisme ; 4° les sectes issues du mouvement baptiste[1]. Aucun de ces mouvements n'a été complètement isolé des autres, et leur séparation

1. Nous ne traiterons pas séparément du zwinglianisme, car après une brève période de puissance politique son importance a rapidement décliné. L'« arminianisme » dont la caractéristique dogmatique est le refus de la doctrine de la prédestination dans sa formulation stricte et qui repoussait l'« ascèse temporelle », ne s'est constitué en secte qu'en Hollande et aux États-Unis. Il ne présente pas d'intérêt pour nous dans le présent chapitre sinon celui, tout négatif, d'avoir été la confession des marchands patriciens de Hollande (voir *infra*). Sa dogmatique rappelait celle de l'Église anglicane et la plupart des sectes méthodistes. Son attitude « érastienne » (c'est-à-dire en faveur de la souveraineté de l'État jusque dans les affaires de l'Église) était commune à toutes les autorités dont les intérêts étaient purement politiques : le Long Parlement en Angleterre, Élisabeth, les États généraux de Hollande, et, surtout, celle de Oldenbarnevelt.

des Églises réformées non ascétiques n'a même jamais été très stricte. Au milieu du XVIIIe siècle, les fondateurs du méthodisme à l'intérieur de l'Église établie d'Angleterre n'avaient pas l'intention de créer une Église nouvelle, mais bien plutôt de susciter un réveil de l'esprit ascétique. Ce n'est qu'au cours de son développement, à la suite notamment de son essor en Amérique, qu'il se sépara de l'Église établie.

Après s'être tout d'abord développé, en Angleterre et surtout en Hollande, sur terrain calviniste, le piétisme resta attaché à l'orthodoxie par des liens assez souples, ne s'en distinguant que par d'imperceptibles nuances, jusqu'à ce que, vers la fin du XVIIe siècle et sous l'influence de Spener, il s'agrège au luthéranisme, après en avoir partiellement modifié les fondements dogmatiques. Ce mouvement est demeuré intérieur à l'Église ; seule la tendance rattachée à Zinzendorf dans la communauté des Frères moraves, avec ses réminiscences hussites et calvinistes, se vit obligée, à l'instar du méthodisme, à se constituer en secte particulière, et encore ce ne fut qu'à son corps défendant. A l'origine, calvinisme et baptisme étaient nettement opposés, mais ils entrèrent en contact intime dans le baptisme de la fin du XVIIe siècle ; dès le début du siècle la gradation des nuances de l'un à l'autre n'était plus guère sensible dans les sectes indépendantes d'Angleterre et de Hollande. On constate également une transition graduelle entre piétisme et luthéranisme ; de même, entre le calvinisme et l'Église anglicane, bien que, par son caractère extérieur et l'esprit de ses fidèles les plus conséquents, celle-ci soit très proche du catholicisme. A la vérité, ce mouvement ascétique qui a été désigné, au sens le plus large du terme, par le mot ambigu de « puritanisme »[1], dans la masse de ses adeptes — et surtout des plus fermes parmi eux — s'est attaqué à l'anglicanisme jusque dans ses fondements, mais, ici aussi, les différences ne se sont fait jour et ne se sont accusées que peu à peu, au cours de la lutte. Même si nous laissons d'abord de côté les questions de constitution et d'organisation qui ne nous intéressent pas pour le moment, les faits n'en demeurent pas moins semblables. Les différences dogmatiques, y compris les plus importantes, telles que celles sur la prédestination et la justification, se nuançaient en combinaisons extrêmement variées et faisaient généralement obstacle, dès le début du XVIIe siècle, au maintien de l'unité confessionnelle (il y eut cependant des exceptions). Et surtout, les types de conduite *morale*, si importants pour nous, se retrouvent chez les adeptes des sectes les plus diverses, qu'elles soient issues des quatre sources mentionnées plus haut ou de la combinaison de plusieurs d'entre elles. Nous verrons qu'à des fondements dogmatiques différents peuvent correspondre des maximes éthiques semblables. Les ouvrages littéraires importants pour le salut de l'âme, tout particulièrement les manuels de casuistique des diverses sectes, se sont eux-mêmes réciproquement influencés au cours des temps ; ils présentent entre eux de grandes similitu-

1. Sur le développement de la notion de « puritanisme », voir surtout : SANFORD, *Studies and Reflections of the Great Rebellion*, pp. 65 sqq. Nous employons toujours ce terme avec le sens qu'il avait dans la langue populaire du XVIIe siècle, où il désignait les mouvements religieux de Hollande et d'Angleterre tournés vers l'ascétisme, quels qu'en aient pu être l'organisation de l'Église et le dogme, incluant donc ainsi « indépendants », congrégationalistes, baptistes, mennonites et quakers.

des, en dépit des différences très marquées dans la pratique de la vie quotidienne.

Ne vaudrait-il pas mieux ignorer totalement les fondements dogmatiques aussi bien que la théorie éthique, et nous en tenir purement et simplement à la pratique morale, dans la mesure où celle-ci peut être déterminée ? Nous allons voir que non. Les différentes racines dogmatiques de la moralité ascétique ont, il est vrai, dépéri après des luttes effroyables. Non seulement ce premier enracinement a laissé des traces profondes dans l'éthique « non dogmatique » ultérieure, mais seule la connaissance de ces idées originelles permet de comprendre le lien unissant cette moralité ascétique à l'idée de l'*au-delà* qui exerçait son emprise sur les hommes les plus conscients de l'époque. Sans l'ascendant de cette idée sur les âmes, *aucun* renouveau moral de quelque importance pour la vie quotidienne n'aurait pu voir le jour.

Ce qui pour nous importe n'est évidemment pas ce qui était théoriquement et officiellement enseigné dans les manuels de théologie morale du temps, bien que le fait ait eu une signification pratique grâce à la discipline de l'Église, au travail pastoral et au prêche. Ce qui nous intéresse est tout à fait différent : il s'agit de découvrir les *motivations* [*Antriebe*] psychologiques qui avaient leur source dans les croyances et les pratiques religieuses qui traçaient à l'individu sa conduite et l'y maintenaient. Or, ces motivations provenaient pour une grande part des représentations issues de ces croyances. A cette époque, l'homme ressassait des dogmes abstraits à un degré que nous ne pouvons comprendre que si nous examinons en détail et démêlons les relations que ces dogmes entretenaient avec les intérêts religieux. Ici, quelques considérations sur le dogme s'avèrent indispensables ; elles paraîtront aussi fastidieuses au lecteur non versé dans la théologie que superficielles et hâtives au théologien. La seule manière dont nous puissions procéder, c'est de présenter ces idées religieuses sous la forme d'un « type idéal », systématiquement composé, tel qu'il ne se rencontre que rarement dans la réalité historique. Car, précisément, devant l'impossibilité où nous sommes de tracer des frontières précises dans la réalité historique, notre seul espoir de rencontrer l'action spécifique de ces idées réside dans l'exploration de leurs formes les plus systématiques.

[A. *Le calvinisme.*]

Le calvinisme[1] est la foi[2] au nom de laquelle aux XVIe et XVIIe siècles ont été menées de grandes luttes politiques et culturelles dans les pays capitalistes les plus développés : Pays-Bas, Angleterre, France. C'est pourquoi nous commencerons par lui. A cette époque — voire de nos jours encore — le dogme calviniste considéré comme le plus caractéristique est la doctrine de la *prédestination*. Il est vrai que l'on a discuté pour savoir si c'était là le dogme

1. Sur Calvin et le calvinisme, outre l'ouvrage fondamental de Kampschulte, la meilleure source d'information est l'exposé de Erich MARKS (dans son *Coligny.*) [...]

L'exposé qui suit est tout particulièrement redevable pour ce qui concerne les différences de doctrine à la série de conférences de Schneckenburger, *Vergleichende Darstellung des lutherischen und reformierten Lehrbegriffs* (Stuttgart, 1855) ; *Vorlesungen über die Lehrbegriffe der kleineren protestantischen Kirchenparteien* (Frankfurt, 1863).

2. Dans l'exposé qui va suivre, nous ne nous intéressons pas spécialement à l'origine, aux antécédents et à l'histoire des mouvements ascétiques. Nous considérons au contraire leur doctrine comme donnée dans son plein épanouissement.

« essentiel » de la Réforme ou seulement un « accessoire ». Sur le caractère essentiel d'un phénomène historique on peut formuler des jugements de valeur ou de foi, notamment lorsque ceux-ci se réfèrent seulement à ce qui est « intéressant » dans ce phénomène, ou seulement à ce qui, en lui, présente une « valeur » durable. Ou bien encore les jugements se référeront à l'influence du phénomène sur d'autres processus historiques, à sa signification *causale* ; il s'agira alors de jugements d'imputation. Si, à présent, nous partons de ce dernier point de vue — comme nous devons le faire ici — et que nous nous demandions la signification qu'il faut attribuer au dogme de la prédestination eu égard à ses conséquences [*Wirkung*] culturelles et historiques, celle-ci apparaîtra à coup sûr des plus importantes[1]. Le mouvement conduit par Oldenbarnevelt s'y brisa ; sous Jacques Ier, le schisme de l'Église anglaise se révéla insurmontable, après les différends survenus entre la couronne et les puritains, à propos, précisément, de cet enseignement. Habituellement considéré, au premier chef, comme l'élément politiquement dangereux du calvinisme, il a été, de ce fait, combattu par les autorités. Les grands synodes du XVIIe siècle, surtout ceux de Dordrecht et de Westminster, sans compter nombre de synodes de moindre importance, on pris pour

1. Tout d'abord, disons expressément que dans l'esquisse qui suit ce ne sont pas les vues personnelles de Calvin que nous étudions, mais le calvinisme ; et celui-ci, sous la forme où il se présentait vers la fin du XVIe siècle et au XVIIe siècle dans les vastes territoires où il prédominait, et qui étaient en même temps ceux où la culture capitaliste était le plus développée. Nous passons pour l'instant l'Allemagne sous silence, car le calvinisme n'y a jamais conquis de grands domaines. Il va sans dire que « réformé » n'est nullement synonyme de « calviniste ».

objet central de leurs travaux sa reconnaissance canonique. Elle a été le soutien d'innombrables héros de l'*ecclesia militans* ; aux XVIIIe et XIXe siècles, elle a suscité des schismes dans l'Église et servi de cri de guerre aux grands réveils. Nous ne pouvons passer outre, et comme il est peu probable que cette doctrine soit aujourd'hui connue de tout homme cultivé, le mieux est d'en prendre connaissance en recourant à l'autorité de la Confession de Westminster de 1647. Sur ce point précis, elle a été simplement reprise par les professions de foi des baptistes et des indépendants.

Chapitre IX (Du libre arbitre), n° 3. — Par sa chute dans l'état de péché, l'homme a complètement perdu la capacité de vouloir un quelconque bien spirituel lié à son salut. De sorte qu'un homme naturel étant entièrement détourné de ce Bien, et condamné au péché, ne saurait de son propre fait se convertir ni même se préparer à la conversion.

Chapitre III (Des décrets éternels de Dieu), n° 3. — Par décret de Dieu, et pour la manifestation de Sa gloire, tels hommes [...] sont prédestinés à la vie éternelle, tels autres voués à la mort éternelle.

N° 5. — Ceux parmi les hommes qui sont prédestinés à la vie, Dieu les a élus dès avant d'établir les fondements du monde, conformément à Son dessein immuable de toute éternité ainsi qu'à Sa volonté intime et à Son bon plaisir. Il les a élus dans le Christ et pour leur gloire éternelle, de par Sa seule grâce et Son seul amour librement prodigués, en dehors de toute prescience tant de leur foi ou de leurs bonnes œuvres que de leur persévérance en celles-ci ou en celle-là, en dehors aussi de toute autre condition ou cause déterminante propre à la créature [élue] ; et tout cela à la louange de Sa grâce et de Sa gloire.

N° 7. — Les autres d'entre les hommes *(the rest of mankind)*, il a plu à Dieu — conformément au dessein insondable par lequel à Son gré Il accorde ou refuse la miséricorde, pour la gloire de Son souverain pouvoir sur Ses créatures — de les écarter et de les destiner pour leur péché au déshonneur et au courroux ; et cela à la louange de Sa glorieuse justice.

Chapitre X (De la vocation efficace), n° 1. — Tous ceux que Dieu a prédestinés à la vie, et ceux-là seuls, il Lui plaît de les appeler efficacement par le Verbe et l'Esprit (en les arrachant à l'état de péché et de mort où ils se trouvent par nature) [...] de leur retirer leur cœur de pierre et de leur donner un cœur de chair ; de renouveler leur volonté et, par l'effet de Son omnipotence, de les déterminer au bien [...].

Chapitre V (De la Providence), n° 6. — Quant à ces hommes pervers et impies que Dieu dans Sa justice châtia de leurs péchés antérieurs en les aveuglant et en durcissant leurs cœurs, non seulement Il leur refuse Sa grâce, qui eût pu éclairer leur esprit et toucher leur cœur, mais parfois Il leur retire les dons qu'ils avaient reçus et les expose à des choses de nature à inciter au péché de tels êtres corrompus ; et ainsi Il les abandonne à leurs propres appétits, aux tentations de ce monde et au pouvoir de Satan : ce qui fait qu'ils s'endurcissent [dans le mal] par les moyens mêmes qui servent à Dieu pour attendrir d'autres cœurs.

« M'en coûtât-il d'être expédié en Enfer, jamais un tel Dieu ne m'imposera le respect. » C'est ainsi, on le sait, que Milton juge cette doctrine[1]. Cepen-

1. Milton abandonna rapidement la doctrine de la prédestination sous sa forme du double décret, pour en arriver dans sa vieillesse à un christianisme tout à fait libre. On peut, dans une certaine mesure, le comparer à Sébastien Franck pour son indépendance à l'égard des tendances de l'époque. Mais Milton était un homme positif, pratique, Franck était surtout, par nature, un esprit critique. Milton n'est un « puritain », et encore dans un sens très large, qu'en ce qui concerne l'organisation « rationnelle », en accord avec la volonté divine, de la vie dans le monde. C'est ce qui constitue l'héritage durable du calvinisme dans sa postérité. En un sens, on pourrait tout aussi bien dire de Franck qu'il était un « puritain ». Tous deux, en tant qu'« excentriques », restent en dehors de notre étude.

dant, ce qui nous importe ici n'est pas de porter un jugement de valeur [*Wertung*] sur ce dogme, mais de dégager sa signification historique. Nous ne pouvons qu'esquisser le problème de l'origine de la doctrine et indiquer rapidement la façon dont celle-ci s'est incorporée à la théologie calviniste.

Deux voies pouvaient y conduire. Le sentiment religieux de rédemption s'alliait, chez les plus actifs et les plus passionnés de ces grands « hommes de prière » que, depuis saint Augustin, le christianisme n'avait cessé de produire, à la conviction intime que rien ne s'accomplit par la valeur personnelle, mais que seule est efficace l'action d'une puissance objective. Ce sentiment profond, cette assurance allègre qui les soulageait du poids terrible du sens du péché, a paru les submerger soudain et anéantir en eux toute possibilité d'imaginer que ce don inouï de la grâce risquait de rien devoir à leur collaboration personnelle ou pouvait dépendre de la qualité de leur foi et de leur volonté propre. Au moment où la plénitude de son génie religieux lui permet d'écrire *Freiheit eines Christenmenschen*, Luther croit fermement lui aussi que les « secrets décrets » de Dieu sont la source unique, dépourvue de sens apparent, de son état de grâce. Même par la suite, il n'abandonnera pas formellement ce point de vue. Pourtant cette idée n'a jamais figuré au centre de ses préoccupations ; au contraire, elle passa de plus en plus à l'arrière-plan, au fur et à mesure que ses responsabilités de chef d'Église l'eurent graduellement contraint à se conduire en « politique réaliste ». C'est de façon délibérée que Mélanchthon évita d'introduire cette doctrine « dangereuse et obscure » dans la Confession d'Augsbourg ; et pour les pères du luthéranisme, ce fut un article de foi que si l'on peut toujours perdre la grâce *(amissibi-*

lis), celle-ci peut se reconquérir par l'humilité, la pénitence et la confiance fidèle dans la parole de Dieu et dans les sacrements.

Pour Calvin[1], le processus a été exactement inverse. La signification de la prédestination pour lui s'est sensiblement accrue au cours des controverses avec ses adversaires en théologie. Ce n'est que dans la troisième édition de l'*Institutio* que la doctrine se trouve complètement développée et elle n'acquit sa position centrale qu'après la mort de Calvin, au cours des grandes luttes religieuses auxquelles les synodes de Dordrecht et de Westminster s'efforcèrent de mettre un terme. Chez Calvin, ce *decretum horribile* ne dérive pas de *l'expérience* religieuse comme chez Luther, mais des nécessités *logiques* de sa pensée [*nicht... erlebt, sondern erdacht*], c'est pourquoi sa signification avec chaque progrès s'amplifie de la cohérence logique d'une méditation religieuse orientée uniquement vers Dieu, non vers les hommes. Dieu n'existe pas pour l'homme, c'est l'homme qui existe pour Dieu ; et toute la création — même si pour Calvin il est hors de doute que seule une petite fraction de l'humanité est appelée au salut éternel — ne prend son sens qu'en tant que

1. Au fond, Luther et Calvin connaissaient l'un et l'autre un double Dieu : d'une part, le père gracieux et bon qui nous est révélé par le Nouveau Testament, et qui domine les premiers livres de l'*Institutio christiana* ; d'autre part, derrière celui-ci, le *Deus absconditus* qui règne en despote arbitraire. Pour Luther, ce qui l'emporte, c'est le Dieu du Nouveau Testament, car il s'épargnait ainsi de *réfléchir* sur les questions métaphysiques, considérées de plus en plus comme inutiles et dangereuses ; en revanche, Calvin s'attache à l'idée d'une puissance divine transcendante à la vie. A vrai dire, cette idée ne pouvait être maintenue au cours du développement populaire du calvinisme, mais ce ne fut pas le Père divin du Nouveau Testament qui en prit la place, ce fut le Jéhovah de l'Ancien.

moyen de cette fin qu'est la glorification de la majesté de Dieu. Appliquer les normes de la « justice » terrestre à ses décrets souverains est dépourvu de sens et insulte à sa majesté, car lui, et lui seul, est *libre*, c'est-à-dire n'est subordonné à aucune loi. Nous ne pouvons comprendre ses décrets, ou même en prendre simplement connaissance, que dans la mesure où il lui plaît de nous les communiquer. Force nous est de nous en tenir à ces seuls fragments de la vérité éternelle ; tout le reste — le *sens* de notre destin individuel — est entouré de mystères qu'il est impossible de percer et présomptueux de vouloir approfondir.

Si, d'aventure, les réprouvés s'avisaient de se plaindre d'un sort immérité, ils se comporteraient comme des animaux qui déploreraient de ne pas être nés hommes. Car toute créature est séparée de Dieu par un abîme infranchissable et ne mérite que la mort éternelle, dans la mesure où Dieu, pour la glorification de sa majesté, n'en a pas décidé autrement. Nous savons seulement qu'une partie de l'humanité sera sauvée, l'autre damnée. Admettre que le mérite ou la culpabilité des humains ait une part quelconque dans la détermination de leur destin reviendrait à considérer que les décrets absolument libres de Dieu, et pris de toute éternité, puissent être modifiés sous l'influence humaine — pensée qu'il n'est pas possible de concevoir. Le « Père qui est aux cieux », le Père du Nouveau Testament, le Père humain et compréhensif qui se réjouit du retour du pécheur, comme le ferait une femme de la pièce d'argent retrouvée, se transforme ici en un être transcendant, par-delà tout entendement humain, qui, de toute éternité, a attribué à chacun son destin et a pourvu aux moindres détails de l'univers. Il en est ainsi en vertu d'arrêts insondables, irrévocables, au point que la grâce de Dieu est aussi impossible à perdre pour ceux à qui elle a été accordée, qu'impossible à gagner pour ceux à qui elle a été refusée.

Dans son inhumanité pathétique, cette doctrine devait [marquer] l'état d'esprit de toute une génération qui s'est abandonnée à sa grandiose cohérence et engendrer avant tout, chez chaque individu, le sentiment d'une *solitude intérieure* inouïe[1]. Dans l'affaire la plus importante de sa vie, le salut éternel, l'homme de la Réforme se voyait astreint à suivre seul son chemin à la rencontre d'un destin tracé pour lui de toute éternité. Rien, ni personne, ne pouvait lui venir en aide. Nul prédicateur car c'est en son propre esprit *(spiritualiter)* que l'élu doit comprendre la parole de Dieu. Nul sacrement car si les sacrements ont été ordonnés par Dieu pour manifester sa gloire, et doivent être de ce fait scrupuleusement observés, ils ne constituent pas pour autant un moyen d'obtenir la grâce de Dieu : ils ne sont que les *externa subsidia* de la foi. Nulle Église car si la sentence *extra ecclesiam nulla salus* signifie que celui qui se tient à l'écart de la véritable Église est exclu à jamais du nombre des élus, les réprouvés n'en appartiennent pas moins eux aussi à l'Église (extérieure) ; et appartenant à l'Église, ils sont obligés de se soumettre à sa discipline, non pas certes afin de parvenir au salut — cela est impossible —, mais en tant que contraints, pour la gloire de Dieu, d'obéir à ses commandements. Nul Dieu enfin, car le Christ lui-même n'est mort que pour les élus ; c'est pour eux seuls que, de toute éternité,

1. Cette profonde solitude spirituelle de l'individu se retrouve chez les jansénistes, qui croyaient aussi à la prédestination.

Dieu avait décidé son martyre. Cette abolition absolue du salut par l'Église et les *sacrements* (que le luthéranisme n'avait pas développée jusqu'en ses ultimes conséquences) constituait la différence radicale, décisive, avec le catholicisme.

Ainsi, dans l'histoire des religions, trouvait son point final ce vaste processus de « désenchantement » [*Entzauberung*] du monde[1] qui avait débuté avec les prophéties du judaïsme ancien et qui, de concert avec la pensée scientifique grecque, rejetait tous les moyens *magiques* d'atteindre au salut comme autant de superstitions et de sacrilèges. Le puritain authentique allait jusqu'à rejeter tout soupçon de cérémonie religieuse au bord de la tombe : il enterrait ses proches sans chant ni musique, afin que ne risquât de transparaître aucune « superstition », aucun crédit en l'efficacité salutaire de pratiques magico-sacramentelles[2].

Nul moyen magique — voire nul moyen, quel qu'il soit — de procurer la grâce à qui Dieu avait

1. [Expression attribuée à Schiller.] Sur ce processus, voir les autres études de ma *Wirtschaftsethik der Weltreligionen.* Par rapport aux éthiques de l'Égypte et de Babylone qui lui étaient apparentées de près, la position particulière de la vieille éthique hébraïque, et son développement depuis l'époque des prophètes, reposaient entièrement, ainsi que je le montre dans ces essais, sur le fait fondamental du refus de la magie sacramentelle en tant que moyen de salut.

2. De même, selon la doctrine la plus conséquente, le baptême n'était obligatoire qu'en vertu de prescriptions positives, mais il n'était pas nécessaire au salut. C'est *pourquoi* les indépendants anglais et écossais, puritains rigoristes, pouvaient soutenir le principe que les enfants de ceux qui manifestement sont *réprouvés* (des ivrognes, par exemple) ne devaient point être baptisés. Le synode d'Edam de 1586 (art. 32, 1) recommandait qu'un adulte qui désirait recevoir le baptême, mais n'était pas mûr encore pour la communion, ne fût baptisé que si sa conduite était sans reproche et s'il plaçait ce désir *zonder superstitie.*

décidé de la refuser. Combiné avec la dure doctrine de la transcendance absolue de Dieu [*Gottferne*] et de la futilité de tout ce qui est de l'ordre de la chair, cet isolement intime de l'homme constitue, d'une part, le fondement de l'attitude radicalement négative du puritanisme à l'égard de toute espèce d'élément sensuel ou émotionnel dans la culture et la religion subjective (éléments considérés comme inutiles au salut et suscitant illusions sentimentales et superstitions idolâtres) ; et par là il élimina toute possibilité d'une culture des sens [*Sinnenkultur*]. Mais, d'autre part, il constitue l'une des racines de cet individualisme pessimiste, sans illusion[1], qui se manifeste de nos jours encore dans le caractère national et les institutions des peuples qui ont un passé puritain ; le contraste est frappant avec la façon dont la philosophie des Lumières, plus tard,

1. Le terme « individualisme » recouvre les notions les plus hétérogènes que l'on puisse imaginer. Les indications suivantes clarifieront, je l'espère, ce que j'entends par là. Prenant le terme dans un certain sens, on a dit que le luthéranisme était « individualiste » parce qu'il *ne* connaissait *pas* de réglementation ascétique de la vie. Le mot est employé dans un tout autre sens, par exemple, par Dietrich SCHÄFER lorsque, dans son étude « Zur Beurteilung des Wormser Konkordats », *Abhandlungen der Berliner Akademie* (1905), il appelle le Moyen Age l'époque de l'« individualité prononcée » parce que, pour les événements importants aux yeux de l'historien, les facteurs irrationnels avaient alors une signification qu'ils ne possèdent plus aujourd'hui. Certes, il a raison, mais ceux qu'il attaque se trouvent peut-être dans le même cas, car ils entendent par « individualité » et « individualisme » quelque chose de tout à fait différent. Les formulations géniales de Jacob Burckhardt sont en partie dépassées de nos jours, et une analyse radicale de ces concepts, du point de vue historique, serait à présent derechef fort précieuse pour la science. Tout à l'opposé, naturellement, se trouvent les « définitions » en style d'affiche de certains historiens que l'instinct du jeu [*Spieltrieb*] pousse à utiliser le concept comme une étiquette collée sur une quelconque époque historique.

a vu l'humanité[1]. A l'époque, nous retrouvons les traces de l'influence de la doctrine de la prédestination sur la conduite individuelle et la conception de la vie là même où, en tant que dogme, elle était sur le déclin : en fait, il ne s'agissait alors que de la forme la plus extrême de cette exclusive confiance en Dieu, ce qui nous intéresse ici. A titre d'exemple elle se manifeste, notamment dans la littérature puritaine anglaise, par une fréquence remarquable des mises en garde contre la foi en l'entraide, en l'amitié humaines. Le doux Baxter lui-même conseille de se méfier de l'ami le plus proche, et Bailey recommande en propres termes de ne se fier à personne, de ne rien confier qui soit compromettant. Un seul confident possible : Dieu. En opposition évidente avec le luthéranisme, cette attitude envers la vie était liée dans toutes les contrées où s'épanouissait le calvinisme à l'élimination discrète de la confession privée ; cependant, les scrupules de Calvin lui-même à ce sujet n'avaient trait qu'aux possibilités de mésinterprétation du sacrement. Événement de la plus haute importance : d'abord comme symptôme de la sorte d'action exercée par cette religion ; en second lieu, en tant que stimulant psychologique du développement de son attitude éthique. Un moyen de soulager périodiquement la conscience du pécheur de sa culpabilité [« *abreagieren* » *des affektbetonten Schuldbewußtseins*] était ainsi éliminé.

1. Même contraste — quoique évidemment moins aigu — avec la doctrine catholique ultérieure. En revanche, le profond pessimisme de Pascal, qui s'appuie lui aussi sur la doctrine de la prédestination, est d'origine janséniste, de là son individualisme qui fuit le monde et ne concorde pas avec la position catholique officielle [...].

Nous parlerons plus tard des conséquences éthiques que ce trait eut sur la conduite quotidienne ; elles sont évidentes en ce qui concerne l'attitude générale de l'homme envers la religion. Les rapports entre le calviniste et son Dieu se déroulent dans une profonde solitude intérieure, en dépit du fait qu'appartenir à la véritable Église soit nécessaire au salut[1]. Pour se rendre compte des effets spécifiques de cette atmosphère très particulière, il suffit de lire le *Pilgrim's Progress* de Bunyan[2], de loin le livre le plus lu de toute la littérature puritaine. On y voit « Chrétien » prenant conscience de vivre dans la « ville de perdition » et entendant l'appel d'avoir à entreprendre son pèlerinage vers la cité céleste. Sa femme et ses enfants veulent le retenir mais lui, enfonçant ses doigts dans ses oreilles, s'écrie : « Life, eternal life ! » et part à travers champs. Nul raffinement ne saurait remplacer le sentiment naïf du poète-chaudronnier, qui, écrivant dans sa prison, recueillit les applaudissements de tout un monde de croyants pour avoir su exprimer l'état d'âme du fidèle puritain préoccupé

1. Ce point est tout particulièrement important pour une interprétation des fondements psychologiques des organisations sociales calvinistes. Leurs motifs intimes sont toujours « individualistes », « rationnels ». L'individu n'y entre pas avec ses émotions. La « gloire de Dieu » et le *salut personnel* restent constamment au-dessus du « seuil de la conscience ». De nos jours, certains traits particuliers à l'organisation sociale des peuples ayant un passé calviniste en portent encore la marque.

2. Le caractère fondamentalement *anti-autoritaire* de la doctrine, qui dépréciait par principe, comme inutile, toute intervention de l'Église ou de l'État en matière d'éthique ou de salut, l'a constamment vouée à être interdite, par exemple par les États généraux de Hollande. La conséquence en fut toujours la formation de conventicules (comme après 1614).

uniquement de son salut personnel. État d'âme qui transparaît dans les conversations pleines d'onction que le pèlerin poursuit avec ceux qui partagent ses sentiments, et dont la manière n'est pas sans faire penser aux *Gerechten Kammacher* de Gottfried Keller. Ce n'est que lorsqu'il sera lui-même sauvé que l'idée lui viendra qu'il serait bon d'avoir auprès de soi sa femme et ses enfants. La même peur angoissée devant la mort et l'au-delà étreint saint Alphonse de Liguori, tel que Döllinger nous le présente ; elle est à mille lieues de cette fierté laïque [*Diesseitigkeit*] qu'un Machiavel, retraçant la gloire des citoyens de Florence en lutte contre le pape et l'interdit, exprime par ces mots : « Ils mettent plus haut l'amour de la patrie que la crainte pour le salut de leur âme » ; et plus éloignée encore des sentiments qu'un Richard Wagner met dans la bouche de Siegmund avant son fatal combat : « Grüße mir Wotan, grüße mir Wallhall [...] Doch von Wallhall's spröden Wonnen sprich du wahrlich mir nicht[1]. » Il est vrai que cette peur exerce sur Bunyan et Liguori des effets très différents. La même frayeur qui conduit l'un à l'extrême humiliation de soi-même est pour l'autre l'aiguillon d'une lutte sans trêve, systématique, avec la vie. D'où provient donc cette différence ?

De prime abord, cela semble être une énigme. Comment cette tendance à libérer intérieurement l'individu des liens étroits dans lesquels l'enserre le monde a-t-elle pu s'allier à la supériorité indubitable du calvinisme en matière d'organisation so-

1. « Salue pour moi Wotan, salue pour moi le Walhalla [...] Mais ne me parle vraiment pas des austères plaisirs du Walhalla ».

ciale[1] ? Pour étrange que cela paraisse, elle est la conséquence de la forme spécifique que l'amour chrétien du prochain finit par prendre sous la

1. En ce qui concerne le caractère sociétaire du christianisme réformé, il semblerait aller de soi que l'on se référât à l'idée — dont l'importance est hors de doute — qu'il est nécessaire pour le salut de l'âme d'être admis dans une *communauté*, conforme aux prescriptions divines, idée qui découle de l'exigence calviniste de l'« incorporation dans le corps du Christ » (CALVIN, *Institutio christiana*, III, II, 10). Cependant, de notre point de vue particulier, le centre du problème est quelque peu déplacé. Ce principe dogmatique aurait pu tout aussi bien se développer dans une Église de caractère strictement institutionnel ce qui, on le sait, s'est effectivement produit. Mais il ne trouvait point en lui-même cette force psychologique qui pût faire surgir de telles communautés, et leur insuffler cette vigueur que possédait le calvinisme. La tendance à former des communautés se manifestait même dans le « monde » en dehors de l'organisation de l'Église prescrite par Dieu. Le fait que le chrétien croyait attester (voir plus loin) son état de grâce « en agissant » *in majorem Dei gloriam* était ici déterminant ; la prise en profonde horreur de l'idolâtrie de la créature et de tout attachement *personnel* à d'autres êtres humains devait diriger imperceptiblement cette énergie vers le champ de l'activité objective (impersonnelle). Le chrétien, à qui cette épreuve de son état de grâce tient à cœur, agit en fonction des fins divines, et celles-ci ne peuvent être qu'impersonnelles. Toute relation *personnelle* d'homme à homme, purement sentimentale — donc dépourvue de rationalité — peut facilement être soupçonnée d'idolâtrie de la chair par l'éthique puritaine aussi bien que par cette morale ascétique. A titre d'exemple, la mise en garde suivante n'est-elle pas suffisamment claire ? « C'est un acte irrationnel et qui ne convient pas à une créature douée de *raison* que d'aimer quelqu'un au-delà de ce à quoi la raison nous autorise [...]. Cela souvent s'empare de l'esprit des hommes au point d'*entraver* leur amour de Dieu ». (BAXTER, *Christian Directory*, IV, p. 253). Constamment, nous rencontrerons ces mêmes arguments.

Une idée exaltait le calviniste ; celle que Dieu, en créant le monde, y compris l'ordre social, a dû objectivement concevoir des moyens de célébrer sa gloire ; qu'il a dû vouloir non pas la créature pour elle-même, mais l'ordonnance du créé soumis à sa volonté. C'est pourquoi, libérées par la doctrine de la prédestination, les énergies actives de l'élu se transformaient en efforts pour rationaliser le monde.

pression de l'isolement intérieur où la foi calviniste plaçait l'individu. Tout d'abord, elle en découle dogmatiquement[1]. Le monde existe pour servir la gloire de Dieu, et cela seulement. L'élu chrétien est ici-bas pour augmenter, dans la mesure de ses moyens, la gloire de Dieu dans le monde en accomplissant les commandements divins, et pour cela seul. Mais Dieu veut l'efficacité sociale du chrétien, car il entend que la vie sociale soit conforme à ses commandements et qu'elle soit organisée à cette fin. L'activité sociale[2] du calviniste se déroule purement *in majorem Dei gloriam.* D'où il suit que l'activité professionnelle, laquelle est au service de la vie terrestre de la communauté, participe aussi de ce caractère. Nous avons déjà trouvé, chez Luther, la division du travail en professions justifiée par l'amour du prochain. Mais ce qui était resté une suggestion hypothétique, purement intellectuelle, est devenu chez les calvinistes un élément caractéristique de leur système éthique. L'amour du prochain — au service exclusif de la gloire de Dieu[3], non à celui de la créature — s'exprime en premier lieu dans l'accomplissement des tâches professionnelles données par la *lex naturae* ; il revêt ainsi l'aspect proprement objectif et impersonnel d'un service effectué dans l'intérêt de l'organisation ra-

1. Nous aurons à revenir souvent sur le rapport entre les « conséquences » dogmatiques et les « conséquences » psychologiques pratiques. Est-il nécessaire de faire remarquer qu'il n'y a pas identité entre les unes et les autres ?

2. « Social », dans ce contexte, ne présente pas les résonances modernes du terme. Il s'applique simplement aux occupations à l'intérieur de communautés organisées, religieuses, politiques ou autres.

3. Sont coupables « les bonnes œuvres accomplies dans toute autre intention que la gloire de Dieu. » (*Hanserd Knollys Confession*, chap. XVI.)

tionnelle de l'univers social qui nous entoure. Car la merveilleuse organisation et l'arrangement appropriés aux fins de ce cosmos sont conçus pour satisfaire aux besoins de l'espèce humaine, ce qui apparaît évident à la fois pour qui se réfère aux révélations de la Bible et pour qui use de son jugement naturel. On reconnaît ainsi que le travail, au service de l'utilité sociale impersonnelle, exalte la gloire de Dieu ; qu'il est donc voulu par lui. L'élimination radicale du problème de la théodicée et de toute espèce de questions sur le sens de l'univers et de l'existence, sur quoi tant d'hommes avaient peiné, cette élimination allait de soi pour les puritains — comme pour les juifs, mais pour de tout autres raisons. Et, dans un certain sens, elle allait de soi en général pour toute piété chrétienne non mystique.

A cette économie de forces, le calvinisme ajoute un autre trait, qui complète le tableau. Pas de conflit entre l'individu et l'éthique (au sens de Sören Kierkegaard) pour le calvinisme, bien qu'en matière religieuse il abandonne l'individu à ses propres ressources. Nous n'avons pas à en analyser ici les raisons, ni à déterminer la signification de ce point de vue pour le rationalisme économique et politique du calvinisme. Le fondement du caractère utilitaire de l'éthique calviniste réside là ; de même, de là découlent d'importantes particularités quant à la façon dont on y conçoit la besogne. Mais il est temps de revenir à l'examen de la doctrine de la prédestination.

Pour nous, le problème décisif est le suivant : comment pareille doctrine a-t-elle pu être tolérée à une époque où l'au-delà était non seulement chose plus importante, mais à bien des égards plus certaine de surcroît que tous les intérêts de la vie d'ici-bas[1] ? Une question devait se poser d'emblée à chacun des fidèles, repoussant ainsi à l'arrière-plan toute autre considération : suis-je un élu ? comment m'en assurer[2] ? Pour Calvin lui-même, nul problème. Il se représentait comme un « vase d'élection » [*Rüstzeug*] et ne mettait point en doute son état de grâce. C'est pourquoi, à la question de savoir comment l'individu peut être assuré de son élection, Calvin n'admet au fond qu'une seule réponse : nous devons nous contenter de savoir que Dieu a décidé, et persévérer dans l'inébranlable confiance en Christ qui résulte de la vraie foi. Par principe, il rejette l'hypothèse que l'on puisse reconnaître à son comportement si autrui est élu ou s'il est réprouvé, car ce serait être assez téméraire de prétendre pénétrer les secrets de Dieu. Dans cette vie, les élus ne se distinguent en rien, pour l'extérieur, des réprouvés ; mieux : toutes les expériences subjectives des premiers — en tant que *ludibria spiritus sancti* — sont également à la portée des seconds, à l'exception toutefois de la confiance persévérante et

1. C'est également vrai, et c'en est la note dominante, du *Pilgrim's Progress* de Bunyan.

2. Le dogme de la prédestination fût-il mis à part, cette question était déjà plus éloignée du luthérien du temps des épigones que du calviniste. Non que le luthérien portât moins d'intérêt au salut de son âme, mais, en se développant, l'Église luthérienne avait pris de plus en plus le caractère d'une *institution de salut* [*Heilsanstalt*]. L'individu se tenait ainsi pour l'objet de son activité et se sentait protégé par elle. C'est le piétisme qui, de façon caractéristique, a pour la première fois soulevé ce problème dans le luthéranisme. Cependant, le fait ne peut être méconnu, la question de la *certitudo salutis* elle-même s'est avérée fondamentale dans toutes les religions de salut non sacramentelles — bouddhisme, jaïnisme ou autres. Elle a été à l'origine de toutes les motivations psychologiques de caractère purement *religieux*.

fidèle, *finaliter.* Les élus constituent donc l'Église invisible de Dieu.

Naturellement, il en allait tout autrement pour les épigones — déjà pour Théodore de Bèze — et à plus forte raison pour la grande masse des hommes ordinaires. La *certitudo salutis,* au sens de possibilité de reconnaître l'état de grâce, revêtit nécessairement [*mußte*] à leurs yeux une importance absolument primordiale[1]. Partout où était maintenue la doctrine de la prédestination, il était impossible de refouler la question : existe-t-il des critères auxquels on puisse reconnaître à coup sûr que l'on appartient au nombre des *electi* ? Non seulement cette question a toujours conservé une signification centrale pour le piétisme qui s'est développé dans l'Église réformée, mais elle y a pris parfois, en un certain sens, une importance constitutionnelle. Nous y reviendrons lorsque nous considérerons la portée politique et sociale de la doctrine réformée de la communion et de la pratique de celle-ci. Nous verrons quel rôle a joué, durant tout le XVIIe siècle, même en dehors du piétisme, la possibilité de s'assurer de l'état de grâce de l'individu lorsqu'il s'agira, par exemple, de l'admettre à la communion, c'est-à-dire à l'acte cultuel par excellence, et comme tel, déterminant pour sa situation sociale.

Dans la mesure où se posait la question de l'état de grâce personnel, il se révélait impossible de s'en

1. La Confession de Westminster (XVIII, 2) laisse entrevoir aux élus l'*infaillible* certitude de la grâce, bien qu'avec toute notre activité nous demeurions des « serviteurs inutiles » (XVI, 2) et que la lutte contre le mal doive durer toute la vie (XVIII, 3). Cependant l'élu lui-même doit combattre longtemps avant d'atteindre à cette *certitudo* que lui donnera la conscience d'avoir accompli son devoir, dont un vrai croyant ne sera jamais totalement dépourvu.

tenir[1] à la confiance de Calvin dans le témoignage de la foi persévérante résultant de l'action de la grâce en l'homme — confiance qui n'a jamais été formellement abandonnée, du moins en principe, par la doctrine orthodoxe. Surtout, dans la pratique du soin des âmes, les pasteurs ne pouvaient s'en satisfaire, car ils étaient en contact immédiat avec les tourments engendrés par cette doctrine. La pratique pastorale s'accommoda donc des difficultés, et le fit de diverses façons. Dans la mesure où la prédestination ne subissait pas une nouvelle interprétation, ne se trouvait pas adoucie, et au fond, abandonnée[2], apparurent deux types caractéristiques, liés l'un à l'autre, de conseils pastoraux. D'une part, se considérer comme élu constituait un devoir ; toute espèce de doute à ce sujet devait être repoussé en tant que tentation du démon, car une insuffisante confiance en soi découlait d'une foi insuffisante, c'est-à-dire d'une insuffisante efficacité de la grâce. L'exhortation de l'apôtre d'avoir à « s'affermir » dans sa vocation personnelle est interprétée ici comme le devoir de conquérir dans la lutte quotidienne la certitude subjective de sa pro-

1. La véritable doctrine calviniste renvoyait à la foi et à la conscience de s'unir à Dieu dans les sacrements, ne mentionnant qu'incidemment les autres « fruits de l'esprit ». [...] La tendance pratique à prouver la foi par les œuvres, qui distingue l'ascétisme, est allée de pair avec la transformation graduelle de la doctrine de Calvin. Pour celui-ci (comme pour Luther) la pureté de la doctrine et les sacrements caractérisaient la véritable Église, mais plus tard la *disciplina* fut mise sur le même plan que ces deux autres signes. [...]

2. Par exemple, chez Baxter, la différence entre péché mortel et péché veniel réapparaît avec un sens tout à fait catholique. Le premier est le signe que la grâce est absente ou bien qu'elle n'est pas réelle : seule la conversion de l'homme tout entier pourra administrer la preuve qu'elle est présente. Le second n'est pas compatible avec l'état de grâce.

pre élection et de sa justification. A la place des humbles pécheurs auxquels Luther promet la grâce s'ils se confient à Dieu avec une foi repentante, surgissent les « saints », conscients d'eux-mêmes[1], que nous retrouvons en ces marchands puritains à la trempe d'acier des temps héroïques du capitalisme et dont les exemplaires isolés se rencontrent encore de nos jours. D'autre part, afin d'arriver à cette confiance en soi, le *travail sans relâche dans un métier*[2] est expressément recommandé comme le moyen le meilleur. Cela, et cela seul, dissipe le doute religieux et donne la certitude de la grâce.

Que l'activité temporelle soit capable de donner cette certitude, qu'elle puisse être, pour ainsi dire, considérée comme le moyen approprié pour réagir contre les sentiments d'angoisse religieuse, on en trouve la raison dans les particularités profondes des sentiments religieux professés dans l'Église

1. La conception de l'état de grâce en tant qu'espèce d'état social (qu'on pourrait comparer à celui des ascètes dans l'ancienne Église) est fort répandue. [...]

2. C'est ce que nous verrons plus tard, en d'innombrables passages du *Christian Directory* de BAXTER. Cette recommandation de l'activité professionnelle comme dérivatif à l'angoisse éprouvée devant sa propre infériorité morale rappelle l'interprétation psychologique que donne Pascal de l'instinct de lucre et de l'activité ascétique, moyens inventés pour se tromper sur sa propre inanité morale. Chez Pascal, la croyance de la prédestination et la conviction que tout ce qui appartient à l'ordre de la créature est sans valeur par suite du péché originel, n'aboutissent qu'à refuser le monde d'ici-bas et à recommander la contemplation, seul moyen de se décharger du fardeau du péché et d'atteindre à la certitude du salut. [...] Chez les jansénistes, nulle trace de liaison entre la certitude du salut et l'activité temporelle. Plus fortement encore que pour les luthériens ou les catholiques orthodoxes, leur conception de la besogne implique l'acceptation absolue de la situation où l'on se trouve placé dans la vie et qui est imposée non seulement par l'ordre social, comme dans le catholicisme, mais aussi par la voix de notre conscience.

réformée. Par contraste avec le luthéranisme, ces différences apparaissent le plus distinctement dans la doctrine de la justification par la foi. Elles sont si finement analysées par Schneckenburger dans une remarquable série de ses conférences[1], et avec un tel souci objectif d'éviter les jugements de valeur, que, pour l'essentiel, les remarques qui suivent se réfèrent tout simplement à son exposé.

L'expérience religieuse la plus haute à quoi s'efforce d'atteindre la piété luthérienne, telle qu'elle s'était développée au cours du XVIIe siècle, est l'*unio mystica* avec la divinité. Comme le suggère déjà son nom, inconnu sous cette forme de la doctrine réformée, il s'agit du sentiment d'être absorbé en Dieu : la sensation d'un investissement réel de l'âme du croyant par le divin, qualitativement similaire à l'action de la contemplation chez les mystiques allemands, et caractérisée par l'attente passive de l'accomplissement de l'ardent désir du repos en Dieu, et aussi par son intériorité toute sentimentale.

Or, l'histoire de la philosophie nous le montre, une croyance religieuse essentiellement mystique peut fort bien être compatible avec le sens des réalités pratiques ; elle peut même en être le soutien direct par suite du rejet des doctrines dialectiques. De surcroît, le mysticisme peut favoriser indirectement une conduite rationnelle. Quoi qu'il en soit, il ignore par sa nature même, dans les relations qu'il entretient avec le monde, toute évaluation positive de l'activité extérieure. Enfin, le luthéranisme combinait l'*unio mystica* avec le sentiment profond de l'indignité due au péché originel, sentiment essentiel pour préserver la *pœnitentia quotidiana* du fidèle

1. Cf. ci-dessus p. 109, n. 1.

luthérien, qui maintenait l'humilité et la simplicité indispensables à la rémission des péchés. En revanche, la religiosité spécifique des réformés s'opposait dès l'origine tant à la fuite quiétiste hors du monde d'un Pascal qu'au sentiment purement intérieur de la piété luthérienne. La pénétration effective de l'âme humaine par le divin était exclue en vertu de la transcendance absolue de Dieu par rapport aux créatures : *finitum non est capax infiniti.* Bien plus, la communauté des élus avec Dieu ne pouvait se réaliser et ne pouvait être perçue par eux que dans la mesure où Dieu agissait *(operatur)* à travers eux et où ils en étaient conscients. Ainsi, leur action naissait de la foi, celle-ci étant due à la grâce divine, et cette foi, en retour, était légitimée par la qualité de leur action. Nous sommes ici en présence de différences très profondes, qui portent sur les conditions décisives du salut et peuvent servir à la classification de toutes les attitudes religieuses pratiques. Le virtuose religieux [*der religiöse Virtuose*] peut s'assurer de son état de grâce en se considérant soit comme le « vase d'élection », soit comme l'instrument de la puissance divine. Dans le premier cas, la vie religieuse incline vers le sentiment mystique ; dans le second, elle porte à l'action ascétique. Luther est très proche du premier type, les calvinistes appartiennent au second. Certes, le réformé voulait être sauvé *sola fide.* Mais comme, selon les vues de Calvin, les sentiments, les émotions pures et simples, pour sublimes qu'ils paraissent, sont trompeurs[1], il faut que la foi soit attestée [*bewähren*] par ses résultats objectifs afin de consti-

1. Avec ce postulat, le calvinisme possède un point de contact avec le catholicisme officiel. Mais pour les catholiques il en découle la nécessité du sacrement de la pénitence ; pour

tuer le sûr fondement de la *certitudo salutis.* Il lui faut être *fides efficax*, de même que l'appel [*Berufung*] du salut doit être vocation efficace (*effectual calling* selon l'expression de la *Savoy Declaration).*

Si nous en venons à poser la question : quels sont les fruits auxquels le réformé peut reconnaître indubitablement la vraie foi ? une réponse s'imposera : la vraie foi se reconnaît à un type de conduite qui permet au chrétien d'augmenter la gloire de Dieu. Quant à l'utilité de cette conduite, elle se déduit de la volonté divine révélée directement par la Bible ou indirectement par l'ordre prémédité du monde qu'elle a créé *(lex naturae)*[1]. On était à même de contrôler [*kontrollieren*] son propre état de grâce[2], spécialement en comparant l'état de son âme avec celui des élus de la Bible, par exemple celui des patriarches. Seul un élu possède réellement la *fides efficax*[3], seul il est capable — en vertu de sa nouvelle naissance *(regeneratio)* et la sanctification *(sanctificatio)* de sa vie tout entière qui en découle — d'augmenter la gloire de Dieu par les œuvres réellement, et non pas seulement apparemment, bonnes. Conscient que sa conduite — du moins en son caractère fondamental et son idéal constant *(propositum obœdientiae)* — repose sur une force qui œuvre

les réformés, celle de la confirmation [*Bewährung*] pratique par l'action efficace dans le monde d'ici-bas.

1. Ci-avant, des indications ont déjà été données sur la signification de cette conception pour le contenu matériel de l'éthique sociale. Ici, nous ne nous occupons plus du *contenu*, mais de la *motivation* de l'action morale.

2. A quel point cette idée a pu favoriser la pénétration du puritanisme par l'esprit judaïque de l'Ancien Testament, la chose est évidente.

3. Ainsi la *Savoy Declaration* dit des membres de l'*ecclesia pura* qu'ils sont « saints by effectual calling, visibly manifested by their profession and walking ».

en lui à l'augmentation de la gloire de Dieu, donc qu'une telle conduite est non seulement voulue, mais surtout *agie* par Dieu, il atteint au bien suprême auquel aspirait cette religion : la certitude de la grâce. Qu'il soit possible d'y parvenir était confirmé par II *Cor.* XIII, 5. Autant les bonnes œuvres sont absolument impropres comme moyen pour obtenir le salut — l'élu lui-même restant une créature, tout ce qu'il fait est infiniment éloigné de ce que Dieu exige —, autant elles demeurent indispensables comme signes d'élection. Moyen technique, non pas sans doute d'acheter le salut, mais de se délivrer de l'angoisse du salut. En ce sens, on dira, à l'occasion, qu'elles sont directement « indispensables au salut », ou bien que la *possessio salutis* en dépend.

Dans la pratique, cela signifie que Dieu vient en aide à qui s'aide lui-même ; et aussi que le calviniste, comme on l'a dit parfois, « crée » lui-même son propre salut, ou, plus correctement, la certitude de celui-ci. Cela veut dire également que cette création ne saurait consister, comme dans le catholicisme, à engranger au fur et à mesure les bonnes œuvres particulières, mais qu'elle doit être l'examen [*Selbstkontrolle*] systématique d'une conscience qui, à chaque instant se trouve placée devant l'alternative : élu ou damné ? Nous en sommes arrivés ainsi à un point de nos recherches qui est des plus importants.

Pareille forme de pensée, élaborée dans les Églises réformées et dans les sectes avec une netteté croissante, a été tenue par les luthériens pour un retour à la « sanctification par les œuvres ». Et — pour justifiée que fût la protestation des accusés contre l'identification de leur position dogmatique avec la doctrine catholique — cette accusation était sans doute fondée, compte tenu des conséquences pratiques d'une telle attitude dans la vie quotidienne du chrétien réformé moyen. Car il n'a peut-être jamais existé de forme plus intense d'une valorisation religieuse de l'action morale que celle engendrée par le calvinisme chez ses adeptes. Mais ce qui donne de façon décisive à cette espèce de « salut par les œuvres » sa signification pratique c'est en premier lieu de reconnaître les qualités qui différenciaient la forme de conduite correspondante de la vie quotidienne d'un chrétien quelconque du Moyen Age. Normalement, le laïc catholique du Moyen Age vivait pour ainsi dire « au jour le jour », du point de vue moral. Avant tout, il accomplissait consciencieusement ses devoirs traditionnels. Pour le reste, toutefois, ses « bonnes œuvres » ne constituaient pas forcément un ensemble cohérent ; du moins n'étaient-elles pas nécessairement sériées de façon rationnelle en un *système* de vie. Elles demeuraient plutôt une succession d'actes *isolés* qu'il accomplissait au gré des circonstances en vue de racheter des péchés particuliers, soit sous l'influence pastorale, soit, vers la fin de sa vie, pour s'acquitter d'une sorte de prime d'assurance. Naturellement, l'éthique catholique était une éthique de la « conviction ». Mais l'*intentio* concrète de l'acte particulier en déterminait la valeur. Et l'action particulière, bonne ou mauvaise, était portée au compte de celui qui l'accomplissait, influant sur son double destin, temporel et éternel. De façon très réaliste, l'Église reconnaissait que l'homme n'est pas une unité définie en termes absolument clairs, pouvant être évaluée avec précision, mais que sa vie morale est déterminée par des motifs antagonistes, et son comportement souvent contradictoire. Bien entendu, elle exigeait de plus, comme idéal, une transformation radicale de la vie humaine. Mais d'un autre côté elle affaiblissait cette exigence (pour la masse des fidèles) par l'un de ses moyens les plus efficaces de puissance et d'éducation : le sacrement de la pénitence, dont la fonction correspond au caractère le plus profond du catholicisme.

Le « désenchantement » [*Entzauberung*] du monde — l'élimination de la magie en tant que technique de salut — n'a pas été mené aussi loin par le catholicisme que par le puritanisme (et avant celui-ci, par le judaïsme). Le catholique[1] avait à sa disposition l'absolution de son Église pour compenser sa propre imperfection. Le prêtre était un magicien accomplissant le miracle de la transsubstantiation et il disposait du pouvoir des clés. On pouvait se tourner vers lui dans le repentir et la contribution ; en administrant les sacrements il dispensait le rachat, l'espoir de la grâce, la certitude du pardon, assurant par là la *décharge* de cette monstrueuse *tension* à laquelle son destin condamnait le calviniste, sans évasion possible ni adoucissement aucun. Pour celui-ci, point de ces consolations amicales et humaines. Il ne pouvait non plus espérer — comme le catholique ou même le luthérien — compenser ses heures de faiblesse et de dissipation par une bonne volonté accrue. Le Dieu du calvinisme réclamait non pas des bonnes œuvres isolées, mais une vie tout entière de bonnes œuvres érigées en système. Pas question du va-et-vient catholique, authentiquement humain, entre péché, repentir, pénitence, absolution, suivis derechef du péché. Ni de tirer d'une vie, considérée dans son ensemble, un solde qui puisse être compensé par

1. Et, dans une certaine mesure, le luthérien. Luther ne voulait pas éliminer ce dernier vestige de magie sacramentelle.

des pénitences temporelles, expié par le moyen des grâces de l'Église.

La pratique morale courante, ainsi dépouillée de son absence de plan et de système, se trouvait donc façonnée en une méthode conséquente appliquée à l'ensemble de la conduite. Ce n'est pas par hasard que le nom de « méthodistes » est resté attaché aux adeptes du dernier grand réveil de la pensée puritaine au XVIIIe siècle, de même que le terme équivalent de « précisiens » [*Präzisisten*] avait été appliqué à leurs devanciers spirituels du XVIIe siècle[1]. Car seule une transformation radicale du sens de la vie tout entière, à chaque instant, dans chaque action[2], était à même de confirmer les effets de la grâce, soustrayant l'homme au *status naturae* pour le placer dans le *status gratiae.*

La vie du « saint » était exclusivement dirigée vers une fin transcendante : le salut. Pour cette raison précisément, elle était totalement *rationalisée* en ce monde, et dominée entièrement par ce but unique : accroître sur terre la gloire de Dieu. Jamais

1. Ce dernier nom s'applique spécialement, en Hollande, à ceux qui vivent en observant avec précision les préceptes de la Bible (ainsi chez Voet). Toutefois le mot « méthodiste » apparaît isolément au XVIIe siècle pour désigner les puritains.

2. Car, ainsi que le soulignent les prédicateurs puritains (par exemple BUNYAN, *The Pharisee and the Publican,* in *Works of the Puritan Divines,* p. 126), *chaque* péché isolé anéantit *tout* ce qui aurait pu être accumulé en fait de « mérites » par les « bonnes œuvres » au cours d'une vie entière, si — ce qui est inconcevable — l'homme était capable d'accomplir seul une chose que Dieu devrait nécessairement reconnaître pour méritoire, ou même s'il pouvait vivre un temps dans la perfection. Il n'existe donc pas, comme dans le catholicisme, une espèce de compte courant avec solde créditeur ou débiteur suivant le cas — image déjà familière dans l'Antiquité — mais plutôt à la vie *tout entière* s'applique l'intransigeant « ou bien... ou bien... » : grâce ou damnation.

le précepte *omnia in majorem Dei gloriam* n'avait été entendu avec plus de rigueur. Seule une vie dirigée par une pensée constante pouvait réaliser le dépassement du *status naturalis.* Le *cogito ergo sum* de Descartes était repris à leur compte par les puritains de l'époque dans une nouvelle interprétation éthique. Rationalisation qui a donné à la piété réformée ses traits spécifiquement ascétiques et qui, du même coup, fondait sa parenté spirituelle avec le catholicisme, et son opposition spécifique à ce dernier. Il va sans dire que le catholicisme connaissait également des problèmes analogues.

Sans aucun doute, considéré tant intérieurement qu'extérieurement, l'ascétisme chrétien contient des choses extrêmement diverses. En Occident, cependant, sous ses formes les plus élevées, il a pris un caractère tout à fait rationnel au Moyen Age et, sous plusieurs de ses aspects, dès l'Antiquité. La grande signification historique de la vie monacale en Occident, par opposition au monachisme oriental, repose sur ce fait — sinon dans tous les cas, du moins dans son type général. En son principe, elle s'était affranchie, dès la règle de Saint-Benoît, de la fuite arbitraire [*planlos*] du monde et de la virtuosité dans la torture de soi-même ; elle s'en était libérée davantage chez les clunisiens, davantage encore chez les cisterciens, et enfin de façon absolue chez les jésuites. L'ascétisme était devenu une méthode de conduite rationnelle visant à surmonter le *status naturae,* à soustraire l'homme à la puissance des instincts, à le libérer de sa dépendance à l'égard du monde et de la nature, afin de le subordonner à la suprématie d'une volonté préméditée et de soumettre ses actions à un contrôle [*Selbstkontrolle*] permanent et à un examen consciencieux de leur portée éthique. Objectivement, il entraînait ainsi le moine à devenir un ouvrier au service du royaume de Dieu, tout en assurant — subjectivement — le salut de son âme. Ce contrôle *actif* de soi-même, but des *exercitia* de saint Ignace, et en général des vertus monacales les plus hautes, constituait d'autre part l'idéal pratique majeur du puritanisme. Avec quel profond mépris les comptes rendus d'interrogatoires de ses martyrs n'opposent-ils pas la jactance sans retenue des nobles prélats et des agents du pouvoir à la réserve froide et tranquille de ses adeptes. On y voit déjà apparaître ce contrôle de soi qui, de nos jours encore, valorise [*Schätzung*] le type achevé du *gentleman* anglais ou anglo-américain. Transposons dans notre langage : l'ascétisme puritain, comme toute forme d'ascétisme « rationnel », travaillait à rendre l'homme apte à affirmer, face aux « émotions » [*Affekt*], ses « motifs permanents », au premier chef ceux que cet ascétisme lui inculquait. Il s'efforçait de lui inculquer [*erziehen*] une « personnalité », au sens formel et psychologique du terme. Contrairement à bien des idées répandues à ce sujet, il s'agissait de rendre l'homme capable de mener une vie alerte et intelligente ; tâche la plus urgente : anéantir l'ingénuité de la jouissance instinctive et spontanée ; moyen le plus puissant : mettre de l'ordre dans les conduites individuelles. Points décisifs qui se trouvent exprimés aussi nettement dans les règles du monachisme catholique que dans les principes du comportement calviniste. Pour l'un comme pour l'autre, la puissance d'expansion universelle repose sur cette saisie [*Erfassung*] méthodique de l'individu tout entier. En ce qui concerne spécialement le calvinisme, il faut remarquer son aptitude, par rapport au luthéranisme, à assurer l'existence du protestantisme en tant qu'*ecclesia militans*.

La différence entre l'ascétisme calviniste et celui du Moyen Age n'en est pas moins évidente. La suppression des *consilia evangelica* transformait l'ascétisme en un ascétisme dans le monde. Non point que l'Église catholique eût restreint la vie « méthodique » aux cellules des cloîtres, pas plus en théorie qu'en pratique. Au contraire, et on l'a souvent souligné, malgré sa relative modération morale, le catholicisme enseigne qu'une vie dénuée de tout caractère éthique systématique ne peut atteindre les idéaux les plus élevés qu'il a posés, et ceci vaut aussi bien pour la vie dans le monde[1]. Le tiers ordre de Saint-François, par exemple, a constitué une tentative importante pour faire pénétrer l'ascétisme dans la vie quotidienne, et nous savons que ce ne fut pas la seule. Il est vrai que des œuvres comme l'*Imitation de Jésus-Christ* montrent précisément, par la profonde influence qu'elles ont exercée, combien la conduite qu'elles prêchaient était tenue pour supérieure au minimum de moralité suffisant à la vie de chaque jour. Et également, à quel point la vie quotidienne n'était pas mesurée selon les normes établies par le puritanisme. De plus, certaines pratiques ecclésiastiques, surtout celle des indulgences, contrecarraient inévitablement les aspirations à un ascétisme systématique à l'intérieur du monde laïc. C'est pourquoi, à l'époque de la Réforme, l'usage des indulgences n'a pas

1. Soit dit en passant, je regretterais que l'on croie pouvoir discerner dans cette discussion un jugement de valeur [*Bewertung*] sur telle ou telle forme de religion. Nous en sommes très loin. Il s'agit seulement de l'influence [*Wirkung*] de certains traits qui, d'un point de vue purement religieux, sont peut-être relativement périphériques, mais n'en demeurent pas moins importants pour la conduite pratique.

été ressenti comme un abus mineur, mais bien comme le mal fondamental de l'Église.

Cependant, le fait important demeurait que le *moine* était, par excellence, le seul homme menant une vie méthodique au sens religieux du terme. Il s'ensuit que plus l'ascétisme s'emparait de l'individu, plus il l'expulsait de la vie courante, la vie spécifiquement sainte consistant dans le *dépassement* de la morale mondaine. Luther — qui ne se faisait pas l'agent d'exécution d'une quelconque « loi de l'évolution », mais qui partait d'expériences strictement personnelles, incertain d'ailleurs au début de leurs conséquences pratiques, poussé plus tard par les circonstances politiques — Luther avait d'abord écarté l'ascétisme, ce en quoi le calvinisme l'avait simplement suivi[1]. Lorsqu'un Sébastien Franck découvrait que la réforme signifiait que, désormais, tout chrétien était tenu d'être un moine sa vie durant, il touchait là, en fait, au cœur même de ce type de religiosité. Une digue était bâtie qui s'opposait à la fuite de l'ascétisme hors de la vie laïque quotidienne, et les natures passionnément spirituelles et austères qui jusqu'alors avaient fourni les meilleurs représentants du monachisme, étaient forcées de poursuivre désormais leur idéaux ascétiques à l'*intérieur* de leur vie professionnelle.

Il appartenait au calvinisme d'ajouter ici quelque chose de positif : l'idée que l'*épreuve* [*Bewährung*] *de la foi* dans la vie professionnelle profane est néces-

1. La grande influence qu'exercent les idées et les situations religieuses *concrètes* qui apparaissent comme des « hasards historiques », ressort très clairement, par exemple, du fait que l'absence de monastères a parfois été directement déplorée dans les milieux piétistes d'origine réformée, et que les expériences « communistes » d'un Labadie, entre autres, constituaient tout simplement un substitut de la vie monastique.

saire, donnant ainsi à nombre de personnes portées vers la religion une motivation positive pour l'ascétisme. En fondant son éthique sur la doctrine de la prédestination, il substituait à une aristocratie spirituelle de moines se tenant au-dessus de ce monde, l'aristocratie spirituelle — en ce monde — des saints prédestinés par Dieu de toute éternité. Nouvelle aristocratie qui, par son *character indelebilis*, était séparée du reste de l'humanité, réprouvé de toute éternité, par un abîme bien plus profond et plus terrifiant par son invisibilité même[1] que celui qui, au Moyen Age, séparait le moine du reste du monde. Tous les sentiments sociaux s'en trouvaient pénétrés avec une brutale rigueur. Pour les élus — saints par définition — la conscience de la grâce divine, loin d'impliquer à l'égard des péchés d'autrui une attitude secourable et indulgente fondée sur la connaissance de leur propre faiblesse, s'accordait avec une attitude de haine et de mépris pour celui qu'ils considéraient comme un ennemi de Dieu, marqué du sceau de sa damnation éternelle[2]. Ce sentiment pouvait devenir si intense qu'il aboutissait parfois à la création de sectes. Tel fut le cas, par exemple, des mouvements « indépendants » du XVIIe siècle. Alors prévalut la conviction que c'était insulter Dieu que d'admettre un non-régénéré dans

1. L'idée de *birthright*, historiquement si importante, a de cette façon trouvé en Angleterre un appui considérable : « Les premiers-nés qui sont inscrits dans le ciel [...]. De même que le premier-né ne peut-être écarté de son héritage et que les noms enregistrés ne peuvent être effacés, de même ils auront assurément la vie éternelle en héritage » (Thomas ADAMS, *Works of the Puritan Divines*, p. XIV).

2. Le sentiment luthérien de repentir et de contrition est étranger, non pas sans doute en théorie, mais du moins en pratique, à l'esprit du calvinisme ascétique. Pour ce dernier, il est sans valeur éthique. [...]

le troupeau, de le laisser participer aux sacrements, voire de lui laisser — en tant que pasteur — administrer la communauté, ce qui va à l'encontre de l'authentique doctrine calviniste selon laquelle la gloire de Dieu exige de l'Église qu'elle courbe les réprouvés sous la loi. En bref, la conception donatiste de l'Église apparut comme une conséquence de la doctrine de la prédestination (cas des calvinistes baptistes). La revendication d'une Église « pure », d'une communauté réservée à ceux qui se trouvent en état de grâce, n'était pas toujours poussée jusqu'à sa conséquence logique, la formation de sectes. Néanmoins, diverses modifications de la constitution de l'Église découlèrent de la tentative de séparer les chrétiens régénérés des non-régénérés, les chrétiens admis aux sacrements de ceux qui n'étaient pas mûrs, et aussi de la tentative de réserver aux premiers le gouvernement de l'Église, à tout le moins une position privilégiée, et de n'admettre que des prédicateurs régénérés.

Cet ascétisme trouvait dans la Bible la norme solide dont il avait le plus évident besoin. Il est important de noter que cette « bibliocratie » bien connue du calvinisme tenait les préceptes moraux de l'Ancien Testament dans la même estime que ceux du Nouveau, car ils ne sont pas moins authentiquement révélés. Sous la réserve toutefois qu'ils ne s'appliquent pas uniquement à la condition historique des Hébreux ou n'aient pas été expressément abrogés par le Christ. La Loi, pour les croyants, était une norme idéale, impossible à atteindre totalement mais valable[1], tandis qu'à l'inverse Luther, à l'ori-

1. *Catéchisme genevois*, 149. BAILEY, *Praxis pietatis*, p. 125 : « Nous devons agir dans la vie comme si personne d'autre que Moïse n'avait autorité sur nous. »

gine, avait célébré la *liberté* de l'asservissement à la loi [*Gesetzesknechtschaft*] comme un privilège divin[1]. Dans toute l'attitude des fidèles envers l'existence, on sent l'influence de la sagesse hébraïque et de son intimité dépourvue d'émotion avec Dieu, telle qu'elle se manifeste dans les livres les plus pratiqués par les puritains : les *Proverbes* et nombre de psaumes. En particulier, le caractère *rationnel*, la suppression du côté mystique et, plus généralement, du côté émotionnel de la religion, ont été attribués avec raison par Sanford à l'influence de l'Ancien Testament. Quoi qu'il en soit, ce rationalisme vétéro-testamentaire était, comme tel, essentiellement traditionaliste et petit-bourgeois. Il n'était pas allié seulement à la passion puissante des prophètes et de bien des psaumes, mais encore à des éléments[2] qui, au Moyen Age déjà, avaient servi de support au développement de sentiments spécifiquement religieux. Ce fut donc, en dernière analyse, le caractère propre, fondamentalement ascétique du calvinisme lui-même, qui l'amena à choisir et à assimiler les éléments de la piété de l'Ancien Testament qui lui convenaient le mieux.

1. « La loi apparaît au calviniste en tant que norme idéale de l'action, tandis qu'elle accable le luthérien parce que, pour lui, il s'agit de quelque chose qui ne peut être atteint. » Les luthériens l'ont placée au début de leur catéchisme, afin d'éveiller l'humilité requise, alors que dans le catéchisme réformé on le trouve généralement après l'Évangile. Les calvinistes accusent les luthériens d'éprouver « une véritable terreur à la pensée de devenir des saints » (Möhler) ; les luthériens, en revanche, reprochent aux calvinistes leur « soumission servile à la loi », ainsi que leur arrogance.

2. Parmi ces éléments, ne pas oublier le *Cantique des Cantiques* que les puritains ont simplement ignoré pour la plus grande part. Son érotisme oriental a influencé le développement de certains types de piété, comme par exemple celle de saint Bernard.

Cette systématisation de la conduite éthique, commune à l'ascétisme du protestantisme calviniste et aux formes rationnelles de la vie monastique catholique, s'exprime d'une manière tout extérieure dans le contrôle [*kontrollieren*] ininterrompu que le puritain « consciencieux » [*präzise*] exerce sur son état de grâce. Certes, l'usage de tenir des journaux religieux dans lesquels péchés, tentations, progrès sur le chemin de la grâce sont enregistrés à la suite, ou inscrits sous forme de tableaux, était commun aux cercles réformés les plus fervents et — surtout sous l'influence des jésuites — à la dévotion catholique moderne (en France spécialement). Mais, tandis que dans le catholicisme cet usage visait à assurer une confession complète et à ménager au directeur de conscience une pleine autorité sur le chrétien ou (surtout) sur la chrétienne, le réformé l'utilisait pour se « tâter le pouls ». Il est mentionné par tous les théologiens et moralistes, et, là aussi, Benjamin Franklin en offre un exemple classique avec la comptabilité de ses progrès dans les différentes vertus qu'il tient à l'aide de tableaux statistiques[1]. D'autre part, l'image médiévale (voire antique) de la comptabilité divine s'aggrave chez Bunyan d'un mauvais goût caractérisé lorsque celui-ci compare la relation du pécheur à Dieu avec celle d'un client à un boutiquier : celui qui s'est endetté pourra bien, de ses propres mérites, payer les intérêts accumulés, mais il ne parviendra jamais à s'acquitter du principal.

1. Il est évident que la comptabilité morale a été largement utilisée ailleurs. Mais il lui manquait cet accent qui en fait l'unique moyen de connaître le décret éternel de salut ou de damnation, et, de ce fait, le bénéfice psychologique qui récompense le soin et l'exactitude de ce calcul.

De même qu'il contrôlait sa propre conduite, le puritain des générations postérieures contrôlait le comportement de Dieu dont il voyait le doigt dans chaque détail de sa vie. Contrairement à l'authentique doctrine de Calvin, il savait toujours pourquoi Dieu prenait telle ou telle disposition. Ainsi la sanctification de la vie en arrivait-elle à prendre le caractère d'une exploitation commerciale[1]. La conséquence de cette *méthode* à laquelle Calvin, par opposition à Luther, contraignait les fidèles, fut une christianisation de l'existence tout entière. Pour bien comprendre l'action du calvinisme, il ne faut pas perdre de vue combien décisive fut cette méthode par son influence sur la vie pratique. D'un côté, nous constatons que, précisément, seul cet élément était en mesure d'exercer pareille influence ; d'un autre côté, diverses confessions pouvaient agir dans la même direction, pourvu que leurs motivations éthiques fussent semblables sur ce point décisif : la doctrine de l'épreuve [*Bewährung*].

Jusqu'à présent nous n'avons considéré que le calvinisme. Ce faisant, nous avons supposé que la doctrine de la prédestination constituait l'arrière-plan dogmatique de la morale puritaine, au sens d'une conduite éthique méthodiquement rationalisée. C'est qu'en fait l'influence de ce dogme a largement dépassé le cercle de ces groupes religieux

1. Baxter (*Saints' Everlasting Rest,* chap. xii) explique l'invisibilité de Dieu par cette remarque : de même que l'on peut traiter par correspondance une affaire fructueuse avec un étranger que l'on n'a jamais vu, de même peut-on, par un « saint commerce », acquérir d'un Dieu invisible une « perle inestimable ». Ces symboles commerciaux, remplaçant les symboles judiciaires des moralistes anciens et du luthéranisme, sont caractéristiques du puritanisme, lequel, en effet, laisse à l'homme lui-même le soin d'« acquérir » son propre salut. [...]

qui, à tous égards, s'en sont tenus strictement aux principes calvinistes, à savoir, les presbytériens. Non seulement cette influence était contenue dans l'*Independent Savoy Declaration* de 1658, ainsi que dans la *Baptist Confession of Hanserd Knollys* de 1689, mais elle trouvait également place à l'intérieur du méthodisme. Bien que John Wesley, le grand organisateur de ce mouvement, ait cru à l'universalité de la grâce, l'un des principaux agitateurs de la première génération méthodiste et son penseur le plus conséquent, Whitefield, adhérait à cette doctrine, de même que le cercle des fidèles du « particularisme de la grâce » rassemblés autour de lady Huntingdon, qui, un temps, joua un rôle considérable. Doctrine magnifiquement cohérente qui, à cette époque fatidique du XVIIe siècle, soutint chez les défenseurs militants de la « vie sainte » la croyance qu'ils étaient l'instrument de Dieu, l'agent d'exécution de la Providence. C'est elle encore qui empêcha un effondrement prématuré dans une recherche purement utilitaire de sanctification par les œuvres en ce bas monde, recherche qui n'aurait jamais pu motiver des sacrifices aussi inouïs pour des fins irrationnelles et idéales.

Cette combinaison de la croyance à des normes d'une valeur absolue, avec le déterminisme le plus entier et la transcendance complète du divin [*übersinnlich*], constituait à sa manière une création géniale. Elle était en même temps, dans son principe, extraordinairement plus « moderne » que la doctrine moins sévère, parlant davantage aux sentiments, qui soumettait Dieu à la loi morale. Mais surtout, cette idée d'épreuve [*Bewährung*] réapparaîtra constamment. Sa signification pratique en tant que base psychologique de la moralité méthodique imposait de l'étudier à l'« état pur » dans la doctrine de la prédestination. Il fallait donc partir de sa forme la plus conséquente, car, en tant que schéma de la jonction entre la foi et la conduite, nous retrouverons constamment cette idée dans toutes les sectes que nous aurons à examiner. A l'intérieur du protestantisme, l'empreinte qu'elle allait laisser sur la conduite ascétique des premiers fidèles a constitué l'antithèse de principe la plus profonde avec l'impuissance [*Ohnmacht*] morale (relative) du luthéranisme. La *gratia amissibilis*, qui pouvait toujours être regagnée par le repentir et la contrition, ne contenait manifestement en soi aucune incitation vers ce qui est à nos yeux le plus important produit du protestantisme ascétique : le façonnement systématique et rationnel de la vie morale tout entière[1].

La foi luthérienne laisse par conséquent intacte la vitalité spontanée de l'action impulsive et du sentiment naïf. Le stimulant du contrôle constant de soi-même, la régulation méthodique de la vie personnelle qu'implique la sombre doctrine calviniste, lui faisait totalement défaut. Un génie religieux comme Luther pouvait vivre sans contrainte [*unbefangen*] dans cette atmosphère d'ouverture au monde et de liberté aussi longtemps que la puissance de son élan le lui permettait, sans courir le danger de retomber dans le *status naturalis*. Et cette forme de piété sensible, simple et particulièrement émotionnelle qui fait l'ornement de nombreux luthériens parmi les plus grands, de même que leur moralité libre et spontanée, trouve rarement son parallèle dans le puritanisme authentique, mais plutôt dans l'anglicanisme complaisant d'hommes

1. Ce fait apparaît de façon extrêmement nette dans le développement de l'éthique luthérienne.

comme Hooker, Chillingsworth, etc. Mais pour le luthérien de tous les jours, même zélé, il est certain qu'il n'était élevé au-dessus du *status naturae* que temporairement — aussi longtemps que durait l'influence d'une confession ou d'un sermon.

Pour les contemporains, il existait une différence frappante, sous le rapport du comportement éthique, entre les cours réformées et celles des princes luthériens si souvent plongées dans l'ivrognerie et les mœurs grossières. On sait, d'autre part, combien le clergé luthérien était désemparé, avec son affirmation de la foi seule, en face du mouvement ascétique qu'est le baptisme. Les qualités typiques que l'on attribue aux Allemands : « bonhomie » [*Gemütlichkeit*], « naturel », contrastent vivement — de nos jours encore et jusque dans la physionomie des individus — avec cette destruction radicale de la spontanéité du *status naturalis* qui est propre à l'atmosphère anglo-américaine. L'Allemand est déconcerté par ce qu'il juge être étroitesse d'esprit, absence de liberté, contrainte intérieure. Cette opposition des conduites provient essentiellement du fait que, dans le luthéranisme, l'ascétisme imprègne la vie à un degré bien moindre que dans le calvinisme. Ainsi s'exprime l'antipathie de l'homme spontané, appréciant les joies de ce monde, à l'égard de l'ascétisme. Du fait de sa doctrine particulière de la grâce, il manquait précisément au luthéranisme la motivation psychologique qui est indispensable à une systématisation de la conduite et qui contraint à une rationalisation méthodique de l'existence.

Cette motivation, la condition du caractère ascétique de la religion, pouvait sans nul doute être engendrée par divers motifs religieux, ainsi que nous le verrons bientôt. La doctrine calviniste ne fut que l'une de ces possibilités. Nous avons néanmoins acquis la conviction que, dans son genre, elle fit preuve non seulement d'une cohérence singulière, mais aussi d'une remarquable efficacité psychologique. Par comparaison, les mouvements ascétiques non calvinistes nous sont apparus, considérés du point de vue purement religieux de leur motivation, comme un *affaiblissement* de la cohérence intérieure du calvinisme.

Au cours même du développement historique réel, les choses se sont présentées ainsi dans l'ensemble : la forme calviniste de l'ascétisme a été soit imitée par les autres mouvements de même nature, soit utilisée par ceux-ci comme source d'inspiration ou comme point de comparaison dans le développement de leurs propres principes qui dépassaient le calvinisme ou en divergeaient. Là où, en dépit de bases doctrinales différentes, sont apparues cependant des conséquences ascétiques analogues, ce fut en général le résultat de l'organisation de l'Église. Nous aurons à en parler sous d'autres rapports.

[B. *Le piétisme.*]

Historiquement, en tout cas, la doctrine de la prédestination est le point de départ du mouvement ascétique habituellement appelé « piétisme ». Dans la mesure où ce dernier est demeuré à l'intérieur de l'Église réformée, il est presque impossible de tracer une limite précise entre calvinistes piétistes et non piétistes. Presque tous les représentants importants du puritanisme sont, à l'occasion, comptés au nombre des piétistes. Il est même légitime de considérer l'ensemble des relations entre l'idée de prédestination et celle d'épreuve [*Bewährung*], fondée sur la recherche de l'acquisition de la *certitudo salutis* subjective telle qu'elle a été décrite ci-dessus, comme une continuation piétiste de la véritable doctrine de Calvin. L'apparition de renouveaux ascétiques à l'intérieur des communautés réformées (en Hollande notamment) a été régulièrement accompagnée d'une reviviscence de la doctrine de la prédestination provisoirement tombée dans l'oubli ou affaiblie. C'est pourquoi le terme de piétisme n'est pas employé d'ordinaire en ce qui concerne l'Angleterre.

Mais le piétisme réformé du continent (Hollande et Rhin inférieur) lui-même représentait avant tout un simple accroissement de l'ascétisme réformé, comme l'était, par exemple, la religiosité de Bailey. La *praxis pietatis* était l'objet d'une insistance si décisive que l'orthodoxie dogmatique passait à l'arrière-plan et il arrivait même qu'elle fût considérée comme purement indifférente. A l'occasion, les prédestinés pouvaient être sujets aux erreurs dogmatiques aussi bien qu'aux autres péchés. L'expérience enseignait que rien n'empêchait les fruits de la foi les plus manifestes de mûrir chez les chrétiens absolument ignorants de la théologie des écoles, tandis que le savoir théologique pur et simple ne garantissait nullement l'épreuve [*Bewährung*] de la foi par la conduite[1].

En aucun cas l'élection ne pouvait donc être

1. On sait que cette façon de voir a fait du piétisme l'un des hérauts de l'idée de tolérance. L'occasion nous paraît propice pour insérer ici quelques remarques à ce sujet. Si nous laissons de côté l'*indifférence* humaniste de la philosophie des Lumières qui, en elle-même, n'a jamais exercé une grande influence pratique, en Occident l'idée de tolérance est issue historiquement des sources principales suivantes :

1° La raison d'État, purement politique (type : Guillaume d'Orange).

2° Le mercantilisme (ce qui est très net, par exemple, pour Amsterdam et nombre de villes, de seigneurs, de potentats qui ont admis les sectaires en tant que précieux porteurs de progrès économique).

3° La tendance radicale de la piété calviniste. Fondamentalement, la prédestination excluait que l'État favorisât réellement la religion par le moyen de l'intolérance. Sauver une seule âme de cette façon eût apparu impossible. Seule, la gloire de Dieu autorisait l'Église à faire appel à l'État pour écraser l'hérésie. Mais plus l'on soulignait que les prédicateurs et l'ensemble de ceux qui participaient à la communion appartenaient au petit nombre des élus, plus l'intervention de l'État dans la nomination des prédicateurs et dans l'octroi des charges ecclésiastiques devenait insupportable. Véritables prébendes, celles-ci étaient souvent attribuées par le pouvoir à des élèves de l'Université, peut-être non régénérés eux-mêmes, sur la seule recommandation de leur formation théologique. En général, toute immixtion de gouvernants, dont la conduite personnelle était souvent contestable, dans les affaires de la communauté était ressentie amèrement. Le piétisme réformé renforçait cette attitude en dévalorisant l'orthodoxie doctrinale et en sapant le principe *extra ecclesiam nulla salus*. Calvin avait jugé que la soumission du réprouvé à la surveillance divine de l'Église était seule compatible avec la gloire de Dieu. En Nouvelle-Angleterre, on relève des tentatives de constituer l'Église en une aristocratie de saints confirmés [*bewähren*] ; quant aux indépendants radicaux, ils rejetaient toute immixtion du pouvoir temporel, mieux, d'un pouvoir hiérarchique quelconque, dans l'épreuve [*Bewährung*] du salut, celle-ci n'étant possible que dans des communautés autonomes [*Einzelgemeinde*]. Que la gloire de Dieu exigeât des réprouvés qu'ils se soumissent eux aussi à la discipline de l'Église, cette idée fut supplantée par cette autre — qui existait dès l'origine et s'affirma peu à peu avec une passion croissante — que c'était insulter à la gloire de Dieu que de partager la communion avec un réprouvé. Cela menait fatalement au volontarisme, car on en venait ainsi à la *Believers' Church*, à une communauté religieuse qui ne devait comprendre que des régénérés. Le baptisme calviniste, auquel appartenait par exemple Praisegod Barebone, le leader du « Parlement des saints », tira les conséquences les plus radicales de cet enchaînement d'idées. L'armée de Cromwell prit fait et cause pour la liberté de conscience et le Parlement des

« saints » plaida même en faveur de la séparation de l'Église et de l'État, parce que ses membres étaient de pieux piétistes, donc pour des raisons religieuses positives.

4° Les sectes baptistes — dont nous reparlerons plus loin — ont dès leur apparition et de la façon de beaucoup la plus forte et la plus conséquente constamment soutenu le principe de l'admission des seuls régénérés, rejetant ainsi toute espèce de conception de l'Église en tant qu'institution [*Anstalt*] ainsi que toute intervention du pouvoir temporel. Là encore une raison religieuse positive engendrait l'exigence d'une tolérance inconditionnelle.

Le premier qui, à peu près une génération avant le baptisme, deux générations avant Roger Williams, réclama pour des raisons semblables une tolérance absolue et la séparation de l'Église et de l'État, fut probablement John Browne. La première déclaration en ce sens d'une communauté de fidèles semble être la Résolution des baptistes anglais à Amsterdam, en 1612 ou 1613 : « The magistrate is not to meddle with religion or matters of conscience [...] because Christ is the King and Lawgiver of the Church and conscience. » Le premier document officiel par lequel une communauté religieuse ait revendiqué comme un droit de protection positive, par l'État, de la liberté de conscience, fut probablement l'article 44 de la *Confession of the Particular Baptists* de 1644.

Une remarque encore, pour souligner avec vigueur le caractère erroné de l'idée, parfois avancée, selon laquelle la tolérance *en tant que telle* serait à porter au crédit du capitalisme. La tolérance religieuse n'est ni spécifiquement moderne ni occidentale. Pendant de longues périodes, en Chine, dans l'Inde, dans les grands empires de l'Asie antérieure, à l'époque hellénistique, dans l'Empire romain, dans les empires islamiques, elle a régné à un degré qui n'a été limité que par la raison d'*État* (qui, de nos jours encore, lui assigne des limites !). Le monde n'a pas connu pareille tolérance aux XVIe et XVIIe siècles, en particulier dans les territoires *dominés* par le puritanisme, tels que la Hollande et la Zélande à l'époque de leur essor politique et économique ou dans l'ancienne et la nouvelle Angleterre puritaines. Avant comme après la Réforme, l'*intolérance religieuse* fut particulièrement caractéristique de l'Occident — comme de l'Empire sassanide. De même, elle a régné à certaines époques en Chine, au Japon et dans l'Inde, pour des raisons politiques la plupart du temps. Ainsi la tolérance en tant que telle n'a certainement rien à voir avec le capitalisme. Tout dépendait de *qui y trouvait avantage.* Nous parlerons dans la section suivante de la *Believers' Church.*

prouvée par le savoir théologique[1]. C'est pourquoi le piétisme, dans sa profonde méfiance de l'Église des théologiens[2] — à laquelle, et il s'agit là d'une de ses caractéristiques, il continuait d'appartenir officiellement — commença à rassembler les fidèles de la *praxis pietatis* dans des « conventicules » à l'écart du monde[3]. Il voulait rendre visible, sur cette terre, l'Église invisible des élus. Sans pourtant aller jusqu'à former une secte séparée, ses membres s'essayaient, dans cette communauté, à mener une vie qui fût à l'abri des tentations du monde et qui fût guidée dans tous ses détails par la volonté de Dieu. Ils se proposaient d'acquérir de cette façon la certitude de leur propre régénération grâce aux signes extérieurs qui se manifestaient dans leur conduite quotidienne. Par un ascétisme accru, l'*ecclesiola* des vrais convertis désirait ainsi goûter, ici-bas déjà, la communion avec Dieu dans toute sa béatitude — sentiment que l'on retrouve dans tout véritable piétisme.

Or, cette dernière aspiration avait comme une intime parenté avec l'*unio mystica* luthérienne et elle conduisait fréquemment à une accentuation du côté sentimental de la religion plus qu'il n'était normal dans le christianisme réformé moyen. En fait, de

1. Cette idée a été mise en pratique, entre autres, par les *tryers* de Cromwell, les examinateurs des candidats aux postes de prédicateurs. Ils étaient moins soucieux des connaissances théologiques que de l'état de grâce subjectif du candidat. Voir aussi la section suivante.

2. La méfiance caractéristique du piétisme envers Aristote et la philosophie classique en général se trouve préfigurée chez Calvin (voir notamment *Institutio christiana*, II, cap. II, § 4 ; III cap. XXIII, § 5 ; IV, cap. XVII, § 24). [...]

3. [...] Le piétisme, comme tout mouvement visant à construire une communauté ascétique, libérait l'individu des liens du patriarcalisme domestique lié au prestige du ministère.

notre point de vue, on peut dire que c'est là le critère principal du « piétisme » qui s'est développé dans l'Église réformée. Car cet élément sentimental — à l'origine entièrement étranger au calvinisme, mais en revanche apparenté à certaines formes de la religiosité médiévale — conduisait pratiquement à désirer jouir de la béatitude éternelle dès ici-bas au lieu d'entreprendre une lutte ascétique pour se l'assurer dans l'au-delà. Le sentiment pouvait devenir d'une intensité telle que la religiosité en prenait un caractère franchement hystérique — la neuropathologie en connaît de nombreux exemples — par cette alternance d'états à demi conscients d'extase religieuse suivis de périodes d'abattement nerveux ressenties comme un « abandon » de Dieu [*Gottferne*]. Effet directement contraire à la discipline simple et rigoureuse qu'imposait au fidèle la vie de sainteté systématique du puritanisme. Il en résultait un affaiblissement des « inhibitions » qui protégeaient le moi rationnel du calviniste contre ses « états affectifs » [*Affekt*][1]. De même, la négation calviniste de la créature, prise sous son aspect émotionnel — par exemple le sentiment d'être un ver de terre [*Wurmgefühl*] — pouvait conduire à la

1. Pour d'excellentes raisons, nous avons volontairement négligé de discuter ici l'aspect « psychologique » — au sens scientifique, technique, du mot — de ces phénomènes religieux ; nous avons même évité, dans la mesure du possible, la terminologie correspondante. Les acquisitions certaines de la psychologie, psychiatrie comprise, sont jusqu'à nouvel ordre insuffisantes pour être utilisées dès maintenant, dans les recherches historiques concernant nos problèmes, du moins sans risquer de troubler l'objectivité du jugement historique. User de cette terminologie reviendrait à cacher, à l'aide de mots étrangers, sous le voile d'un dilettantisme scientifique, des faits immédiatement compréhensibles et souvent banals, en vue de donner une fausse impression d'exactitude scientifique et de compréhension approfondie [...].

paralysie de l'énergie dans la vie professionnelle. Par opposition aux véritables tendances du calvinisme rationnel, la doctrine de la prédestination elle-même risquait de se transformer en fatalisme lorsqu'elle devenait l'objet d'une appropriation sentimentale[1]. Enfin, le désir de séparer les élus du reste du monde pouvait conduire, par une intensification sentimentale soutenue, à une sorte de vie communautaire monastique à caractère semi-communiste, telle que le piétisme l'a sans cesse fait naître dans l'Église réformée.

Mais aussi longtemps que cet effet extrême, conditionné précisément par cette intensification sentimentale, ne se fit pas sentir, donc aussi longtemps que le piétisme réformé s'efforça d'assurer le salut dans la vie temporelle, l'effet pratique des principes piétistes se limita à un contrôle ascétique plus strict encore de la conduite dans la profession et à un renforcement de la morale professionnelle. Si bien que la simple « respectabilité » temporelle à laquelle aspirait le réformé de type courant fut considérée par les piétistes « supérieurs » comme un christianisme de second ordre. Plus était prise au sérieux l'aristocratie religieuse des élus qui apparaissait dans chacune des formes de l'ascétisme calviniste, plus elle s'organisait volontairement en conventicules à l'intérieur de l'Église. C'est ce qui s'est passé en Hollande. En revanche, dans le puritanisme anglais, elle conduisit d'un côté à une différenciation formelle, dans l'organisation de l'Église, entre chrétiens actifs et chrétiens passifs, et d'un autre côté — nous l'avons montré plus haut — à la formation de sectes.

1. Ce qui apparaît sporadiquement chez les piétistes hollandais, dans ce cas sous l'influence du spinozisme.

L'évolution du piétisme allemand, qui s'est développé à partir du terrain luthérien et auquel sont liés les noms de Spener, Francke et Zinzendorf, s'il nous éloigne de la doctrine de la prédestination, ne nous tire nullement hors de la sphère d'influence des idées dont ce dogme était le couronnement logique. Spener atteste lui-même avoir été influencé par le piétisme anglo-néerlandais, ce qui manifeste, par exemple, le fait que Bailey était lu dans ses premiers conventicules[1].

En tout cas, de *notre* point de vue, ce piétisme n'est qu'un signe de la pénétration dans le domaine de la religiosité non calviniste d'un style de vie cultivé et contrôlé méthodiquement, c'est-à-dire ascétique[2]. Mais le luthéranisme devait nécessairement ressentir cet ascétisme rationnel comme un corps étranger et le manque de cohérence de la doctrine piétiste allemande fut la conséquence des difficultés croissantes qui en découlèrent. Pour fonder dogmatiquement une conduite religieuse systématique, Spener combine les idées luthériennes avec la doctrine spécifiquement calviniste des œuvres bonnes en soi, entreprises « en vue de la

1. Cela se manifeste peut-être le plus nettement lorsqu'il conteste (lui Spener !) la compétence du gouvernement quant au contrôle des conventicules, sauf en cas de désordres et d'abus, pour cette raison qu'il s'agit d'un droit fondamental des chrétiens garanti par l'autorité apostolique (*Theologische Bedenken*, III, pp. 81 sqq.). C'est exactement, dans son principe, le point de vue puritain en ce qui concerne la consistance et l'étendue des droits de l'individu, lesquels sont *ex jure divino*, et par conséquent inaliénables [...].

2. Le nom de « piétisme », d'abord apparu en pays luthérien, confirme qu'il s'agissait, dans l'opinion des contemporains, d'une entreprise [*Betrieb*] méthodique menée à partir de la *pietas*.

gloire de Dieu »[1]. Il croit aussi, ce qui a une résonance calviniste, à la possibilité pour les élus de parvenir à un degré relatif de perfection chrétienne. Mais, précisément, il ne manque que la cohérence de la théorie. Spener, influencé qu'il était par les mystiques, a tenté d'une manière assez imprécise, mais essentiellement luthérienne, de décrire plutôt que de fonder le type systématique de la conduite chrétienne, pourtant essentiel à la forme de son piétisme. Il n'a pas fait découler la *certitudo salutis* de la sanctification, mais, au lieu de l'idée d'épreuve [*Bewährung*], il opta pour le rattachement plus lâche à la foi dont nous avons parlé ci-dessus.

Cependant, dans la mesure où l'élément rationnel ascétique du piétisme a conservé la suprématie sur la part émotionnelle, les idées qui, de notre point de vue, sont essentielles ont conservé leur place. A savoir : 1° porter la sainteté personnelle à un degré toujours plus élevé de certitude, de perfection, sous le contrôle de la loi, est un *signe* de l'état de grâce[2] ; 2° la divine Providence « agit » à travers ceux qui se trouvent dans un tel état de perfection, en ceci que Dieu leur fait signe s'ils persévèrent patiemment et *délibèrent méthodiquement*. S'adonner à un métier était aussi pour A. H. Francke le moyen ascétique par excellence. Pour lui, comme pour les puritains, il était solidement établi que Dieu lui-

1. Il faut reconnaître, il est vrai, que si cette motivation est surtout calviniste, elle ne l'est pas exclusivement. On la rencontre même assez souvent dans *les plus anciennes* constitutions de l'Église luthérienne.

2. Les journaux religieux [*religöse Tagebücher*] que A. H. Francke recommandait de tenir, en étaient aussi le signe extérieur. L'exercice méthodique et l'habitude de la sanctification devaient engendrer la croissance de celle-ci et la séparation des bons d'avec les mauvais. C'est là le thème fondamental du livre de FRANCKE, *Von des Christen Volkommenheit*.

même bénissait les siens par le succès de leur travail.

Afin de remplacer le « double décret », le piétisme élabora des idées analogues, quant à l'essentiel, à celles du calvinisme, encore qu'adoucies, telle l'idée d'une aristocratie d'élus par la grâce particulière de Dieu, avec toutes les conséquences psychologiques que nous avons signalées plus haut. Le « terminisme »[1], généralement imputé (à tort) au piétisme par ses adversaires, appartient à celles-ci. S'il supposait que la grâce était offerte à tous les hommes, c'était ou bien une seule fois pour chacun d'eux, à un moment déterminé de leur vie, ou bien une dernière fois, à un moment quelconque[2]. L'universalisme de la grâce n'était plus d'aucun secours pour celui qui laissait passer ce moment : il était dans la même situation que ceux que Dieu avait laissés de côté selon la doctrine calviniste. Très proche de cette théorie, l'idée largement répandue — on peut même dire prédominante — dans le piétisme, idée que Francke, par exemple, avait déduite de son expérience personnelle, et selon laquelle la grâce ne pouvait « faire irruption » que dans certaines circonstances bien particulières, c'est-à-dire après une expérience préalable du péché et de la repentance [*Bußkampf*]. Comme selon les vues des piétistes chacun ne possédait pas nécessairement les dispositions appropriées pour vivre une telle expérience, ceux qui n'y parvenaient pas, en dépit du recours aux méthodes ascétiques

1. On le trouve également chez les piétistes anglais non prédestinatiens, par exemple Goodwin. Sur celui-ci et sur d'autres, se référer à HEPPE, *Geschichte des Pietismus in der reformierten Kirche* (Leyde, 1879). [...]

2. On cherchait ainsi à combattre les conséquences laxistes de la doctrine de Luther sur la récupération de la grâce (en particulier l'habituelle conversion *in extremis*).

recommandées, faisaient figure, aux yeux des régénérés, de chrétiens passifs. D'autre part, étant donné la création d'une *méthode* de repentance, l'obtention même de la grâce divine devenait aussi, en fait, l'objet d'une activité humaine rationnelle.

Des doutes à l'égard de la confession privée étaient nourris, sinon par tous les piétistes (Francke, quant à lui, en était exempt), du moins par nombre d'entre eux, ainsi qu'en font foi les questions, formulées en particulier par des pasteurs, qui reviennent constamment chez Spener. Doutes dus à cet aristocratisme de la grâce et qui contribuèrent à miner la confession privée dans le luthéranisme lui-même. Les effets, visibles dans la conduite, de la grâce obtenue par la pénitence constituaient le critère nécessaire de l'admission à l'absolution. D'où l'impossibilité de se contenter, pour l'accorder, de la simple *contritio*[1].

Bien que Zinzendorf demeurât indécis face aux attaques de l'orthodoxie, le jugement qu'il portait sur sa position religieuse tendait constamment vers la notion de vase d'élection [*Rüstzeug*]. Pour le reste, il est vrai, le point de vue idéologique de ce remarquable « dilettante religieux » (Ritschl *dixit*), sur les points qui sont pour nous importants nous paraît difficile à formuler clairement. A plusieurs reprises il s'est défini lui-même comme le représentant du « trope paulinien-luthérien », s'opposant ainsi au « trope piétiste-jacobiste » [*jakobisch*] avec son attachement à la loi. Cependant la confrérie des Frères

1. Parallèlement entrait en jeu l'interprétation anti-autoritaire du « sacerdoce universel », propre à tout ascétisme. Parfois, il était recommandé au ministre de repousser l'absolution jusqu'à la confirmation [*Bewährung*] de l'authenticité du repentir, ce que Ritschl considère à juste titre comme calviniste dans le principe.

[moraves] — autorisée et encouragée en cela par Zinzendorf, en dépit de l'affirmation répétée de son luthéranisme[1] —, dès le protocole notarié du 12 août 1729, soutenait en pratique un point de vue qui, à bien des égards, correspondait à celui de l'aristocratie calviniste des élus. Le transfert, si discuté, de la charge d'ancien au Christ, en date du 12 novembre 1741, était l'expression extérieure d'une attitude analogue. En outre, des trois « tropes » [luthérien, calviniste et morave] de la confrérie, le calviniste et le morave admettaient dès le début, pour l'essentiel, une éthique des professions [*Berufsethik*]. D'une façon toute puritaine, Zinzendorf avait exprimé devant John Wesley l'idée suivante : un juste serait-il capable de toujours connaître par lui-même son propre état de grâce, les autres du moins ne manqueraient pas de s'en apercevoir à sa conduite.

D'un autre côté, l'élément émotionnel occupait une place de premier plan dans la piété spécifique de Herrnhut. En particulier, Zinzendorf lui-même cherchait continuellement à contrecarrer la tendance à la sanctification ascétique au sens puritain et à infléchir la sanctification par les œuvres dans un sens luthérien[2]. Ainsi, comme conséquence du

1. Au vrai, il aurait tenu la Confession d'Augsbourg pour un document approprié de la foi luthéro-chrétienne si elle avait été arrosée d'une *Wundbrühe* [« sauce pour les plaies »], ainsi qu'il dit dans sa répugnante terminologie. [...]

2. Surtout par l'accent mis sur l'idée de punition justicière [*Strafsatisfaktionsgedanken*] dans la doctrine du salut, dont il fit le fondement de sa méthode de sanctification après que les sectes américaines eurent repoussé ses tentatives missionnaires. Par la suite, il plaça au premier plan le maintien de la *naïveté* et des vertus d'humble résignation, en tant que but de l'ascétisme des Frères moraves ; cela en opposition radicale avec les

rejet des conventicules et de la conservation de la pratique de la confession, se développait une dépendance [*Gebundenheit*] essentiellement luthérienne à l'égard des sacrements. En outre, ce principe propre à Zinzendorf qui fait de la *naïveté* du sentiment religieux le signe de son authenticité (le tirage au *sort*, par exemple, comme moyen de révéler la volonté de Dieu) s'opposait profondément au rationalisme de la conduite. Dans l'ensemble, à l'intérieur de la sphère où l'influence du comte [de Zinzendorf] se faisait sentir[1], c'est bien plus dans la religion des Frères moraves que dans le reste du piétisme que l'on voit dominer les éléments antirationnels et sentimentaux. Le rapport entre moralité et rémission des péchés est aussi lâche dans l'*idea fidei fratrum* de Spangenberg que dans le luthéranisme en général. Le refus que Zinzendorf oppose à la recherche méthodiste de la perfection correspond — ici comme ailleurs — à son idéal eudémoniste qui veut faire éprouver ici-bas émotionnellement aux hommes la béatitude (il dit : la félicité), plutôt que de les conduire, par un travail rationnel, à s'en assurer pour l'autre monde.

D'autre part, l'idée est restée vivace, chez les

tendances à un ascétisme analogue à celui des puritains qui existaient dans la communauté.

1. Elle avait d'ailleurs ses limites. C'est pourquoi il est erroné de vouloir insérer la religion de Zinzendorf dans un schéma comportant des stades d'évolution « socio-psychologique », comme l'a fait Lamprecht. En outre il était comte, avec, au fond, des instincts féodaux, et rien n'a marqué davantage sa religiosité. Son affectivité rappellerait tout aussi bien, aux yeux de la « psychologie sociale », l'époque de la décadence sentimentale de la chevalerie que celle de la « sensibilité ». Dans la mesure où « la psychologie sociale » peut donner des indications, on comprendra mieux ce qui l'oppose au rationalisme de l'Europe occidentale en le replaçant dans le contexte de l'état de sujétion patriarcal propre à l'Est allemand.

moraves, que l'importance de la confrérie, à l'inverse d'autres Églises, résidait en une vie chrétienne active, un idéal missionnaire et — ceci a été mis en rapport avec cela — dans le travail professionnel[1]. Ajoutons que la rationalisation pratique de la vie en fonction de l'*utilité* était aussi un élément essentiel de la philosophie [*Lebensanschauung*] de Zinzendorf[2]. Pour lui, comme pour d'autres piétistes, elle découlait d'une part de l'aversion marquée pour les spéculations philosophiques estimées dangereuses pour la foi et de la prédilection correspondante pour la connaissance empirique[3], et d'autre part, d'un bon sens avisé de missionnaire professionnel. La confrérie était du même coup un centre de mission et une entreprise commerciale. Elle conduisait ainsi ses membres sur la voie de l'ascétisme temporel, lequel, en tous lieux, s'informe d'abord des « tâches » à accomplir pour les exécuter froidement et méthodiquement. Un nouvel obstacle apparaissait cependant : la glorification du charisme de la *pauvreté* apostolique chez les « disciples » que Dieu a choisis par le moyen de la « prédestination », glorification qui dérivait de l'exemple de la vie missionnaire des apôtres. Cet

1. Mais qui, précisément, étant donné la tendance dont il dérivait, ne recevait nulle justification éthique conséquente. Zinzendorf a repoussé l'idée luthérienne de la consécration à Dieu à l'intérieur d'un métier, en tant que raison décisive pour y accomplir son devoir. Ce serait là, plutôt, une sorte de dédommagement [*Entgelt*] pour le « loyal service [*Handwerkstreue*] du Sauveur » (PLITT, II, p. 411).

2. Son aphorisme est connu : « Un homme raisonnable ne saurait être incroyant, ni un croyant, déraisonnable. » Cf. son *Sokrates*.

3. Le goût marqué de l'ascétisme protestant pour l'empirisme rationalisé fondé sur les mathématiques, est bien connu, mais il ne peut faire ici l'objet d'une analyse poussée. [...]

obstacle constituait en fait un retour partiel aux *consilia evangelica.* L'élaboration d'une éthique professionnelle rationnelle, à la manière calviniste, en fut certainement retardée ; mais elle n'était nullement impossible, comme le montre la transformation du mouvement baptiste. Bien plus, sur le plan subjectif, cette éthique fut activement préparée par l'idée du travail accompli purement et simplement « pour l'amour du métier ».

Si nous considérons le piétisme allemand du point de vue qui nous importe, nous sommes obligés de noter une certaine hésitation, une incertaine incertitude dans l'assise religieuse de son ascétisme. Comparées à la cohérence de fer du calvinisme, ce sont là les causes d'un affaiblissement considérable qui découle pour une part des influences luthériennes, pour une part du caractère sentimental de la religiosité. A vrai dire, c'est une vue par trop unilatérale que de faire de cet élément sentimental le caractère distinctif du piétisme par opposition au luthéranisme[1]. Mais la rationalisation de l'existence devait nécessairement être bien moins forte que dans le calvinisme parce que la pression intérieure exercée par la préoccupation de cet état de grâce qu'il faut sans cesse vérifier [*bewähren*] et qui est la garantie de l'avenir éternel renvoyait au présent. La certitude personnelle que le prédestiné cherchait à obtenir et à renouveler, sans relâche, dans une besogne professionnelle couronnée de succès, cette certitude faisait place à l'humilité et à l'abnégation.

1. En effet, l'intériorisation émotionnelle de la piété n'était nullement étrangère au luthéranisme, même à celui des épigones. Plutôt que l'*ascétisme*, c'est la réglementation de la vie — pour le luthérien elle présente un arrière-goût de « justification par les œuvres » — qui constituait la différence.

Pour une part, celles-ci étaient la conséquence du stimulus sentimental dirigé uniquement vers l'expérience spirituelle ; pour une autre, la conséquence de l'institution luthérienne de la confession, laquelle, il est vrai, était souvent considérée par le piétisme avec une profonde défiance, mais ne laissait pas encore d'être généralement tolérée[1]. En tout cela se manifeste cette recherche spécifiquement luthérienne du salut pour laquelle l'important est le « pardon des péchés » et non point la « sanctification » pratique. Au lieu d'une aspiration rationnelle à la certitude d'acquérir et de conserver la béatitude future (dans l'au-delà), on trouve ici le besoin de sentir [*fühlen*] maintenant (ici-bas) la réconciliation, la communion avec Dieu. Mais, en un certain sens, il en va dans le domaine de la vie religieuse comme dans celui de la vie économique, où le penchant à jouir du présent s'oppose à une organisation rationnelle de l'« économie » liée à la prévoyance de l'avenir.

Il est donc évident que l'orientation des besoins religieux vers la satisfaction intérieure, sentimentale et actuelle, marquait d'un signe négatif toute motivation conduisant à rationaliser l'*action* dans le siècle, alors que les calvinistes, avec leur exigence d'une confirmation [*Bewährung*] de la grâce et leur préoccupation exclusive de l'au-delà, l'affectaient d'un signe positif. Cette attitude religieuse était cependant beaucoup plus favorable à une pénétration méthodique de la conduite par la religion que la

1. Le maintien de la confession — et c'est pourquoi elle était recherchée — a eu partout pour effet *psychologique* de décharger l'individu de la responsabilité de sa conduite ; partant, de le débarrasser des conséquences les plus rigoristes des exigences ascétiques.

foi traditionaliste des luthériens orthodoxes, tout attachés à la lettre et aux sacrements. Dans l'ensemble, le piétisme, de Francke et de Spener jusqu'à Zinzendorf, a évolué dans le sens d'une accentuation toujours plus marquée de son caractère sentimental. Mais ce n'était en aucune façon l'expression d'une loi immanente à son développement. Cela découlait des différences de milieu religieux (et social) où s'étaient formés les principaux dirigeants. Nous ne pouvons entrer ici dans de telles considérations, ni discuter comment ces particularités du piétisme allemand ont influé sur son extension sociale et géographique. Il importe, encore une fois, de nous souvenir que ce piétisme se nuance de transitions insensibles, par rapport au comportement religieux des « saints » puritains. Si nous voulions tirer, provisoirement du moins, une conséquence pratique de la différence constatée, nous pourrions avancer que les vertus cultivées par le piétisme étaient davantage celles du fonctionnaire, de l'employé, de l'ouvrier, du travailleur à domicile, « fidèles » à leur besogne [*berufstreu*], et aussi celles du patron aux sentiments patriarcaux, à la condescendance pieuse et satisfaite (à la manière de Zinzendorf). Par comparaison apparaît l'affinité élective du calvinisme pour le dur légalisme de l'entrepreneur capitaliste bourgeois[1]. Finalement, comme Ritschl l'avait déjà souligné[2], le piétisme

1. Ce qui n'empêche pas, du moins lorsqu'il est authentique, son aspect « patriarcal ». [...] Néanmoins, il existe une différence entre le caractère patriarcal du piétisme d'une part, et celui de l'éthique calviniste d'autre part ; à plus forte raison, celui de l'éthique baptiste. Ce problème ne pourra être discuté que dans un autre contexte.

2. RITSCHL, *Lehre von der Rechtfertigung und Versöhnung*, 3e éd., I, p. 598. Lorsque Frédéric-Guillaume 1er disait du

purement sentimental est un pieux enfantillage [*Spielerei*] pour « classes oisives ». Aussi peu exhaustive que soit cette caractérisation, elle rappelle pourtant, de nos jours encore, certaines particularités du caractère (y compris son aspect économique) des peuples qui ont vécu sous l'influence de l'un ou de l'autre de ces deux courants de l'ascétisme.

[C. *Le méthodisme.*]

Le méthodisme, ce mouvement anglo-américain qui correspond au piétisme continental, est, lui aussi, caractérisé par cette alliance de religiosité sentimentale — de type encore ascétique cependant — avec une indifférence croissante pour les fondements dogmatiques du calvinisme, voire leur refus[1]. Son nom indique déjà cette qualité des fidèles qui frappait les contemporains, à savoir la nature systématique, « méthodique », de la conduite en vue de la *certitudo salutis* — car, ici aussi, dès le début, celle-ci s'est trouvée au centre des aspirations religieuses, et elle y est demeurée. En dépit des différences, une parenté indéniable avec certaines tendances du piétisme allemand[2] apparaît surtout en

piétisme qu'il était une affaire de *rentiers*, il définissait son propre piétisme plus qu'il ne caractérisait celui de Spener et de Francke. Ce monarque savait mieux que personne pourquoi il lui avait ouvert ses États par l'édit de Tolérance.

1. En guise d'introduction au méthodisme, l'excellent article de LOOFS dans la *Realenzyklopädie für protestantische Theologie und Kirche* convient parfaitement. [...]

2. Si l'on fait abstraction de l'influence personnelle des frères Wesley, cette parenté est déterminée historiquement, d'une part, par le dépérissement du dogme de la prédestination, de l'autre, par le renouveau décisif de la *sola fide* chez les fondateurs du méthodisme, renouveau qui a son origine avant

ceci que la méthode a été utilisée en premier lieu pour provoquer l'acte émotionnel de la « conversion ». Et cette importance accordée au sentiment — éveillée chez John Wesley par des influences luthériennes et moraves — conduisit le méthodisme, qui dès le début situait sa mission parmi les masses, à adopter un caractère profondément *émotionnel*, en Amérique particulièrement. Dans certaines circonstances, la repentance entraînait aux extases les plus terribles, et, en Amérique, avec une prédilection particulière pour que cela s'accomplît en public, au « banc d'angoisse ». Ce qui induisait à croire que la possession de la grâce divine était imméritée, partant, à prendre une conscience immédiate de la justification et du pardon.

A partir de quoi cette religiosité émotionnelle entrait dans une alliance particulière — non sans d'assez grandes difficultés intérieures — avec l'éthique ascétique que le puritanisme avait définitivement marquée du sceau de la *rationalité*. Tout d'abord, au rebours du calvinisme, avec sa tendance à réputer trompeur tout ce qui n'était que ressenti, l'unique et indéniable fondement de la *certitudo salutis* y était, en principe, représenté par le pur sentiment de la certitude absolue du pardon, certitude émanant du témoignage immédiat de l'esprit et rapportée à un jour, à une heure qui devaient normalement pouvoir être déterminés. La doctrine

tout dans le caractère spécifiquement *missionnaire* de celui-ci. Il en résultait une reviviscence (non sans modifications) de certains types médiévaux de sermons de « réveil », combinés avec des formes piétistes. A coup sûr, ce phénomène ne cadre pas avec une évolution générale vers le « subjectivisme », car, à ce point de vue, il se tient en retrait, non seulement par rapport au piétisme, mais également par rapport à la dévotion bernardienne du Moyen Age.

wesleyenne de la sanctification divergeait notoirement de la conception orthodoxe, bien qu'elle en fût comme un développement logique. Selon Wesley, par la vertu de la grâce divine agissant en lui, un régénéré de cette espèce pouvait, dès cette vie, parvenir à la sanctification et à la conscience de la perfection — au sens de libération des forces du mal — cela au moyen d'un second processus intérieur, généralement indépendant et soudain. Pour difficile à atteindre que soit ce but — on n'y parvient d'ordinaire que vers la fin de la vie — il faut y aspirer sans réserve, car il assure définitivement la *certitudo salutis* et substitue une conscience sereine au maussade souci du calviniste[1]. Le converti véritable s'en trouvera en tout cas justifié devant lui — et même devant autrui : sur lui le péché n'aura plus de prise.

Malgré l'importance décisive du témoignage du sentiment personnel, une conduite vertueuse n'en devait pas moins être observée. En combattant la justification par les œuvres [telle qu'elle était entendue] à son époque, Wesley ne faisait que ranimer l'ancienne conception puritaine selon laquelle les œuvres ne sont pas la cause réelle de l'état de grâce, mais le simple moyen de reconnaître celui-ci, et dans la mesure seulement où lesdites œuvres sont accomplies en vue de la gloire de Dieu. Une conduite vertueuse ne suffisait pas, sa propre expérience en témoignait : il fallait que le *sentiment* de la grâce vînt s'y ajouter. Wesley définissait parfois les œuvres comme une « condition » de la grâce, et dans la Déclaration du 9 août 1771 il est même allé

1. Wesley, à l'occasion, a lui-même défini ainsi l'effet de la foi méthodiste. La parenté avec la félicité de Zinzendorf est manifeste.

jusqu'à affirmer que celui-là n'est pas un vrai croyant qui n'accomplit pas de bonnes actions. En fait, les méthodistes ont toujours soutenu qu'ils ne se distinguaient pas de l'Église établie par la doctrine, mais uniquement par la pratique religieuse. Cette importance accordée aux « fruits » de la foi était fondée en grande partie sur I *Jean* III, 9, et la conduite était tenue pour un signe manifeste de la régénération.

En dépit de tout cela, des difficultés s'étaient élevées. Puisque la certitude de la *perseverantia* s'attachait alors à une volonté de repentance mise en œuvre une fois pour toutes [*einmaliger Bußkampf*], la *certitudo salutis* [ne résidait plus] dans la conscience de la grâce issue de l'épreuve [*Bewährung*] toujours renouvelée de la conduite ascétique, mais dans le sentiment immédiat de la grâce et de la perfection. Or pour ceux d'entre les méthodistes qui adhéraient à la doctrine de la prédestination, ce transfert [de la *certitudo salutis*] ne pouvait signifier que de deux choses l'une. Ou bien, pour les natures faibles, c'était une interprétation antinomiste de la « liberté chrétienne », donc l'effondrement de la conduite méthodique ; ou bien, lorsque cette conséquence était rejetée, la confiance en soi de l'homme vertueux atteignait des hauteurs vertigineuses, [provoquant] une intensification émotionnelle du type puritain. Pour faire face aux adversaires, on tenta de s'opposer à ces conséquences ; d'une part, en accentuant l'autorité normative de la Bible et le rôle indispensable de l'épreuve [*Bewährung*] ; d'autre part, en renforçant le courant anticalviniste de Wesley [et de ses amis] à l'intérieur du mouvement, et son enseignement que la grâce peut être perdue. Les profondes influences luthériennes auxquelles avait été exposé Wesley[1], par l'intermédiaire des Frères moraves, renforcèrent cette évolution et accrurent l'*incertitude* touchant l'orientation religieuse de l'éthique méthodiste[2]. Finalement, seul le concept de « régénération », certitude de salut se manifestant comme résultat immédiat de la foi, était définitivement maintenu en tant que fondement indispensable de la grâce, et avec lui la preuve logique de cette dernière : la sanctification résultant (virtuellement du moins) de la libération à l'égard des forces du mal. L'importance des moyens extérieurs de la grâce en était diminuée d'autant, celle des sacrements en particulier. En tout cas, le *general awakening* qui partout accompagnait le méthodisme — et jusqu'en Nouvelle-Angleterre — était l'indice d'une emprise croissante de la doctrine de la grâce et de l'élection.

Ainsi, pour nous, l'éthique du méthodisme semble-t-elle reposer sur une base aussi incertaine que celle du piétisme. Mais l'aspiration à une *higher life*, à la « seconde félicité » [*Segen*], lui servait d'équivalent à la doctrine de la prédestination. Ajoutons qu'étant donné ses origines, son éthique pratique s'ordonnait rigoureusement sur celle du puritanisme anglais dont il aspirait à être le *revival.*

L'acte émotionnel de la conversion était *méthodi-*

1. Les méthodistes étaient séparés des moraves par leur doctrine de la possibilité de la perfection sans péché, rejetée en particulier par Zinzendorf. Pour Wesley l'aspect sentimental de la religion pratiquée à Herrnhut ressortissait au mysticisme et il tenait l'interprétation de la loi par Luther pour blasphématoire. Ce qui montre qu'une barrière continuait de se dresser entre le luthéranisme et toute espèce de conduite religieuse rationnelle.

2. John Wesley souligne que partout — chez les quakers, les presbytériens, dans l'Église anglicane — sauf chez les méthodistes, on est tenu de croire aux dogmes.

quement provoqué. Une fois atteint, il ne s'ensuivait pas cette pieuse jouissance de la communion avec Dieu du piétisme sentimental de Zinzendorf, mais aussitôt éveillé, le sentiment était dirigé vers la poursuite rationnelle de la perfection. Le caractère émotionnel de la religiosité ne conduisait donc pas à une religion intériorisée [*innerlich*], sentimentale, à l'instar du piétisme allemand. Schneckenburger a déjà montré que le fait est en relation avec un moindre développement du sentiment du péché (en partie, précisément, par suite du déroulement émotionnel de la conversion), ce qui est demeuré un point acquis de la critique du méthodisme. Le caractère fondamental du sentiment religieux est resté ici calviniste et cela est décisif. L'excitation émotionnelle prenait la forme d'un enthousiasme corybantique [*korybantenartig*], occasionnel cependant et ne portant, du reste, nullement préjudice au caractère rationnel de la conduite[1]. La « régénération » du méthodisme a ainsi simplement ajouté un élément à la pure doctrine de la justification par les œuvres — une assise religieuse pour la conduite ascétique — après que fut abandonnée la doctrine de la prédestination. Les signes fournis par la conduite, moyen indispensable de contrôler la vraie conversion, sinon condition même de celle-ci, ainsi que Wesley l'a parfois observé, étaient en fait les mêmes que dans le calvinisme. Dans la discussion

1. Bien qu'évidemment cela *puisse* lui nuire, ainsi qu'on peut le constater aujourd'hui chez les Noirs d'Amérique. A côté de causes purement historiques et de la publicité du rite, le caractère pathologique souvent marqué de l'émotion méthodiste, en regard de celle, relativement bénigne, du piétisme, peut être rattaché à une plus grande imprégnation de la vie par l'ascétisme dans les régions où le méthodisme s'est répandu. Mais c'est là l'affaire des neurologues.

qui va suivre nous pourrons négliger le méthodisme, car ce produit tardif[1] n'ajoute rien de nouveau à l'évolution de l'idée de *Beruf*.

[D. *Les sectes baptistes*.]

Le piétisme de l'Europe continentale et le méthodisme des peuples anglo-saxons, considérés dans le contenu de leurs doctrines aussi bien que dans leur évolution historique, sont des phénomènes secondaires[2]. En revanche, le second facteur indépendant de l'ascétisme protestant, calvinisme mis à part, est constitué par le mouvement baptiste [*Täufertum*] et les sectes[3] qui, au cours des XVIe et XVIIe siècles, en sont directement issues ou bien ont adopté les formes de sa pensée religieuse : baptistes, mennoni-

1. LOOFS, insiste fortement sur le fait que le méthodisme se distingue d'autres mouvements ascétiques en ce qu'il est postérieur à l'âge des Lumières en Angleterre, et il le compare à la renaissance, il est vrai bien moins prononcée, du piétisme allemand durant le premier tiers du XIXe siècle. Cependant, il reste permis de retenir, avec RITSCHL, *Lehre von der Rechtfertigung und Versöhnung*, I, pp. 568 sqq., le parallèle avec la forme de piétisme de Zinzendorf qui, au rebours de Spener et de Francke, constituait déjà une réaction contre les Lumières. Mais, nous l'avons vu, cette réaction prend précisément dans le méthodisme une tout autre direction que chez les moraves, du moins dans la mesure où ceux-ci furent influencés par Zinzendorf.

2. Et, comme nous l'avons vu, des formes *atténuées* de l'éthique ascétique cohérente du puritanisme ; tandis que si l'on voyait dans ces conceptions religieuses, selon une manière en faveur, comme l'« interprète » ou le « reflet » du développement du capitalisme, ce serait exactement l'inverse qui devrait apparaître.

3. Parmi les baptistes, seuls ceux que l'on appelait *general baptists* se rattachaient au mouvement initial. Les *particular baptists*, nous l'avons déjà signalé, étaient des calvinistes qui

tes et surtout quakers[1]. Avec eux, nous entrons en contact avec des groupes religieux dont l'éthique repose sur des fondements différents dans leur principe de ceux de la doctrine calviniste. L'esquisse suivante, qui met en relief ce qui seul importe pour nous, ne pourra donner une idée exacte de la diversité des formes du mouvement. Une fois encore, nous mettons l'accent sur son développement dans les pays où le capitalisme est d'installation ancienne.

Nous avons déjà rencontré des amorces de la *Believers' Church*, pensée dominante de toutes ces

limitaient en principe aux régénérés, à tout le moins aux croyants *personnels* [*persönliche Bekenner*], l'appartenance à l'Église. Par conséquent, ils demeuraient volontaristes et s'opposaient à toute Église établie. Certes, sous Cromwell leur pratique ne fut pas toujours conséquente. Pour importants qu'ils aient été en tant que porteurs de la tradition baptiste, ils ne nous donnent pas plus que les *general baptists* l'occasion d'une analyse dogmatique spéciale. Bien que formellement la création de George Fox et de ses compagnons, le mouvement quaker, de toute évidence, continuait au fond la tradition baptiste. La meilleure introduction à son histoire, incluant ses relations avec les baptistes et les mennonites, est l'ouvrage de Robert BARCLAY, *The Inner Life of the Religious Societies of the Commonwealth*, 1876. [...]

1. L'un des nombreux mérites du livre de Karl MÜLLER, *Kirchengeschichte*, est d'avoir réservé la place qui revient à l'édifice baptiste, si imposant à sa manière, bien que d'un extérieur discret. Plus que tout autre mouvement, parce qu'il se voulait *secte* au sens spécifique du terme, le baptisme a souffert de la persécution impitoyable de l'ensemble des Églises. [...]

La brièveté de l'esquisse qui va suivre est justifiée par le fait que l'éthique baptiste n'offre qu'un intérêt des plus limités pour le problème que nous étudions ici, à savoir celui des fondements religieux de l'idée « bourgeoise » de profession. Elle n'y a rien apporté de vraiment nouveau. L'aspect social du mouvement, lequel est bien plus important, sera laissé de côté pour le moment. De l'histoire de l'ancien mouvement baptiste, nous ne retiendrons ici que ce qui a influé sur les caractères particuliers des sectes qui sont à nos yeux prédominantes : baptistes, quakers, et, accessoirement, mennonites.

communautés, et dont sans doute la portée pour l'évolution de la civilisation ne peut être tout à fait évidente que dans un autre contexte. La communauté religieuse, l'« Église visible », pour employer le langage des Églises de la Réforme, n'était plus considérée comme un *fidéicommis* en vue de fins supraterrestres, comme une institution incluant nécessairement le juste et l'injuste — que ce fût pour augmenter la gloire de Dieu (calvinisme) ou pour procurer aux hommes le moyen de leur salut (catholicisme et luthéranisme) — mais comme une communauté de *croyants personnels et de régénérés*, à l'exclusion de tout autre. En d'autres termes, non comme une « Église » mais comme une « secte »[1].

1. Sans doute les baptistes ont toujours refusé le nom de « secte ». Ils constituent l'Église au sens de l'Épître aux Éphésiens, v, 27. Cependant, selon *notre* terminologie, ils forment bien une secte, et cela non pas seulement parce qu'ils n'ont aucune relation avec l'État. La relation entre Église et État au temps du christianisme primitif représentait bien encore l'idéal pour les quakers (Barclay), car pour eux comme pour beaucoup de piétistes (Tersteegen), la pureté de l'Église sous la croix était seule au-dessus du soupçon. Mais dans un État incroyant, ou même sous la croix, les calvinistes aussi étaient obligés, faute de mieux, d'adopter la séparation de l'Église et de l'État — tout comme l'Église catholique le fait en pareil cas. Si les baptistes constituaient une « secte », ce n'était pas parce que l'admission parmi les membres de l'Église avait lieu *de facto*, par un contrat entre la communauté et les catéchumènes, car tel était bien le cas dans les communautés réformées néerlandaises (conséquence de la situation politique originelle), selon l'ancienne constitution de l'Église (sur ce sujet, voir HOFFMANN, *Kirchenverfassungsrecht der niederländischen Reformierten* (Leipzig, 1902). Au contraire, c'est parce qu'une telle communauté religieuse ne pouvait être qu'organisée en secte sur un principe volontariste, et non sous forme d'institution obligatoire en Église, qu'elle ne devait pas admettre en son sein des non-régénérés, et que, ce faisant, elle s'éloignait de l'idéal chrétien ancien. Car c'est ainsi que les communautés baptistes concevaient leur Église, alors que pour les calvinistes il ne s'agissait que d'un état de fait. Au vrai, nous

Voilà le principe, purement extérieur en soi, que devait symboliser le fait que seuls étaient admis au baptême les adultes ayant personnellement acquis et reconnu leur propre foi. Pour les baptistes, ainsi qu'ils l'ont répété avec opiniâtreté au cours de toutes les controverses religieuses, la « justification » par le moyen d'une telle foi était radicalement différente de la notion d'attribution « forensique » du mérite du Christ, qui dominait le dogme orthodoxe du protestantisme ancien. L'attitude baptiste consistait plutôt en une prise de possession spirituelle du salut. Ce qui se produisait par la *révélation* individuelle, l'opération de l'Esprit divin dans l'individu, et seulement ainsi. La révélation était offerte à chacun et il suffisait d'attendre, d'espérer en l'Esprit, de ne point résister à sa venue par un attachement coupable au monde. Par conséquent, la signification de la foi, au sens de connaissance de la doctrine de l'Église, mais également au sens de saisie de la grâce divine par le repentir, s'effaçait pour céder la place — non sans de profondes modifications — à une renaissance des doctrines pneumatiques du christianisme primitif. Un exemple : la secte que Menno Simonsz, le premier, a dotée d'une doctrine plus ou moins cohérente dans son *Fondamentboek* (1539), se donnait, au même titre que les autres sectes baptistes, pour la véritable et irréprochable Église du Christ, entièrement formée de ceux que Dieu avait éveillés et appelés personnellement, telle la communauté des apôtres. Seuls ceux qui sont nés une seconde

l'avons déjà indiqué, ces derniers étaient également poussés vers la *Believers' Church* par des préoccupations religieuses bien définies. Sur la distinction entre Église et secte, voir l'essai suivant. [...]

fois sont les frères du Christ : comme lui, ils ont été créés en esprit directement par Dieu. D'où, pour les premières communautés baptistes, une vie rigoureusement *hors* du « monde » — c'est-à-dire excluant avec celui-ci tout rapport qui ne serait pas strictement nécessaire — alliée à une stricte bibliocratie conduisant à prendre pour modèle la vie des premières générations chrétiennes. Aussi longtemps que le vieil esprit resta vivant, la règle de fuir le monde ne disparut jamais complètement[1].

De tous ces thèmes dominants de leurs débuts, les sectes baptistes ont toujours conservé ce principe que nous avons rencontré, fondé de façon quelque peu différente, dans le calvinisme, et dont l'importance décisive ne cessera de se manifester : le refus absolu de toute « idolâtrie de la créature », considérée comme une atteinte à la vénération due à Dieu seul[2]. Chez les baptistes de Suisse et de l'Allemagne

1. Cela s'exprimait notamment dans la stricte abstention (à l'origine) de tout rapport avec les excommuniés, jusque dans les relations de la vie la plus quotidienne. Point sur lequel les calvinistes eux-mêmes ont fait de larges concessions — eux qui, en principe, soutenaient l'opinion que les relations civiles n'étaient en rien affectées par la censure ecclésiastique. Voir à ce propos l'essai suivant.

2. On sait comment ce principe fut appliqué par les quakers à des usages apparemment dépourvus d'importance (refus de se découvrir, de s'agenouiller, de s'incliner, ou encore d'user du pluriel de politesse). Mais, dans une certaine mesure, l'idée originelle est caractéristique de toute espèce d'ascétisme ; c'est pourquoi le *véritable* ascétisme est toujours « hostile à l'autorité ». En ce qui concerne le calvinisme, elle se manifeste dans le principe que seul le *Christ* doit régner dans l'*Église*. Pour ce qui est du piétisme, qu'on se souvienne de la tentative de Spener de justifier les *titres* bibliques. L'ascétisme *catholique* a brisé cette tendance en ce qui concerne les supérieurs ecclésiastiques au moyen du vœu d'*obéissance*, tout en interprétant l'obéissance elle-même comme un ascétisme. Le « retournement » de ce principe dans l'ascétisme protestant fonde historiquement le caractère propre de la *démocratie* contemporaine

du Sud, la règle biblique était conçue par la première génération de façon non moins radicale que par le jeune saint François. Pour eux il s'agissait d'une rupture abrupte avec tous les plaisirs de la vie, d'une vie selon le strict modèle des apôtres. A la vérité, l'existence de nombre d'entre les premiers baptistes n'est pas sans rappeler celle de saint Gilles. Cependant cette très stricte observance des préceptes bibliques[1] n'avait pas une base des plus solides, étant donné le caractère pneumatique de la foi. Ce que Dieu avait révélé aux apôtres ne représentait pas la totalité de ce qu'il était à même de révéler. Au contraire, la permanence de la Parole, non sous la forme d'un document écrit, mais en tant que force de l'Esprit saint agissant dans la vie quotidienne du croyant, s'adressant à tout individu qui consent à l'écouter, était, selon le témoignage des communautés chrétiennes primitives, l'unique signe distinctif de l'Église authentique. Thèse que Schwenckfeld avait déjà soutenue contre Luther, et que, plus tard, Fox soutiendra contre les presbytériens. C'est à partir de cette idée de la révélation permanente que s'est développée la doctrine bien connue, à laquelle les quakers ont ensuite donné sa cohérence, de l'importance (en dernière analyse décisive) du témoignage intérieur de l'esprit dans la raison et la conscience. Ainsi fut écartée, non pas

chez les peuples influencés par le puritanisme, en contraste avec celle des peuples d'« esprit latin ». Il constitue aussi, en partie, l'arrière-plan historique des attitudes « irrespectueuses » des Américains, si irritantes ou si réconfortantes selon les uns ou les autres.

1. Sans doute pour les baptistes, et au début, cela ne s'appliquait-il essentiellement qu'au *Nouveau* Testament et dans une moindre mesure seulement, à l'Ancien. Dans toutes les sectes, le Sermon sur la montagne jouissait d'un prestige exceptionnel, en tant que programme d'éthique sociale.

l'autorité de la Bible, mais plutôt sa souveraineté sans partage [*Alleinherrschaft*], et amorcée une évolution qui finit par éliminer tout ce qui restait de la doctrine du salut dans l'Église, et, chez les quakers, jusqu'au baptême et à la communion[1].

Les sectes baptistes, avec les prédestinatiens et surtout les calvinistes de stricte observance, ont effectué la dévaluation [*Entwertung*] la plus radicale de tous les sacrements en tant que moyens du salut ; ce faisant, ils ont poursuivi le « désenchantement » [*Entzauberung*] religieux du monde jusqu'à ses conséquences extrêmes. Seule la « lumière intérieure » de la révélation permanente permettait à l'individu une compréhension vraie des révélations divines à travers la Bible. D'autre part, du moins selon la doctrine des quakers, lesquels ici tiraient les conclusions logiques des principes, les effets de cette révélation permanente pouvaient s'étendre à des individus n'ayant jamais connu la révélation sous sa forme biblique. La sentence *extra ecclesiam nulla salus* n'avait de valeur qu'appliquée à l'Église *in*visible de ceux que l'Esprit avait illuminés. Sans cette lumière intérieure, l'homme naturel, fût-il guidé par la raison naturelle, restait simple créature dont l'impiété [*Gottferne*] était condamnée par les baptistes, quakers inclus, avec peut-être plus de rigueur encore, pour ainsi dire, que par les calvinistes. D'un autre côté, attendue à cœur ouvert, cette

1. Déjà Schwenckfeld avait considéré l'administration des sacrements sous sa forme extérieure comme un *adiaphoron*, tandis que *general baptists* et mennonites s'en tenaient strictement au baptême et à la communion, à quoi les mennonites ajoutaient le lavement des pieds. D'autre part, la dépréciation — on peut même parler de *suspicion* — de tous les sacrements, communion exceptée, par les prédestinatiens, allait très loin. Voir l'essai suivant.

seconde naissance sous le signe de l'Esprit, parce qu'elle est voulue par Dieu, peut conduire à une victoire si complète sur les forces du mal, que toute rechute dans le péché ou même la perte de l'état de grâce en devient pratiquement impossible. Cependant, comme plus tard dans le méthodisme, atteindre à cet état n'était pas la règle ; c'était plutôt le degré de perfection de l'individu qui était comme soumis à une évolution.

Chaque communauté baptiste se voulait une Église « pure », c'est-à-dire qu'elle exigeait de ses membres une conduite irréprochable. Un rejet sincère du monde et de ses intérêts, une soumission inconditionnelle à l'autorité de Dieu parlant à la conscience, tels étaient les seuls signes incontestables d'une vraie régénération, et, par suite, le type de conduite correspondant devenait indispensable au salut. Don de la grâce divine, cette régénération ne pouvait être acquise ; seul un individu vivant selon sa conscience pouvait se considérer comme régénéré. En ce sens, les « bonnes œuvres » étaient *causa sine qua non.* On le voit, ce dernier raisonnement de Barclay, auquel nous nous sommes tenu, équivalait encore pratiquement à la doctrine calviniste, et il s'est certainement développé sous l'influence de l'ascétisme calviniste qui environnait les sectes baptistes en Angleterre et dans les Pays-Bas. A ses débuts, George Fox a consacré toute son activité missionnaire à en prêcher l'adoption sérieuse et sincère.

La prédestination ayant été rejetée, le caractère spécifiquement *méthodique* de la moralité baptiste reposait avant tout (psychologiquement s'entend) sur l'idée « d'attente et d'espoir » [*Harren*], en les effets de l'Esprit. De nos jours encore, c'est ce qui caratérise les *meetings* des quakers, si finement analysés par Barclay. Pareille attente silencieuse a pour but de surmonter tout ce qu'il y a d'impulsif et d'irrationnel, de passions et d'intérêts subjectifs dans l'« homme naturel ». Il faut que l'individu se taise afin que s'établisse ce profond silence de l'âme dans lequel, seule, on peut entendre la parole de Dieu. De toute évidence cette « attente » [*Harren*] pouvait aboutir à des états hystériques, à des prophéties, et, aussi longtemps que les espérances eschatologiques ont survécu, provoquer dans certaines circonstances une explosion d'enthousiasme chiliastique, comme cela risque de se produire dans toute piété de ce genre. C'est, de fait, ce qui arriva au mouvement [anabaptise] qui fut anéanti à Münster.

Cependant, le baptisme pénétrant de plus en plus la vie professionnelle quotidienne, l'idée que Dieu ne parle que lorsque se tait la créature signifiait que l'individu était éduqué à *peser* sereinement ses actes et à les régler après un soigneux *examen de conscience*. Les communautés baptistes plus récentes, celles des quakers en particulier, ont fait leur cette conduite tranquille, modérée, éminemment scrupuleuse. Le monde d'ici-bas ayant été radicalement désenchanté [*Entzauberung*], il ne restait d'autre issue psychologique que la pratique de l'ascétisme à l'intérieur de ce même monde. Pour des communautés qui ne voulaient avoir affaire en rien aux pouvoirs politiques ni à leurs actes, il en résultait logiquement une imprégnation de la vie professionnelle par ces vertus ascétiques. Les chefs du mouvement baptiste à ses débuts avaient fait montre d'une brutalité radicale dans leur entreprise de détachement du monde. Pourtant, il est évident que dès la première génération baptiste, où l'on comptait déjà des bourgeois aisés, une conduite [inspirée] de celle des apôtres n'était pas indispensable pour faire la preuve de sa régénération. La stricte moralité des baptistes s'était pratiquement engagée dans la voie préparée par l'éthique calviniste et cela même avant Menno — qui, en définitive, se tient toujours sur le terrain des vertus professionnelles mondaines et de la propriété privée. Une évolution vers l'ascétisme monastique, *hors* du monde, se trouvait bannie depuis Luther — que les baptistes suivaient donc sur ce point — comme non biblique et suspecte de viser au salut par les œuvres.

Néanmoins — abstraction faite des communautés à demi communistes de la première période — une secte baptiste, les *tunker (dompelaers, dunckards)*, a jusqu'à nos jours maintenu sa condamnation de l'éducation et de toute possession qui n'est pas absolument nécessaire à la vie. Et Barclay lui-même considère l'obligation d'être fidèle à sa profession non à la façon calviniste, voire luthérienne, mais dans un esprit plutôt thomiste, en tant que *naturali ratione*, conséquence inévitable de l'engagement du croyant dans le monde[1].

1. Ainsi, BARCLAY nous dit que manger, boire, *acquérir* sont des actes *naturels* et non spirituels que l'on peut accomplir sans un appel spécial de Dieu. Cela en réplique à l'objection (caractéristique) que si — comme l'enseignent les quakers — on ne peut prier sans *motion of the spirit*, on ne devrait pas non plus pouvoir labourer sans l'impulsion spéciale de Dieu. Il est significatif qu'aujourd'hui encore, dans les résolutions de synodes quakers, conseil est parfois donné de se retirer des affaires après avoir acquis une fortune suffisante afin de pouvoir, à l'abri des tracas du monde, se consacrer au royaume de Dieu. Ajoutons que de telles considérations se retrouvent à l'occasion dans d'autres sectes, fussent-elles calvinistes. Indice, d'autre part, que leur acceptation de l'éthique professionnelle bourgeoise avait sa source dans un ascétisme à l'origine retiré du monde, puis qui s'était tourné vers celui-ci.

Comme dans certaines déclarations de Spener et des piétistes allemands, cette conception comporte en fait un affaiblissement de la conception calviniste du métier. D'un autre côté, l'intérêt pour les occupations économiques avait sérieusement *augmenté* dans les sectes baptistes sous divers facteurs. En premier lieu, le refus d'accepter des charges publiques, refus consécutif au devoir religieux de répudier les choses de ce monde. Mais même après avoir été abandonné, ce principe conserva des effets pratiques — du moins chez les mennonites et les quakers — car le refus de porter les armes ou de prêter serment disqualifiait pour toutes les charges publiques. De plus, les sectes baptistes nourrissaient une hostilité insurmontable à l'égard de tout style de vie aristocratique. Comme pour les calvinistes, c'était chez certaines une conséquence de la prohibition de l'idolâtrie de la créature et, chez d'autres, une conséquence des principes apolitiques ou antipolitiques dont nous venons de parler. La méthode froide et consciente de la conduite baptiste en était donc réduite à peser de tout son poids vers le choix de métiers non politiques.

En même temps, l'énorme importance que la doctrine baptiste du salut attribuait au contrôle de la conscience comme révélation de Dieu à l'individu imprimait à leur comportement professionnel un caractère décisif pour le développement de certains aspects touchant à l'esprit du capitalisme. Réservons nos considérations pour plus tard, lorsque nous étudierons ce problème de plus près, dans la mesure toutefois où cela est possible sans avoir à discuter l'ensemble de l'éthique politique et sociale de l'ascétisme protestant. Pour anticiper sur ce point, nous verrons que la forme spécifique que cet ascétisme séculier prenait chez les baptistes, surtout chez les quakers, s'exprimait — déjà selon un jugement courant au XVIIe siècle — dans la confirmation pratique de ce grand principe de l'« éthique » capitaliste, habituellement formulé ainsi : *honesty is the best policy*[1]. Principe qui a trouvé son expression classique dans la brochure de Franklin précédemment citée. Nous pouvons d'ores et déjà présumer qu'en revanche l'influence du calvinisme s'exerçait davantage dans la direction de la libération de l'énergie en vue de l'acquisition privée. Car, en dépit du légalisme formel de la situation personnelle de l'élu, la sentence de Goethe aurait souvent pu s'appliquer, en fait, assez justement aux calvinistes : « Celui qui agit est toujours sans scrupule, celui qui contemple seul a une conscience[2] ».

Un élément supplémentaire, élément important et qui a favorisé l'intensité de l'ascétisme séculier des sectes baptistes, ne pourra être discuté dans toute sa signification que dans un autre contexte. Anticipons néanmoins par quelques remarques afin de justifier l'ordre de présentation que nous avons

1. Dans son suggestif ouvrage, *The Theory of Business Enterprise*, VEBLEN (Chicago) pense que cette devise n'appartiendrait qu'au « capitalisme débutant ». Sans doute il a toujours existé des « surhommes » de l'économie qui, tels nos modernes « capitaines d'industrie », se tenaient au-delà du bien et du mal. Et cette devise reste valable, de nos jours encore et en dessous de ceux-ci, pour de larges couches d'hommes d'affaires capitalistes.

2. « In civil actions it is good to be *as the many*, in religious to be as the best », énonce par exemple Thomas ADAMS (*Works of the Puritan Divines*, p. 138). Ce qui est d'une plus grande portée qu'on ne pense. Cela signifie qu'honnêteté puritaine égale légalité *formaliste*, de la même façon que l'*uprightness*, que les peuples puritains aiment à revendiquer comme une vertu nationale, est spécifiquement *différente* de l'*Ehrlichkeit* allemande. [...] De son côté, le *formalisme* réflexif de l'éthique puritaine est la conséquence adéquate de sa relation à la *loi*.

choisi. C'est délibérément que nous n'avons pas pris pour point de départ les institutions sociales objectives des anciennes Églises protestantes et leur influence éthique, la *discipline*, en particulier, si grande en soit l'importance. Nous avons préféré partir des effets de l'adoption *subjective* d'une religiosité ascétique sur la conduite des *individus*, non seulement parce que cet aspect du problème a été jusqu'ici, et de loin, le moins étudié, mais aussi parce que la discipline de l'Église n'agissait pas toujours dans le même sens. Au contraire, la surveillance toute policière de la vie des personnes touchait, dans les Églises calvinistes établies, à l'inquisition. Ce faisant, elle risquait de contrarier cette libération des forces de l'individu déterminée par la poursuite ascétique et méthodique du salut, comme cela se produisit effectivement en certains cas.

La réglementation mercantiliste de l'État pouvait assurer le développement des industries, mais non celui de l'esprit du capitalisme, ou du moins elle ne le pouvait pas seule. Là où elle avait pris un caractère autoritaire et policier, elle l'a plutôt paralysé. Un effet identique a pu résulter d'une réglementation ecclésiastique de l'ascétisme, lorsque celle-ci devenait excessivement policière. Certes, elle contraignait à un certain comportement extérieur mais ce n'était pas sans affaiblir, à l'occasion, les mobiles subjectifs de conduite méthodique. Toute discussion sur ce point[1] doit faire entrer en ligne de compte la grande différence entre les effets de la police morale autoritaire des Églises établies et ceux de la police morale des sectes, laquelle reposait sur la soumission volontaire. Que le mouvement bap-

1. Nous y reviendrons dans l'essai suivant.

tiste ait systématiquement fondé des « sectes » plutôt que des « Églises », ne fut certainement pas moins favorable à l'intensité de l'ascétisme que ce ne le fut — à des degrés divers — pour les communautés calvinistes, méthodistes et piétistes, une pression de fait [*faktisch*] conduisant à la formation de groupements volontaires[1].

L'esquisse précédente a tenté de montrer les bases religieuses de l'idée puritaine de profession ; désormais il nous faut en rechercher les manifestations dans la vie économique. En dépit de toutes les divergences de détail et de la diversité d'accent que ces mouvements ascétiques font ressortir à travers des aspects à notre sens décisifs, ces différents aspects y sont tous présents et agissants. Pour récapituler notre propos, celui-ci est centré sur la conception de l'« état de grâce » commune à toutes ces sectes, état *(status)* considéré comme séparant l'homme à la fois de la dégradation de la créature et du « monde ». Bien que les moyens de l'atteindre différassent pour chaque doctrine, cet état de grâce ne pouvait être garanti par nul sacrement magique, ni par le soulagement [procuré] par la confession ni par de bonnes œuvres. Mais seulement par la preuve [*Bewährung*] d'un style de conduite spécifique, différant sans équivoque de la façon de vivre de l'« homme naturel ».

L'individu était donc motivé à *contrôler méthodiquement* son propre état de grâce dans sa propre conduite, et ainsi à imprégner celle-ci d'*ascétisme.* Nous l'avons vu, une telle conduite ascétique signifiait une mise en forme *rationnelle* de l'existence

1. Là réside la raison de l'action économique profonde des *minorités* ascétiques protestantes, ce qui ne s'applique pas aux catholiques.

tout entière, rapportée à la volonté de Dieu. Et cet ascétisme n'était plus un *opus supererogationis*, mais ce qui était exigé de quiconque voulait être sûr de son propre salut. La vie du saint, dans la mesure où on la distingue de la vie « naturelle » ne s'écoulait plus dans des communautés monastiques hors du monde — et c'est là le point important —, mais *à l'intérieur* de celui-ci et de ses institutions. Cette *rationalisation* de la conduite en ce monde, en considération de l'au-delà, fut la conséquence de la conception que le protestantisme ascétique se faisait du métier comme vocation.

Certes, on avait déjà vu l'ascétisme chrétien, après avoir fui le monde dans la solitude, gouverner ce monde auquel il avait renoncé, à partir du monastère et par l'Église. Mais, en règle générale, il avait laissé à la vie quotidienne dans le siècle son caractère naturel et spontané. Après avoir claqué derrière lui la porte du monastère, voilà qu'il se répandait maintenant sur la place du marché et entreprenait d'imprégner de sa méthode la routine de l'existence, d'en faire une vie rationnelle en ce monde, mais nullement de ce monde ou pour ce monde. Avec quel résultat, c'est ce que nous essayerons de montrer dans l'exposé qui va suivre.

2. *Ascétisme et esprit capitaliste.*

Afin de pénétrer les liens existant entre les idées religieuses fondamentales du protestantisme ascétique et les maximes à l'usage de la vie économique quotidienne, il est nécessaire de se reporter aux écrits théologiques issus de la pratique pastorale. A une époque où l'au-delà était tout, où la position sociale du chrétien dépendait de son admission à la communion par le truchement de son ministère, de la discipline de l'Église et de la prédication, le pasteur exerçait une influence dont nous autres modernes *ne pouvons nous faire la moindre idée :* un simple coup d'œil sur les recueils de *consilia*, de *casus conscientiae*, etc., suffit à nous en convaincre. Les forces religieuses qui s'expriment dans cette pratique sont des éléments constitutifs [*Bildner*] de la « mentalité nationale » [*Volkscharakter*].

Dans ce chapitre, nous traiterons du protestantisme ascétique comme d'un ensemble, ce qui ne sera pas le cas dans les développements ultérieurs. Le puritanisme anglais, dérivé du calvinisme, nous offrant le fondement le plus conséquent du concept de *Beruf*, c'est un de ses représentants autorisés que, conformément à notre principe, nous placerons au centre de la discussion. Les œuvres de Richard Baxter se distinguent de celles de nombre d'auteurs ayant traité de l'éthique puritaine par leur caractère éminemment pratique et irénique, autant que par la considération universelle dont elles jouissent : elles ont connu de multiples éditions et traductions. Presbytérien, apologiste du Synode de Westminster, mais aussi — comme tant de bons esprits de son temps — se détachant graduellement de la pure doctrine calviniste ; dans son for intérieur, adversaire de l'usurpation consommée par Cromwell comme de toute espèce de révolution ; hostile aux sectes et au zèle fanatique des « saints » ; objectif cependant à l'endroit de ses adversaires, très large d'esprit pour leurs particularités extérieures — Baxter consacrait l'essentiel de son action à encourager, sur le plan pratique, la vie morale dans l'Église. Parmi les pasteurs dont l'histoire a conservé le nom, il fut l'un de ceux qui connurent le succès le plus grand. Il mit tour à tour ses services à la disposition du gouvernement parlementaire, de Cromwell, puis de la Restauration, sous laquelle il abandonna sa charge, avant la « Saint-Barthélemy ». Son *Christian Directory*, constamment adapté à l'expérience pratique de son propre pastorat, constitue le résumé le plus complet de la théologie morale puritaine. Nous le comparerons avec les *Theologische Bedenken* de Spener pour le piétisme allemand, avec l'*Apology* de Barclay pour les quakers et autres représentants de l'éthique ascétique. Toutefois, faute de place, nous nous limiterons.

Si nous parcourons son *Saints' Everlasting Rest*, son *Christian Directory*, ou encore des œuvres similaires d'autres écrivains, nous sommes frappés dès l'abord par les éléments ébionites du Nouveau Testament que mettent en relief des jugements sur la richesse[1] et la façon de l'acquérir. En tant que telle, la richesse constitue un danger grave ; ses tentations sont incessantes ; la rechercher[2] est in-

1. De même chez Calvin, qui n'était rien moins qu'un thuriféraire de la richesse bourgeoise (voir ses vives attaques contre Venise et Anvers dans *Comm. in Jesaiam prophetum*, III, 140 a, 308 a).

2. Non seulement la richesse était condamnée, mais également le *désir impulsif du gain* (ou de ce qui en tenait lieu). Aux Pays-Bas, en 1754, le synode de la Hollande Méridionale stipula, en réponse à une question, qu'on ne pouvait admettre

sensé, si l'on considère l'importance suprême du royaume de Dieu, mais avant tout elle est moralement douteuse. Bien plus catégorique que chez Calvin — lequel ne voyait dans la richesse aucun obstacle à l'efficacité du clergé, mais plutôt un accroissement désirable de son prestige, et permettait à ses membres de placer fructueusement leur fortune, à condition d'éviter le scandale — l'ascétisme paraît ici dirigé contre toute espèce d'aspiration à l'acquisition des biens temporels. Des écrits puritains on peut tirer d'innombrables exemples de la malédiction qui pèse sur la poursuite de l'argent et des biens matériels, exemples qu'on opposera à la littérature éthique de la fin du Moyen Age, beaucoup plus accommodante.

Ces scrupules étaient des plus sérieux ; il ne faut pas moins y regarder de plus près pour en pénétrer la signification éthique véritable et les implications. Ce qui est réellement condamnable, du point de vue moral, c'est le *repos* dans la possession[1], la *jouissance* de la richesse et ses conséquences : oisiveté, tentations de la chair, risque surtout de détourner son énergie de la recherche d'une vie « sainte ». Et ce n'est pas dans la mesure où elle implique le danger de ce repos que la possession est tenue en

les « lombards » à la communion, bien que leur trafic fût autorisé par la loi, et le synode provincial de Deventer étendit cette interdiction à leurs employés. [...]

1. Développé en détail au chapitre VIII du *Saints' Everlasting Rest :* Celui qui cherche à se reposer à l'abri des possessions que Dieu lui a données, Dieu le frappe en cette vie même. Se reposer, repu, sur la fortune acquise est presque toujours un présage de dégradation morale. Si nous avions toutes les choses qu'il est possible de posséder en ce monde, serait-ce là tout ce que nous aurions à espérer ? La *satisfaction complète des désirs* ne peut être atteinte sur cette terre pour la raison que la volonté de Dieu a décrété qu'elle ne *doit* pas être.

suspicion. En effet, le repos éternel des saints a son siège, lui, dans l'au-delà ; sur terre, l'homme doit, pour assurer son salut, « faire la besogne de Celui qui l'a envoyé, aussi longtemps que dure le jour » [*Jean*, IX, 4]. Ce n'est ni l'oisiveté ni la jouissance, mais l'activité seule qui sert à accroître la gloire de Dieu, selon les manifestations sans équivoque de sa volonté.

Gaspiller son temps est donc le premier, en principe le plus grave, de tous les péchés. Notre vie ne dure qu'un moment, infiniment bref et précieux, qui devra « confirmer » [*festmachen*] notre propre élection. Passer son temps en société, le perdre en « vains bavardages », dans le luxe, voire en dormant plus qu'il n'est nécessaire à la santé — six à huit heures au plus —, est passible d'une condamnation morale absolue. On ne soutient pas encore, comme Franklin, que le temps c'est de l'argent, mais au spirituel pareille sentence est pour ainsi dire tenue pour vraie. Le temps est précieux, infiniment, car chaque heure perdue est soustraite au travail qui concourt à la gloire divine[1]. Aussi la contemplation inactive, en elle-même dénuée de valeur, est-elle directement répréhensible lorsqu'elle survient aux dépens de la besogne quotidienne[2]. Car elle plaît

1. Ici aussi l'ascétisme protestant suit un chemin battu. Nous sommes accoutumés à considérer comme un fait caractéristique de l'homme moderne qu'« il n'a pas le temps », et — comme Goethe dans les *Wanderjahre* — à mesurer le degré de développement capitaliste au fait que les pendules sonnent tous les quarts d'heure. Pareillement Sombart dans son *Kapitalismus.* Toutefois, nous ne devons pas oublier qu'au Moyen Age les moines furent les premiers à vivre selon une minutieuse *division du temps*, et qu'en cela surtout résidait l'utilité des cloches.

2. Les plus aisés d'entre les quakers eux-mêmes ont toujours considéré qu'ils devaient faire apprendre un métier à leurs fils pour des raisons éthiques, et non pas, comme le recommande Alberti, pour des raisons utilitaires.

moins à Dieu que l'accomplissement pratique de sa volonté dans un métier [*Beruf*][1]. Le dimanche n'est-il pas là d'ailleurs pour la contemplation ? Selon Baxter, ce sont toujours ceux qui lambinent à l'ouvrage qui manquent du temps à consacrer à Dieu au moment opportun[2].

Bref, l'œuvre capitale de Baxter est imprégnée d'une prédication incessante, presque passionnée parfois, en faveur d'un *labeur* dur et continu, que celui-ci soit manuel ou intellectuel. Deux thèmes se conjuguent ici. En premier lieu, le travail a dès longtemps fait ses preuves en tant que *moyen ascétique*, et l'Église d'Occident l'a toujours fort prisé[3]. Cela en opposition marquée non seulement avec

1. Ce sont là des points sur lesquels le piétisme diverge, en raison de son caractère émotionnel. Bien que, dans un esprit parfaitement luthérien, Spener affirme que l'exercice d'une profession est une célébration du culte divin, il soutient d'autre part — ce qui est aussi très luthérien — que l'*agitation* des affaires éloigne de Dieu — et cette position est l'antithèse extrêmement caractéristique du puritanisme.

2. De là l'idée que les *villes*, qui sont la résidence de la bourgeoisie et le centre de son activité économique rationnelle, sont par excellence le siège des vertus ascétiques. [...] L'idée que la proximité de la capitale puisse renforcer la vertu surprendrait fort les prêtres d'aujourd'hui — du moins en Allemagne. Le piétisme, cependant, présente des conceptions semblables. [...] En somme, le paysan est peu qualifié pour une conduite rationnelle ; sa glorification *éthique* est très récente. Nous n'avons pas à rechercher ici ce que signifie cette assertion, ou d'autres analogues, pour la relation entre l'ascétisme et l'appartenance à une *classe sociale*.

3. La version piétiste caractéristique veut que le zèle dans la profession qui nous a été imposée en punition du péché originel, serve à *mortifier la volonté* particulière. En tant qu'obligeant service à l'égard du prochain, la besogne professionnelle constitue un devoir de gratitude envers la grâce divine (idée luthérienne !) ; par conséquent, il déplaît à Dieu qu'elle soit accomplie à contrecœur. Le chrétien se montrera donc « aussi appliqué à sa tâche qu'un homme de ce monde ». Ce qui est manifestement en retrait sur la conception puritaine.

l'Orient, mais avec presque toutes les règles monastiques du monde entier. En particulier, le travail est le remède spécifique à employer à titre préventif contre toutes ces tentations que le puritanisme a réunies sous le terme d'*unclean life* et dont le rôle n'est pas mince. La continence du puritain diffère dans son degré, non dans son principe fondamental, de la chasteté monastique ; en fait, par suite de la conception puritaine de la vie conjugale, sa conséquence pratique revêt beaucoup plus d'importance. Les relations sexuelles ne sont permises dans le mariage qu'à titre de moyen voulu par Dieu pour accroître sa gloire, selon le commandement : « Croissez et multipliez ». Contre toutes les tentations sexuelles aussi bien que contre les doutes religieux ou le sentiment de l'indignité morale, outre une alimentation végétarienne frugale et des bains froids, on dispose du précepte : « Travaille ferme à ta besogne [*Beruf*] ».

Le travail cependant est autre chose encore ; il constitue surtout le *but même* de la vie, tel que Dieu l'a fixé. Le verset de saint Paul : « Si quelqu'un ne veut pas travailler, qu'il ne mange pas non plus » vaut pour chacun, et sans restriction[1]. La répugnance au travail est le symptôme d'une absence de la grâce.

Ici se perçoit nettement la différence avec l'atti-

1. Un Symbole des mormons se termine par ces mots (d'après une citation) : « Mais un indolent ou un paresseux ne peut être un chrétien, ni être sauvé. Il est destiné à être piqué à mort et rejeté hors de la ruche. » Ici, cependant, c'était surtout l'extraordinaire *discipline*, à mi-chemin entre le cloître et la manufacture, qui plaçait l'individu devant le choix entre le travail ou l'élimination. Choix lié, il est vrai, à l'enthousiasme religieux, rendu possible *par lui seul*, et qui est à l'origine des étonnantes réalisations économiques de cette secte.

tude du Moyen Age. Saint Thomas avait, lui aussi, donné son interprétation de la parole de saint Paul. Pour lui, ce n'est que *naturali ratione* que le travail est nécessaire à la subsistance de l'individu et de la communauté. La fin une fois acquise, la prescription cesse d'avoir un sens. Elle est valable pour l'espèce, non pour chaque individu en particulier. Elle ne s'applique pas à celui qui peut vivre de ce qu'il possède sans devoir travailler, et il va sans dire que la contemplation, en tant que forme spirituelle de l'action dans le royaume de Dieu, est placée au-dessus de l'interprétation littérale de ce commandement. Pour la théologie populaire, la forme la plus haute de la « productivité » monastique revenait à accroître le *thesaurus ecclesiae* par les chants et la prière.

Certes, Baxter supprime ces échappatoires au devoir moral de travailler, mais de plus il insiste énergiquement sur le principe que la richesse elle-même ne libère pas de ces prescriptions. Le possédant, lui non plus, ne doit pas manger sans travailler, car même s'il ne lui est pas nécessaire de travailler pour couvrir ses besoins, le commandement divin n'en subsiste pas moins, et il doit lui obéir au même titre que le pauvre[1]. Car la divine Providence a prévu pour chacun sans exception un métier *(calling)* qu'il doit reconnaître et à laquelle il doit se consacrer. Et ce métier ne constitue pas, comme

1. Pareillement SPENER [(*op. cit.* III, pp. 338, 425), qui combat pour cette raison la tendance à prendre sa retraite prématurément comme moralement répréhensible. Et, au cours de la réfutation d'une objection contre la perception d'intérêts, la jouissance de ceux-ci conduisant à la paresse, il souligne que celui qui peut vivre d'intérêts perçus n'en a pas moins le *devoir* de travailler, car tel est le commandement de Dieu.

pour le luthéranisme[1], un destin auquel on doit se soumettre et se résigner, mais un commandement que Dieu fait à l'individu de travailler à la gloire divine. Cette nuance, si légère en apparence, avait des conséquences psychologiques d'une grande portée ; en outre, elle se rattachait à un développement ultérieur de l'interprétation *providentielle* de l'univers économique, déjà familière à la scolastique.

Le phénomène de la division du travail et des occupations dans la société avait été interprété, entre autres, par saint Thomas — c'est à lui que nous pouvons le plus commodément nous référer — comme une émanation directe du plan divin de l'univers. Mais la place assignée à chacun dans ce cosmos est une conséquence *ex causis naturalibus*, et elle est fortuite (« contingente » selon la terminologie scolastique). Pour Luther, ainsi que nous l'avons vu, l'insertion des hommes dans des classes et des métiers découlant de l'ordre historique objectif était devenue l'émanation directe de la volonté divine. *Persévérer* dans sa situation, et dans les limites que Dieu lui avait assignées, était donc un devoir religieux pour l'individu. Il l'était d'autant plus que, précisément, les relations de la piété luthérienne avec le monde en général avaient été dès le début mal définies et le demeuraient. On ne pouvait guère tirer, de l'arsenal de pensées de Luther, des principes pour réformer le monde, celui-ci n'ayant jamais pu se défaire sur ce point d'une indifférence toute paulinienne. C'est pourquoi le monde devait être

1. Piétisme inclus. Lorsque la question se pose de changer de métier, Spener est d'avis qu'une fois une profession adoptée, le devoir d'obéissance envers la divine Providence est de s'en accommoder.

accepté tel qu'il est, cela seul pouvant être marqué du sceau du devoir religieux.

Mais, dans la conception puritaine, le caractère providentiel de la congruence [*Ineinanderspielen*] des intérêts économiques privés se nuance de façon quelque peu différente. Conformément au schéma puritain d'interprétation pragmatique, c'est aux *fruits* qu'il porte que l'on reconnaît le but providentiel de la division du travail. Baxter se répand à ce sujet en développements qui, plus d'une fois, ne sont pas sans rappeler directement la célèbre apothéose de la division du travail chez Adam Smith. Parce qu'elle rend possible [le développement de] l'habileté *(skill)*, la spécialisation des occupations conduit à un accroissement quantitatif et qualitatif de la production et sert ainsi le bien général *(common best)*, identique au bien du plus grand nombre. Dans cette mesure, la motivation est purement utilitaire, étroitement apparentée aux points de vue courants d'une partie de la littérature laïque de l'époque.

Mais un élément proprement puritain apparaît nettement lorsque Baxter place en tête de sa discussion l'énoncé suivant : « Hors d'une profession fermement assurée, un homme ne saurait mener sa tâche à bonne fin ; son ouvrage sera inconstant, irrégulier et il passera plus de temps à paresser qu'à besogner. » Conclusion : « [...] et il [l'ouvrier spécialisé] accomplira sa tâche dans l'ordre, alors qu'un autre demeurera dans une éternelle confusion et pour son gagne-pain ne connaîtra ni jour ni lieu ; [...] c'est pourquoi, une profession fixe [*certain calling ;* ailleurs : *stated calling*] est ce qu'il y a de meilleur pour chacun ». Le travail temporaire que le journalier est souvent contraint d'accepter représente un état intermédiaire, souvent inévitable, dans tous les cas indésirable. A la vie de l'homme sans profession fera toujours défaut ce caractère systématique et méthodique que réclame, nous l'avons vu, l'ascèse dans le monde.

L'éthique des quakers, elle aussi, pose que, pour un individu, la vie professionnelle doit constituer un exercice de vertu ascétique, une preuve, par la conscience qu'il y met, de son état de grâce, lequel produit tout son effet dans le soin diligent et la méthode avec lesquels il vaque à sa besogne. Ce que Dieu exige, ce n'est pas le travail en lui-même, mais le travail rationnel à l'intérieur d'un métier. Dans la conception puritaine de la besogne, l'accent est toujours placé sur ce caractère méthodique de l'ascétisme séculier et non point, comme chez Luther, sur l'acceptation du sort que Dieu a irrémédiablement fixé pour chacun[1].

C'est pourquoi, sur le point de savoir si l'on a le droit d'exercer plusieurs métiers, il est répondu par l'affirmative, si la chose est profitable au bien général ou au bien particulier[2], sans que préjudice soit pour autant porté à qui que ce soit et pourvu que l'on ne soit pas entraîné à se montrer déloyal *(unfaithful)* dans l'exercice de l'un de ces métiers. En outre, le changement de métier n'est nullement tenu pour répréhensible en soi s'il ne s'effectue pas à la légère, mais afin d'adopter un métier qui plaise

1. De plus, cet esprit de l'éthique religieuse ne peut pas être considéré comme un reflet des conditions économiques. La spécialisation du travail était bien plus avancée dans l'Italie médiévale qu'en Angleterre à la même époque.

2. Car Dieu n'a jamais commandé d'aimer son prochain plus que soi-même, mais comme soi-même, comme le soulignent souvent les auteurs puritains. On a donc aussi le *devoir* de s'aimer soi-même. Par exemple, celui qui sait mieux que son prochain employer ce qu'il possède à la gloire de Dieu n'est nullement tenu par amour du prochain de partager avec lui.

davantage à Dieu, c'est-à-dire, selon le principe général, un métier plus utile.

L'utilité d'un métier, l'approbation que Dieu lui accorde, se mesurent d'abord, il est vrai, selon la morale ; ensuite, selon l'importance des biens qu'il fournit à la « communauté » ; de plus, et ce troisième point est pratiquement le plus important, selon l'avantage économique [qu'il procure][1]. Car si ce Dieu, que le puritain voit à l'œuvre dans toutes les circonstances de la vie, montre à l'un de ses élus une chance de profit, il le fait à dessein. Partant, le bon chrétien doit répondre à cet appel[2] : « Si Dieu vous désigne tel chemin dans lequel vous puissiez légalement gagner plus que dans tel autre (cela sans dommage pour votre âme ni pour celle d'autrui) et que vous refusiez le plus profitable pour choisir le chemin qui l'est moins, *vous contrecarrez l'une des fins de votre vocation* (calling), *vous refusez de vous faire l'intendant* [steward] *de Dieu* et d'accepter ses

1. De telles idées ne se trouvent pas chez les piétistes continentaux, dans leurs écrits du moins. L'attitude de Spener oscille entre le luthéranisme (« satisfaction des besoins ») et les arguments mercantilistes sur l'utilité de la « prospérité du commerce », etc. « La culture du tabac apporte de l'argent dans le pays ; elle est utile, et partant non coupable. » Mais Spener ne manque pas de faire remarquer que, selon l'exemple des quakers et des mennonites, on peut réaliser des profits et pourtant demeurer pieux ; voire — nous y reviendrons plus loin — des profits particulièrement élevés peuvent être la conséquence directe d'une pieuse probité.

2. Ces vues de Baxter ne sont point un reflet du milieu économique dans lequel il vivait. [...] Les commerçants de Kidderminster n'étaient pas riches, mais gagnaient seulement *food and raiment*, et les maîtres vivaient *from hand to mouth*, tout comme leurs ouvriers. [...] Ce qu'il désirait, précisément, c'était au moins cette part-là, autrement dit, tout gain honnête dans sa forme est légitime.

dons, et de les employer à son service s'il vient à l'exiger. *Travailler donc à être riches pour Dieu, non pour la chair et le péché* »[1].

Si on la poursuit dans le dessein de vivre plus tard joyeux et sans souci, la richesse n'est que tentation de la paresse et scabreuse jouissance de la vie. Au contraire, dans la mesure où elle couronne l'accomplissement du devoir professionnel, elle devient non seulement moralement permise, mais encore effectivement ordonnée[2]. C'est ce que paraissait exprimer sans détour la parabole du serviteur chassé pour n'avoir point fait fructifier le talent que son maître lui avait confié. Désirer être pauvre — cette argumentation était fréquente — équivaut à désirer être malade[3], ce qui est condamnable en tant que sanctification par les œuvres, et dommageable à la gloire de Dieu. En particulier, la mendicité, de la part d'un individu en état de travailler, outre qu'elle est paresse condamnable, est également, selon la

1. Dans sa première *Defensio pro populo anglicano*, Milton soutient la théorie bien connue que seule la « classe moyenne » peut observer la vertu. Par « classe moyenne », il entend la « bourgeoisie » par opposition à l'« aristocratie », ce que montre le contexte où il est dit que le « luxe », comme le « besoin », est un obstacle à l'exercice de la vertu.

2. C'est là le plus important. Ajoutons cette remarque générale : il va de soi qu'il s'agit pour nous, ici, non point tant de concepts développés par les théologiens dans leurs théories éthiques, que de la morale qui animait la vie pratique des croyants — c'est-à-dire de la façon dont œuvrait en pratique l'orientation religieuse de l'éthique professionnelle.

3. La confession luthérienne du duc Christophe de Wurtemberg, soumise au concile de Trente, s'élevait déjà contre le *vœu* de pauvreté : Celui qui est pauvre en raison de sa condition [*Stand*] doit le supporter ; mais s'il s'applaudit de le demeurer, c'est comme s'il se félicitait de rester *malade* ou s'il cultivait une *mauvaise réputation.*

parole de l'apôtre, violation du devoir d'amour envers le prochain[1].

De même que la stabilité de la profession, expressément recommandée pour l'importance qu'elle revêt du point de vue ascétique, transfigure éthiquement la spécialisation moderne du travail [*Fachmenschentum*], de la même façon l'interprétation providentielle des chances de profit transfigure l'homme d'affaires. L'indulgence de bon ton du seigneur et l'ostentation du nouveau riche sont également odieuses à l'ascétisme. En revanche, quelle approbation éthique pour le sobre et bourgeois *self-made* man[2]... « God blesseth this trade », tel est le cliché dont on use habituellement au sujet de ces hommes vertueux qui ont suivi avec succès les voies divines. Toute la puissance du *Dieu de l'Ancien Testament* récompensant, en *cette* vie, la piété de son peuple, devait nécessairement exercer une influence analogue sur le puritain qui, selon le conseil de Baxter, évaluait son état de grâce d'après celui des héros bibliques[3] et, ce faisant, interprétait

1. Calvin avait déjà strictement interdit la mendicité et les synodes hollandais firent campagne contre les licences de mendiants. [...]

2. Ici encore, on note une opposition caractéristique à toute espèce de conception féodale. Selon celle-ci, seuls les descendants du parvenu (politique ou social) peuvent recueillir le bénéfice de ses succès et accéder à la consécration du sang (ce qu'exprime de façon sensible l'espagnol *hidalgo* = *hijo de algo* = *filius de aliquo*, où *aliquid* signifie propriété héritée. [...]

3. L'analyse de la querelle entre Jacob et Ésaü par Thomas ADAMS peut servir d'exemple de l'attention accordée aux patriarches, autre trait de la conception puritaine de la vie (*Works of the Puritan Divines*, p. 235) : Ésaü se montra déloyal, refusant de reconnaître la vente sous prétexte qu'il avait été trompé. En d'autres termes, il est « a cunning hunter, a man of the fields », l'homme de la vie irrationnelle et barbare, tandis que Jacob, « a plain man, dwelling in tents », représente le « man of grace ».

les paroles de la Bible « comme les articles d'un code ».

Certes, en elles-mêmes, ces paroles n'étaient pas dépourvues d'ambiguïté. Nous avons vu que Luther a tout d'abord utilisé le concept de vocation [*Beruf*] au sens séculier, pour traduire un passage de Jésus ben Sira. En dépit d'influences hellénistiques, le livre de Ben Sira appartient tout entier, si l'on considère l'atmosphère qui le baigne, aux éléments de l'Ancien Testament (y compris les Apocryphes) qui agissaient dans un sens traditionaliste. Il est caractéristique qu'en Allemagne ce livre semble n'avoir cessé de jouir, jusqu'à nos jours, d'une faveur particulière auprès des paysans luthériens, de même que dans de larges courants du piétisme allemand l'influence luthérienne s'exprimait par cette prédilection pour Jésus ben Sira.

Les puritains rejetaient les Apocryphes comme [des livres] non inspirés, fidèles en cela à leur intraitable « ou bien..., ou bien... » entre les choses divines et celles de la création[1]. De là au contraire le succès, parmi les Canoniques, du livre de Job qui allie une glorification grandiose de la majesté souveraine de Dieu, sans commune mesure avec la condition humaine, glorification qui est fort proche des conceptions calvinistes, avec la certitude, qui jaillit de nouveau à la fin du livre — accessoire pour Calvin, mais d'une importance certaine pour le puritanisme —, que Dieu y bénit les siens aussi en cette vie — dans Job : seulement ! — et jusque sur

1. Il est vrai que Bailey recommande de les lire, et qu'il lui arrive de s'y référer, quoique fort rarement. Je ne me souviens d'aucune citation de Jésus ben Sira (peut-être est-ce un hasard ?).

le plan matériel[1]. Le quiétisme oriental, si manifeste dans nombre de versets les plus expressifs des Psaumes et des Proverbes, fut entièrement vidé de son sens ; Baxter n'avait pas procédé autrement avec la nuance traditionaliste du passage de la première Épître aux Corinthiens, si important pour la notion de *Beruf.*

On insistait d'autant plus énergiquement sur les passages de l'Ancien Testament qui célèbrent la *légalité formelle* comme le signe d'une conduite agréable à Dieu. On soutenait la théorie suivant laquelle la loi mosaïque n'avait été dépouillée de son autorité par la Nouvelle Alliance que dans la mesure où elle contenait des prescriptions cérémonielles ou purement historiques destinées au peuple juif ; pour le reste, sa validité en tant qu'expression de la *lex naturae* restant entière, elle devait être conservée[2]. Ce qui permettait d'éliminer les prescriptions absolument inadaptées à la vie moderne, tout en laissant libre cours au renforcement de l'esprit d'autojustification et de sobre légalité propres à cette forme de protestantisme, grâce aux nombreux traits qui l'apparentaient à la moralité de l'Ancien Testament.

Aussi de nombreux écrivains — contemporains ou plus récents — sont-ils fondés à parler d'un *English Hebraism* pour caractériser la résonance

1. Lorsque le succès matériel [*äußerlich*] échoit à des individus manifestement damnés, le calviniste (Hoornbeek pour prendre un exemple) se console, selon la théorie de l'« endurcissement » dans le mal, avec la certitude que Dieu le leur permet afin de les endurcir et de rendre leur corruption d'autant plus sûre.

2. Sur ce point, nous n'entrerons pas dans le détail. Nous ne nous intéressons ici qu'au caractère formaliste de cette « légalité ». Sur la signification éthique de l'Ancien Testament pour la *lex naturae*, on lira avec profit TROELTSCH, *Soziallehren* [...].

fondamentale de l'éthique puritaine, spécialement en Angleterre. Toutefois, ce n'est pas au judaïsme palestinien de l'époque où ont été composés les textes de l'Ancien Testament qu'il faut penser, mais au judaïsme tel qu'il est peu à peu devenu, après des siècles d'éducation formaliste, légaliste et talmudique, et encore est-il nécessaire de se montrer extrêmement prudent devant un tel parallèle. L'esprit du judaïsme primitif, porté à une valorisation [*Schätzung*] naïve de la vie en tant que telle, était dépourvu des caractères propres au puritanisme. De même il était fort éloigné — il convient de ne pas l'oublier — de l'éthique économique du judaïsme médiéval et moderne, et des caractéristiques qui ont déterminé les positions du judaïsme et celles du puritanisme au cours du développement de l'éthos capitaliste. Le judaïsme s'est tenu du côté du capitalisme « aventurier » [*Abenteurer-Kapitalismus*], orienté vers la politique et la spéculation ; en un mot, son éthos était celui d'un capitalisme de *parias* [*Paria-Kapitalismus*] ; le puritanisme soutenait l'éthos de l'*entreprise* [*Betrieb*] bourgeoise rationnelle et de l'organisation rationnelle du *travail*. Il n'a emprunté à l'éthique juive que ce qui pouvait l'y aider.

Analyser les effets de l'imprégnation de la vie par les normes de l'Ancien Testament sur la mentalité des individus, c'est là un problème plein d'attraits, mais que personne n'a réellement résolu jusqu'à présent, pas même pour le judaïsme[1], et qu'il serait

1. De plus amples détails sur ce point sont donnés dans *Die Wirtschaftsethik der Weltreligionen.* Nous ne pouvons analyser ici l'énorme influence qu'a eue en particulier le second commandement, « Tu ne feras point d'image taillée », sur le développement de la mentalité du judaïsme, son côté rationnel, étranger à toute culture des sens. [...] Dans le puritanisme, la prohibition de l'idolâtrie de la créature, bien qu'un peu diffé-

impossible de traiter dans les limites de cette esquisse. Aux relations déjà indiquées, il faut ajouter, ce qui est important pour la mentalité des puritains, que la croyance d'être le peuple élu a connu avec eux une renaissance extraordinaire. Le doux Baxter lui-même remercie Dieu de l'avoir fait naître en Angleterre, dans l'Église véritable, et non point

rente, agit dans le même sens : elle correspond à la prohibition israélite de toute représentation anthropomorphique.

En ce qui concerne le judaïsme talmudique, la moralité puritaine ne laisse pas de lui être apparentée par certains traits fondamentaux. Ainsi, lorsqu'il est dit dans le Talmud qu'il est mieux, qu'il est plus richement récompensé par Dieu de faire une bonne action *par devoir* plutôt que d'en faire une à laquelle on n'est pas obligé par la loi. En d'autres termes, à l'accomplissement sans amour du devoir est attachée une valeur éthique plus élevée qu'à la philanthropie sentimentale. Pour l'essentiel, l'éthique puritaine l'admettrait. [...]

Cependant, comparée à l'accomplissement pur et simple de tous les commandements par les juifs, la conception puritaine de la « légalité » en tant que *preuve* [*Bewährung*] évidente, offrait un motif plus puissant à l'*action* positive. L'idée que le succès révèle la bénédiction divine n'est certes pas inconnue du judaïsme. Mais sa signification éthico-religieuse, révolutionnaire, prise en raison de la double éthique (à usage interne et à usage externe) excluait toute parenté de résultat [avec le puritanisme] sur ce point décisif. Était *permis* à l'égard de l'« étranger » ce qui était *interdit* à l'égard du « frère ». C'est pourquoi le succès, dans le domaine de ce qui était non point « commandé » mais seulement « permis », ne pouvait être identifié dans ce cas à la preuve religieuse, ni donner l'impulsion à une conduite méthodique de la vie, comme ce fut le cas pour les puritains. [...]

Pour les puritains anglais, les juifs représentaient à l'époque ce capitalisme qu'eux-mêmes avaient en horreur, impliqué qu'il était dans les fournitures de guerre, les contrats gouvernementaux, les monopoles d'État, les spéculations véreuses et les projets des princes en matière de construction ou de finances. En fait, cette opposition peut, compte tenu des réserves indispensables, se formuler ainsi : le capitalisme juif était un capitalisme orienté vers la spéculation, un capitalisme de *parias* ; le capitalisme puritain, une organisation bourgeoise du travail.

ailleurs. Cette gratitude pour sa propre perfection, effet de la grâce de Dieu, imprégnait l'attitude de la bourgeoisie puritaine et déterminait la correction formaliste, la dureté de caractère, propre aux représentants de cette époque héroïque du capitalisme.

Essayons à présent d'élucider sur quels points la conception puritaine du métier et l'exigence d'une conduite ascétique ont pu *directement* influencer le développement du style de vie capitaliste. Nous l'avons vu, cet ascétisme se dresse de toute sa force contre la *jouissance naïve* de l'existence et toutes les joies qu'elle peut offrir. Sans doute ce trait s'exprime-t-il de la façon la plus caractéristique dans la lutte contre le *Book of Sports*[1] que Jacques Ier et Charles Ier avaient érigé en loi dans le but avoué de contrecarrer le puritanisme et dont le dernier nommé avait ordonné la lecture du haut de toutes les chaires. En combattant avec fureur les ordonnances royales qui accordaient au peuple certains divertissements dominicaux, en dehors du temps passé à l'Église, les puritains ne s'élevaient pas contre la seule perturbation du repos du sabbat : ils s'en prenaient également à la diversion qu'elle introduisait de propos délibéré dans la vie ordonnée des saints. Et lorsque le roi menaçait de peines sévères toute attaque contre la légalité de ces « sports », son but était précisément de briser, parce qu'elle était dangereuse pour l'État, cette tendance *ascétique anti-autoritaire.* La société monarchique et féodale protégeait « ceux qui voulaient se divertir » contre la morale bourgeoise naissante et contre les conventicules ascétiques hostiles à l'autorité, de la même façon qu'aujourd'hui la société capitaliste prend soin de protéger « ceux qui désirent travailler » contre la morale de classe et les syndicats anti-autoritaires.

De leur côté, les puritains maintenaient celui de leurs caractères qui décidaient du reste : le principe d'une conduite ascétique. D'ailleurs l'aversion des puritains — des quakers eux-mêmes — pour le sport n'était pas simplement une antipathie de principe. Le sport était admis s'il servait un dessein rationnel, c'est-à-dire s'il constituait un délassement nécessaire à un bon équilibre physique. En revanche, il était suspect en tant qu'il laissait un cours libre et spontané aux impulsions indomptées ; et, cela va de soi, il était à condamner de façon pure et simple dans la mesure où il devenait un moyen de se divertir, ou bien s'il éveillait l'orgueil de la compétition, les instincts brutaux, le plaisir irrationnel du pari. En elles-mêmes, et que ce soit sous la forme seigneuriale du sport ou sous celle de la danse et du cabaret pour l'homme du commun, les joies impulsives de l'existence n'éloignaient pas moins de l'activité professionnelle que de la piété ; elles étaient les ennemies de l'ascétisme rationnel[1].

En conséquence, les prises de position sont méfiantes, souvent hostiles à l'égard des biens de civilisation sans portée religieuse immédiate. Non point que l'idéal du puritain ait impliqué certaine morose cuistrerie, certain mépris de la culture. C'est le contraire qui est vrai, tout au moins pour la

1. Sous ce rapport, la position de Calvin était nettement plus en retrait, dans la mesure du moins où des formes de plaisir plus aristocratiques et raffinées entraient en ligne de compte. La Bible est la seule borne. Celui qui s'y tient et jouit d'une bonne conscience n'est nullement obligé de suspecter avec anxiété chacun de ses élans vers les plaisirs de la vie. [...] A côté de l'angoisse croissante de la *certitudo salutis*, il faut mettre en relief cette circonstance que, pour les épigones — nous aurons à le souligner ailleurs — et dans le domaine de l'*ecclesia militans*, les principaux facteurs du développement de l'éthique calviniste furent les *petits bourgeois*.

science et exception faite de la scolastique abhorrée. En outre, les meilleurs représentants du puritanisme baignent dans la culture de la Renaissance. Les sermons de l'aile presbytérienne du mouvement débordent d'allusions classiques, et, bien qu'ils en soient scandalisés, les tenants de l'aile extrémiste ne dédaignent point pour autant de faire montre d'érudition dans les polémiques théologiques. Jamais peut-être pays n'a été aussi riche en *graduates* que la Nouvelle-Angleterre dans les premières générations de son existence. La satire de leurs adversaires, tel le *Hudibras* de Butler, attaque avant tout la pédanterie et la dialectique serrée des puritains. Cela est dû en partie à leur valorisation religieuse du savoir, elle-même conséquence de leur attitude à l'égard de la *fides implicita* des catholiques.

La situation est bien différente dès que l'on considère la littérature non scientifique[1] et davantage encore les beaux-arts. Ici, l'ascétisme s'étendait comme un manteau de givre sur la *merrie old England.* Les réjouissances mondaines n'avaient pas été seules touchées. La haine rageuse des puritains envers tout ce qui avait un relent de « superstition », contre la moindre réminiscence de salut magique ou sacramentel, s'exerçait sur la fête

1. On ne doit pas lire de romans ni rien qui y ressemble, ce sont *wastetimes* (BAXTER, *Christian Directory*, I, p. 51, col. 2). En Angleterre, passé l'âge élisabéthain, le dépérissement non seulement du drame, mais aussi de la poésie lyrique et de la musique populaire, est bien connu. Dans le domaine des arts plastiques, le puritanisme n'a peut-être pas trouvé grand-chose à étouffer. Mais le plus frappant, c'est le déclin de dons musicaux éminents (l'apport de l'Angleterre à la musique est loin d'être négligeable), pour en arriver à ce vide absolu que nous trouvons plus tard, et de nos jours encore, chez les peuples anglo-saxons. [...]

de Noël tout autant que sur l'Arbre de mai ou l'art sacré spontané. Qu'en Hollande il soit resté place pour le développement d'un art supérieur, au réalisme souvent grossier d'ailleurs, prouve simplement que, dans ce domaine, l'action de la discipline morale autoritaire de ce pays a été neutralisée non seulement par l'influence de la Cour et des Régents (une classe de rentiers), mais aussi par la joie de vivre de petits bourgeois enrichis, après que la brève domination de la théocratie calviniste eut dégénéré en une fade Église d'État, le calvinisme ayant alors perdu sensiblement de son influence ascétique[1].

Pour les puritains, le théâtre était condamnable[2] et la conception la plus radicale ne s'en tint pas à éliminer la nudité et l'érotisme du domaine des choses tolérables. *Idle talks, superfluities*[3], *vain ostentation :* mots qui désignaient une attitude irrationnelle, sans but, partant non ascétique, de plus, ne servant nullement la gloire de Dieu, mais celle de l'homme ; mots qui venaient promptement à la

1. L'esprit ascétique commença à s'affaiblir en Hollande dès le début du XVIIe siècle. [...]

2. Souvenons-nous que les autorités puritaines ont fermé le théâtre de Stratford-sur-Avon alors même que Shakespeare vivait dans la ville ses dernières années. Haine et mépris des puritains ne manquent jamais chez Shakespeare une occasion de s'exprimer. En 1777 encore, la ville de Birmingham refusait l'autorisation d'ouvrir une salle de spectacle sous le prétexte que le théâtre engendre la « paresse » et par conséquent nuit aux affaires (ASHLEY, *Birmingham Trade and Commerce*, 1913).

3. Ici aussi l'important est que, pour le puritain, il n'existait que l'alternative : volonté divine ou vanité de la créature. C'est pourquoi il ne pouvait être question pour lui d'*adiaphora*. L'attitude de Calvin, nous l'avons déjà dit, était différente à cet égard. Ce que l'on mange, ce que l'on porte, etc., est sans conséquence, dans la mesure où l'âme ne devient pas l'esclave du désir.

bouche pour condamner toute préoccupation artistique et décider dans le sens de la froide utilité. Jugement qui s'étendait à la parure, au vêtement. Cette tendance profonde à l'uniformisation de la vie, qui de nos jours se manifeste dans l'intérêt du capitalisme pour la standardisation de la production[1], avait son fondement idéal dans la répudiation de l'idolâtrie de la créature.

Il ne faut certes pas oublier que le puritanisme recélait en lui un monde de contradictions, et que le sentiment instinctif de la grandeur intemporelle de l'art était à coup sûr plus vif parmi ses chefs que chez les « Cavaliers »[2]. Ni perdre de vue qu'un génie comme Rembrandt, dont le genre de vie n'aurait pas trouvé grâce aux yeux du Dieu des puritains, a vu son art profondément influencé par le milieu sectaire où il vivait. Mais cela ne change rien au tableau d'ensemble, car si le développement de l'atmosphère puritaine pouvait conduire — et pour une part conduisit — à une profonde intériorisation de la personnalité, ce fut au premier chef un bienfait pour la littérature ; mais ce sont les générations ultérieures qui devaient surtout en tirer profit.

Sans entrer plus avant dans la discussion de l'influence du puritanisme dans ces diverses directions, souvenons-nous qu'il existait toujours une limite, limite des plus caractéristiques, à l'admissibilité du plaisir tiré des biens de la civilisation, les-

1. A ce sujet, voir derechef l'ouvrage de VEBLEN déjà cité, *The Theory of Business Enterprise.*

2. A juste titre, on rappelle souvent (DOWDEN, *op. cit.*) que Cromwell a sauvé de la destruction les cartons de Raphaël et *le Triomphe de César* de Mantegna que Charles II s'efforçait de vendre. De même, la société de la Restauration est restée complètement indifférente, voire hostile, à l'égard de la littérature nationale anglaise.

quels contribuaient à la jouissance esthétique ou sportive : *ce plaisir ne devait rien coûter.* L'homme n'est que le régisseur des biens à lui confiés par la grâce de Dieu. Tel le serviteur de la Parabole, il doit rendre compte de chaque sou à lui confié et qu'il serait pour le moins scabreux de dissiper dans un dessein qui ne vise point à la gloire de Dieu, mais à une jouissance toute personnelle. Pour peu qu'on ait les yeux ouverts, ne rencontre-t-on pas de nos jours encore des défenseurs de cette conception ? L'idée que l'homme a des *devoirs* à l'égard des richesses qui lui ont été confiées et auxquelles il se subordonne comme un régisseur obéissant, voire comme une « machine à acquérir », pèse de tout son poids sur une vie qu'elle glace. Plus grandes seront les possessions, plus lourd, *si* le sentiment ascétique résiste à l'épreuve, le sentiment de responsabilité à leur égard, [le devoir] de les conserver intactes pour la gloire de Dieu, et [même, si faire se peut] de les multiplier par un travail sans relâche. Comme tant d'éléments de l'esprit du capitalisme moderne, par certaines de ses racines, l'origine de ce style de vie remonte au Moyen Age[1]. Mais ce n'est que dans l'éthique du protestantisme ascétique qu'il a trouvé son principe moral conséquent. Sa signification pour le développement du capitalisme est évidente[2].

1. La séparation de l'atelier, du comptoir, de l'« affaire » en général, et de la demeure privée — la séparation de la firme commerciale et du nom — celle du capital de l'affaire et de la fortune privée, la tendance à considérer l'« entreprise » comme un *corpus mysticum* (au moins dans le cas des biens de la société), tout cela allait dans ce sens. Voir à ce sujet mes *Handelsgesellschaften im Mittelalter* (*Gesammelte Aufsätze zur Sozial- und Wirtschaftsgeschichte.* pp. 312 sqq.).

2. Dans son *Kapitalismus* (Ire éd.), SOMBART a déjà parfaitement mis en relief ce phénomène. Il faut toutefois remarquer

Pour résumer ce que nous avons dit jusqu'à présent, l'ascétisme protestant, agissant à l'intérieur du monde, s'opposa avec une grande efficacité à la *jouissance* spontanée des richesses et freina la *consommation*, notamment celle des objets de luxe. En revanche, il eut pour effet psychologique de *débarrasser* des inhibitions de l'éthique traditionaliste le *désir d'acquérir*. Il a rompu les chaînes [qui entravaient] pareille tendance à acquérir, non seulement en la légalisant, mais aussi, comme nous l'avons exposé, en la considérant comme directement voulue par Dieu. Comme l'a dit expressément Barclay, le grand apologiste des quakers, et en accord avec les puritains, la lutte contre les tentations de la chair et la dépendance à l'égard des biens

que l'accumulation des richesses a deux sources fort différentes. L'une remonte à la plus haute antiquité. Elle s'exprime par des fondations, biens de famille, fidéicommis, et, beaucoup plus nettement encore, dans le désir de mourir comblé de biens matériels ; enfin, dans celui d'assurer la pérennité de l'« affaire », fût-ce aux dépens des intérêts personnels des enfants eux-mêmes. En pareil cas, outre le souhait de poursuivre par-delà la mort une vie idéale dans sa propre création, et de maintenir ainsi la *splendor familiae*, et aussi la vanité d'exalter la personnalité du fondateur, il s'agit en fait de fins égocentriques. Il n'en va pas de même avec les motivations bourgeoises dont nous nous occupons ici. Le principe de l'ascétisme : « Entsagen sollst du, sollst entsagen », se transforme sous nos yeux en un positif et capitaliste : « Erwerben sollst du, sollst erwerben », qui, dans son irrationalité pure et simple, est une sorte d'impératif catégorique. Pour les puritains, le mobile est la gloire de Dieu et le devoir personnel, non point la vanité de l'homme ; et, de nos jours, le seul devoir envers sa « besogne ». Quiconque aime à illustrer une idée par ses ultimes conséquences, se rappellera la théorie de certains milliardaires américains suivant lesquels il ne faut pas laisser ses milliards à ses enfants afin de ne pas les priver des bienfaits moraux qu'engendre la nécessité d'acquérir par soi-même. A vrai dire, de nos jours, ce n'est plus là qu'une bulle de savon « théorétique ».

extérieurs ne visait point l'*acquisition* rationnelle, mais un usage *irrationnel* des possessions.

Ce dernier consistait avant tout à estimer les formes *ostensibles* de luxe, condamnées en tant qu'idolâtrie de la créature[1], pour naturelles que ces formes fussent apparues à la sensibilité féodale, tandis que l'usage rationnel, utilitaire des richesses, était voulu par Dieu, pour les besoins de l'individu et de la collectivité. Ce n'étaient point des macérations qu'il s'agissait d'imposer aux possédants[2], mais un emploi de leurs biens à des fins *nécessaires* et *utiles.* De façon caractéristique, la notion de « confort » englobe le domaine de la consommation éthiquement permise, et ce n'est évidemment pas un hasard si le style de vie attaché à cette notion a été observé en premier lieu, et avec une netteté spéciale, chez les quakers, représentants les plus conséquents de cette attitude face à la vie. Au clinquant et au faux-semblant du faste chevaleresque qui, sur une base économique chancelante, préfère les dehors d'une élégance élimée à la sobre simplicité, ceux-ci opposent leur idéal : le confort net et solide du « home » bourgeois.

Sur le terrain de la production des biens privés, l'ascétisme combattait à la fois la malhonnêteté et l'avidité purement instinctive. Il condamnait, en tant que *covetousness, Mammonism*, etc., la poursuite de la richesse pour elle-même. Car, en elle-même, la richesse est tentation. Mais ici l'ascétisme

1. Il faut souligner sans cesse, c'est là, en dernier ressort, le motif religieux décisif (avec le désir purement ascétique de mortification de la chair). Particulièrement net chez les Quakers.

2. BAXTER (*Saints' Everlasting Rest*, p. 12) les rejetait conformément à un précepte identique à celui des jésuites : accorder au corps ce qui lui revient, sous peine d'en devenir l'esclave.

était la force qui « toujours veut le bien et toujours crée le mal » [Goethe, *Faust*, 1336], ce mal qui, pour lui, était représenté par la richesse et ses tentations. En effet, en accord avec l'Ancien Testament et par analogie avec l'évaluation éthique des bonnes œuvres, l'ascétisme voyait le *summum* du répréhensible dans la poursuite de la richesse en tant que *fin* en elle-même, et en même temps il tenait pour un signe de la bénédiction divine la richesse comme *fruit* du travail professionnel. Plus important encore, l'évaluation religieuse du travail sans relâche, continu, systématique, dans une profession séculière, comme moyen ascétique le plus élevé et à la fois preuve la plus sûre, la plus évidente de régénération et de foi authentique, a pu constituer le plus puissant levier qui se puisse imaginer de l'expansion de cette conception de la vie que nous avons appelée, ici, l'esprit du capitalisme[1].

1. Nous avons déjà noté que nous ne pourrions discuter ici la question des rapports entre l'appartenance à certaines classes sociales et ces mouvements religieux (à ce sujet, voir mes études sur la *Wirtschaftsethik der Weltreligionen*). [...]

Pour ceux dont la bonne conscience causale ne peut se passer d'interprétation économique (ou « matérialiste » comme l'on continue malheureusement à dire), précisons que je tiens pour fort importante l'influence du développement économique sur le destin des idées religieuses ; plus tard, j'essaierai d'exposer comment, dans le cas présent, se sont constitués les processus d'adaptation et les rapports mutuels. Mais les idées religieuses *ne se laissent pas déduire* tout simplement des conditions « économiques » ; elles sont précisément — et nous n'y pouvons rien — les éléments les plus profondément formateurs de la mentalité nationale, elles portent en elles la loi de leur développement et possèdent une force contraignante qui leur est propre. Enfin, dans la mesure où interviennent des facteurs extérieurs à la religion, les différences les plus importantes — comme celles entre luthéranisme et calvinisme — sont surtout déterminées par les conditions politiques.

Si pareil frein de la consommation s'unit à pareille poursuite débridée du gain, le résultat pratique va de soi : le capital se forme par l'épargne forcée ascétique[1]. Il est clair que les obstacles qui s'opposaient à la consommation des biens acquis favorisaient leur emploi productif en tant que capital à *investir.* Doit-on ajouter que la force d'un fait de cette nature échappe à toute évaluation exacte ? En Nouvelle-Angleterre le rapport est si net qu'il n'a pas échappé au coup d'œil d'un historien aussi pénétrant que Doyle[2]. Mais en Hollande, pays qui pourtant ne fut assujetti à un strict calvinisme que sept années durant, l'absolue simplicité de mœurs des cercles les plus strictement religieux, qui allait de pair avec la possession d'énormes richesses, porta jusqu'à la démesure le goût de l'accumulation capitaliste.

En outre, si la tendance à « anoblir » les fortunes bourgeoises a existé partout et de tout temps — et de nos jours encore en Allemagne — il importe de noter qu'elle fut sensiblement entravée par l'aver-

1. C'est ce à quoi pense Eduard Bernstein lorsqu'il écrit : « L'ascétisme est une vertu bourgeoise. » Son exposé est *le premier* à avoir suggéré ces importantes relations. Mais les liens sont bien plus étroits qu'il ne le présumait. En fait, ce qui est décisif, ce n'est pas seulement la simple accumulation du capital, mais aussi la rationalisation ascétique de la vie économique dans son ensemble. Pour les colonies d'Amérique, Doyle a su mettre en valeur l'opposition entre le Nord puritain d'une part, où par suite de la contrainte ascétique à l'épargne il existait toujours du capital en mal d'investissement, et d'autre part, les conditions régnant dans le Sud.

2. DOYLE, *The English in America*, II, chap. Ier. [...] En fait, on ne peut guère mettre en doute la part de la contrainte d'un investissement incessant du capital épargné exercée par la limitation puritaine de la consommation. De plus, la discipline de l'Église, dont nous n'avons pas à discuter ici, jouait aussi son rôle.

sion puritaine pour le monde d'existence féodal. Des auteurs mercantilistes anglais du XVIIe siècle ont attribué la supériorité du capital hollandais sur le capital britannique au fait que les fortunes nouvellement acquises ne cherchaient pas automatiquement à s'investir en terres. Car il ne s'agissait pas seulement d'acheter du terrain mais, ce faisant, de rechercher l'anoblissement en passant à un mode de vie féodal, soustrayant ainsi ce capital aux possibilités d'investissement capitaliste[1]. La haute estime où les puritains tenaient l'agriculture, considérée comme une branche d'activité particulièrement importante et compatible avec la piété, ne s'appliquait pas (cf. Baxter) au *landlord*, mais au *yeoman*, au *farmer* et, en ce qui concerne le XVIIIe siècle, non pas au hobereau, mais à l'agriculteur « rationnel »[2]. Depuis le XVIIe siècle un conflit divise la société anglaise entre une « squirearchy » qui représente la *merrie old England* et des cercles puritains à l'influence sociale très variable[3]. De nos jours encore, deux traits se partagent le caractère national anglais : d'une part, une solide, naïve joie de vivre ; de l'autre, une stricte domination de soi-même faite de

1. Pour l'Angleterre, par exemple, une requête présentée par un aristocrate royaliste (citée dans RANKE, *Englische Geschichte*, IV, p. 197) après l'entrée de Charles II à Londres, préconisait d'interdire l'acquisition de toute propriété terrienne par le capital bourgeois : celui-ci serait ainsi contraint de s'employer dans le commerce.

2. En Angleterre, le puissant courant d'achat de domaines par le capital bourgeois a été suivi de la grande époque de l'agriculture.

3. Jusqu'à nos jours, les *landlords* anglicans se sont souvent refusés à accepter des non-conformistes comme métayers. Actuellement, les deux partis ecclésiastiques sont à peu près égaux en nombre, tandis qu'autrefois les non-conformistes furent toujours en minorité.

réserve et d'une discipline éthique conventionnelle[1]. De même, l'histoire des premiers temps des colonies d'Amérique du Nord est marquée par un contraste profond entre les *adventurers*, désireux de créer des plantations grâce à une main-d'œuvre d'*indented servants*, pour en vivre à la manière de seigneurs féodaux, et les puritains, dont la mentalité était spécifiquement bourgeoise.

On peut dire qu'aussi loin que s'est étendue l'influence de la conception puritaine de l'existence — et ceci est autrement important que le simple encouragement à l'accumulation du capital — cette conception a favorisé la tendance à une vie bourgeoise, économiquement plus rationnelle ; elle en fut le facteur le plus important et, surtout, le seul qui fût conséquent. Bref, elle a veillé sur le berceau de l'*homo œconomicus* moderne.

Sans doute, et les puritains l'ignoraient moins que personne, ces idéaux avaient-ils tendance à céder sous une pression un peu forte des tentations de la richesse. Tout naturellement, c'est dans les *classes montantes*[2] des petits bourgeois et des fermiers que

1. H. LEVY (article dans *Archiv für Sozialwissenschaft und Sozialpolitik*, XLVI, p. 605) remarque à juste titre que, d'après de nombreux traits permettant de déduire le « caractère » du peuple anglais, celui-ci était probablement moins disposé que d'autres à se révéler réceptif à un éthos ascétique et aux vertus bourgeoises. Un de ses traits principaux était (et demeure) une certaine joie de vivre vigoureuse et brutale. On mesure la puissance de l'ascétisme puritain, au temps de sa prédominance, à la façon étonnante dont il disciplina pareille exubérance chez ses fidèles.

2. C'est ce qu'a souligné PETTY (*Pol. Arith.*), et toutes les sources contemporaines donnent les sectaires puritains, baptistes, quakers, mennonites, etc., comme appartenant pour une part à des classes démunies , et pour l'autre à des couches de petits capitalistes, les opposant ainsi les uns et les autres à l'aristocratie des gros marchands comme aux aventuriers de la

nous rencontrons les adeptes les plus authentiques de l'esprit puritain, tandis que les *beati possidentes*, fût-ce parmi les quakers, sont souvent prêts à renier les vieux idéaux. C'est à cette même fatalité que s'étaient sans cesse heurtés leurs prédécesseurs en ascétisme : les moines du Moyen Age.

Dans ce dernier cas en effet, une fois que l'économie rationnelle avait produit son plein effet par la stricte réglementation de la vie et la limitation de la consommation, la richesse accumulée revenait directement à la noblesse — comme à l'époque qui a précédé le schisme — ou bien elle menaçait de ruiner la discipline monacale, et l'une des nombreuses « réformes » devenait nécessaire. Mais l'histoire tout entière des constitutions monastiques est, en un sens, celle d'une lutte sans fin contre l'effet sécularisateur de la possession.

A une échelle beaucoup plus grande encore, c'est là le problème de l'ascétisme séculier du puritanisme. Le puisssant *revival* du méthodisme, lequel a précédé l'épanouissement de l'industrie anglaise vers la fin du XVIIIᵉ siècle, peut fort bien être comparé à une réforme monastique. Il existe un passage de John Wesley lui-même qui pourrait servir d'épigraphe à tout ce que nous avons dit jusqu'à présent. Ce texte montre à quel point les chefs de ces mouvements ascétiques comprenaient les relations, en apparence si paradoxales, décrites ici, et cela dans le sens même que nous avons développé.

finance. Mais c'est précisément de ces couches de petits capitalistes, et non des mains des magnats : monopolistes, fournisseurs de l'État, prêteurs au Trésor, entrepreneurs coloniaux, *promoters*, etc., qu'est né ce qui a constitué le caractère du capitalisme occidental : l'organisation bourgeoise du travail industriel sur la base de l'économie privée (voir UNWIN, *Industrial Organisation in the Sixteenth and Seventeenth Centuries*, London, 1914, pp. 196 sqq.).

Citons donc :

> Je crains que, partout où les richesses ont augmenté, le principe de la religion n'ait diminué à proportion. Étant donné la nature des choses, je ne vois pas comment il serait possible, pour tout *revival* de la vraie religion, de durer longtemps. Car *nécessairement* la religion *doit* produire industrie et frugalité et celles-ci, à leur tour, engendrent la richesse. Mais lorsque la richesse s'accroît, s'accroissent de même orgueil, emportement et amour du monde sous toutes ses formes. Bien qu'à cette heure il fleurisse tel un vert laurier, comment le méthodisme, à savoir, une religion du cœur, pourrait-il persister en cet état ? Car, à quelque place qu'ils se trouvent, les méthodistes deviennent diligents et frugaux ; en conséquence, leurs biens s'accroissent. De là vient aussi qu'ils s'accroissent à mesure en orgueil, emportement, concupiscence, arrogance. Ainsi, bien que demeure la forme de la religion, son esprit s'évanouit rapidement. N'y-a-t-il pas moyen de prévenir cela, de faire obstacle à cette décadence continue de la vraie religion ? N'empêchons pas les gens d'être diligents et frugaux. *Exhortons tous les chrétiens à gagner et à épargner tout leur saoul, autrement dit, à s'enrichir* [italiques de Max Weber].

Suit l'exhortation : que ceux qui « gagnent tout ce qu'ils peuvent et épargnent tout ce qu'ils peuvent donnent » aussi « tout ce qu'ils peuvent », afin de se fortifier dans la grâce et d'amasser un trésor au ciel. On le voit, Wesley exprime dans les moindres détails les relations que nous avons mises en lumière[1].

Ainsi qu'il est dit ici, ces profonds mouvements religieux — dont l'importance pour le développe-

1. Rien, peut-être, ne prouve mieux combien celles-ci étaient déjà évidentes pour les puritains de l'époque classique, que l'argumentation, chez Bunyan, de Mr. Money-Love : « On doit devenir religieux *afin d'être riche*, par exemple, pour attirer la clientèle ; quant à la raison pour laquelle on devient religieux, elle est indifférente » (voir p. 114 de l'éd. Tauchnitz).

ment économique tenait surtout à l'influence *éducative* de leur ascétisme — n'exerçaient, en général, leur plein effet sur *l'économie* qu'une fois retombée la vague de l'enthousiasme religieux. L'ardeur de la quête du royaume de Dieu commençait à se diluer graduellement dans la froide vertu professionnelle ; la racine religieuse dépérissait, cédant la place à la sécularisation utilitaire. C'est à ce moment que, pour employer les termes de Dowden, fit son apparition dans l'imagination populaire « Robinson Crusoé », l'*homo œconomicus* isolé, qui poursuit, par-dessus le marché, son œuvre missionnaire[1]. Ainsi se trouvait remplacée l'image du « pèlerin » de Bunyan traversant à la hâte la « Foire aux Vanités », tout à la recherche spirituelle solitaire du royaume des cieux.

Lorsque, plus tard, le principe « to make the most of *both* worlds » finit par dominer — Dowden en a fait également la remarque — la bonne conscience se borna à devenir l'un des moyens de jouir d'une vie bourgeoise confortable, comme l'exprime fort joliment le proverbe allemand sur le « mol oreiller ». Ce que le XVIIe siècle, si vivant du point de vue religieux, a surtout légué à l'époque suivante, son héritière utilitariste, ce fut précisément une bonne conscience étonnante, disons même toute pharisaïque, en ce qui concerne l'acquisition de l'argent, dans la mesure où celle-ci s'opérait par les voies légales. Toute trace du *deo placere vix potest* avait disparu[2].

Un *éthos* spécifiquement *bourgeois de la besogne*

1. Defoe était un non-conformiste ardent.

2. SPENER, de son côté (*Theologische Bedenken*, pp. 426 sq., 429, 432), bien qu'il pense que la profession de marchand est semée de tentations et de chausse-trappes, répond ainsi à une question qui lui est posée : « Je suis bien aise de voir qu'en ce qui se rapporte au commerce, mon cher ami ne nourrit pas de doutes, mais qu'il tient celui-ci pour une manière de vivre, ce

avait pris naissance. Ayant conscience de se tenir dans la plénitude de la grâce de Dieu, d'être manifestement une créature bénie, aussi longtemps qu'il demeurait dans les limites d'une conduite formellement correcte, que sa conduite morale était irréprochable et que l'usage qu'il faisait de ses richesses n'était en rien choquant, l'entrepreneur bourgeois pouvait veiller à ses intérêts pécuniaires ; mieux, son devoir était d'agir de la sorte. En outre, la puissance de l'ascétisme religieux mettait à sa disposition des ouvriers sobres, consciencieux, d'une application peu commune, faisant corps avec une tâche considérée comme un but voulu par Dieu.

Enfin, elle lui donnait l'assurance réconfortante que la répartition inégale des biens de ce monde répond à un décret spécial de la Providence qui, avec ces différences comme avec la grâce particulière, poursuit des fins pour nous secrètes[1]. Calvin lui-même n'avait-il pas émis l'assertion citée que ce n'est qu'autant que le « peuple » — c'est-à-dire la masse des ouvriers et des artisans — demeure dans la pauvreté qu'il reste dans l'obéissance de Dieu[2] ?

qu'il est [en effet], par quoi l'on peut faire beaucoup de bien à l'espèce humaine et qui permet à l'*amour* de se pratiquer selon la volonté de Dieu. » [...] Les sectaires vivent prospères tout en demeurant dévots. La richesse, résultat d'un travail professionnel assidu, ne pose pour lui aucun problème. Par suite de sa trame luthérienne, son point de vue a moins de cohérence que celui de Baxter.

1. L'analogie entre la prédestination de quelques-uns, « injuste » selon le jugement des hommes, et la répartition des biens, elle aussi injuste mais voulue par Dieu, était par trop évidente. La pauvreté est souvent le symptôme d'une paresse coupable.

2. Thomas ADAMS (*Works of the Puritan Divines*, p. 158) pense que si Dieu laisse tant de gens dans la pauvreté, c'est probablement parce que ceux-ci ne sauraient résister aux tentations que la richesse apporte avec elle. Trop souvent, en effet, la richesse chasse le sentiment religieux qui est dans l'homme.

Pensée « sécularisée » par les Hollandais (Pieter de la Court et autres) au point d'en déduire que la masse ne travaille que si la nécessité l'y pousse. Cette formulation d'un des slogans de l'économie capitaliste a fini par venir grossir le courant de la théorie de la « productivité » des bas salaires. Ici encore, avec le dépérissement de la racine religieuse s'est fait jour et s'est poursuivie la réinterprétation utilitaire, selon le schéma que nous n'avons cessé d'observer.

Non seulement l'éthique du Moyen Age avait toléré la mendicité, mais elle l'avait franchement exaltée dans les ordres mendiants. La condition des mendiants non religieux elle-même avait été parfois considérée comme un « état » [*Stand*] et les mendiants traités en conséquence, car ils fournissaient aux possédants l'occasion de faire des aumônes et, partant, de bonnes œuvres. L'éthique sociale anglicane au temps des Stuarts était très proche encore de cette attitude. Il était réservé à l'ascétisme puritain de contribuer à cette dure législation anglaise sur l'assistance aux indigents qui a fondamentalement changé la situation. Et cela fut possible parce que, de fait, la mendicité était *inconnue* parmi les sectes protestantes et les strictes communautés puritaines.

D'un autre côté, la nuance morave du piétisme, par exemple, glorifiait l'ouvrier loyal, ne caressant pas l'ambition d'acquérir, vivant selon l'exemple des apôtres et, par-là, doté du charisme des disciples. Des conceptions semblables, voire plus radicales encore, avaient été, au début, largement répandues chez les baptistes.

Cela étant, il était naturel que l'ensemble des écrits ascétiques de la plupart des confessions s'imprégnât de l'idée que, pour ceux auxquels la vie n'offre point d'autre chance, travailler loyalement, fût-ce pour de bas salaires, plaît infiniment à Dieu. Sur ce point, l'ascétisme protestant n'a, en soi, apporté rien de neuf. Cependant il a sensiblement approfondi cette conception, et de plus, il a créé la seule norme qui fût décisive pour son efficacité : la *motivation* psychologique par laquelle le travail en tant que *vocation* [*Beruf*] constitue le meilleur, sinon l'*unique* moyen de s'assurer de son état de grâce. D'autre part, l'ascétisme protestant légalisait l'exploitation de cette bonne volonté au travail tout en interprétant l'activité acquisitive de l'entrepreneur comme une « vocation »[1]. Il est évident que la productivité du travail, au sens capitaliste du terme, devait être puissamment favorisée par cette poursuite *exclusive* du royaume de Dieu au moyen du devoir professionnel considéré comme une vocation, et par l'ascétisme rigoureux que la discipline de l'Église imposait par sa nature même aux classes non possédantes. Traiter le travail en tant que « vocation » est devenu pour l'ouvrier moderne une attitude aussi caractéristique que l'attitude correspondante du patron à l'égard de l'acquisition. C'est

1. De plus, il est permis de se demander dans quelle mesure la « joie » que prenait l'artisan médiéval à sa « création » personnelle — joie dont on nous a tant rebattu les oreilles — a pu intervenir comme facteur psychologique important. En tout cas, l'ascétisme a *dépouillé* le travail de ce plaisir d'ici-bas — aujourd'hui, le capitalisme l'a détruit à jamais — et il l'a dirigé vers l'au-delà. L'exercice d'une tel profession est, *en tant que tel*, voulu par Dieu. Le caractère impersonnel du travail d'aujourd'hui, son absurdité sans joie, du point de vue de l'individu, est ici aussi transfiguré religieusement. A son origine, le capitalisme avait besoin d'ouvriers qui, pour le repos de leur *conscience*, fussent à la disposition de l'exploitation économique. De nos jours, ce même capitalisme est bien en selle, et il peut mettre à contribution la volonté de travail ouvrière sans avoir besoin de promettre des récompenses dans l'au-delà.

cet état de choses, nouveau pour l'époque, que traduisait un observateur anglican aussi pénétrant que Sir William Petty lorsqu'il attribuait la puissance économique de la Hollande du XVIIe siècle au fait que les « dissidents » (calvinistes et baptistes), particulièrement nombreux dans ce pays, considéraient que « le labeur et l'esprit industrieux constituent leur devoir envers Dieu ».

A l'organisation sociale « organique » sous la forme fiscale monopoliste qu'elle a prise dans l'anglicanisme à l'époque des Stuarts, spécialement dans les conceptions de Laud, à cette alliance de l'Église et de l'État avec les « monopolistes » sur une base chrétienne sociale, le puritanisme — dont les représentants figuraient parmi les adversaires les plus passionnés de cette sorte de capitalisme commercial, financier et colonial politiquement privilégié —, le puritanisme opposait, au nom des capacités et de l'initiative personnelles, les mobiles individualistes de l'acquisition rationnelle et légale. Tandis qu'en Angleterre les industries monopolistes politiquement privilégiées disparurent toutes bientôt, ces mobiles ont joué un rôle décisif dans le développement des industries nées malgré ou contre l'autorité de l'État[1]. Les puritains (Prynne,

1. L'hostilité profonde de l'opinion publique envers les monopoles — une caractéristique de l'Angleterre du XVIIe siècle — trouve son origine historique dans une combinaison des mobiles éthiques du puritanisme avec des forces *politiques* rivalisant pour la conquête du pouvoir, et luttant contre la Couronne — le Long Parlement a exclu de son sein les monopolistes —, ainsi qu'avec les intérêts économiques bourgeois du petit et du moyen capital, lesquels s'opposaient aux magnats de la finance. Certes, la Déclaration de l'Armée du 2 août 1652, de même que la Pétition des Niveleurs du 28 janvier 1653, visaient à l'abolition des octrois, des douanes, des contributions indirectes, et à l'établissement d'une taxe unique

Parker) se refusaient à toute espèce de rapports avec les « courtisans et faiseurs de projets », expression du grand capital et formant à leurs yeux une classe moralement suspecte. Ils se montraient fiers de la supériorité de leur propre morale bourgeoise des affaires, raison véritable des persécutions auxquelles ils étaient exposés de la part de ces milieux. Defoe n'avait-il pas proposé de réduire les dissidents en boycottant le crédit bancaire et en retirant les dépôts ? L'opposition entre ces deux variétés de comportement capitaliste allait volontiers de pair avec les oppositions religieuses. Les adversaires des non-conformistes n'ont pas cessé, même au XVIIIe siècle, de tourner ceux-ci en dérision, comme personnifiant un « esprit de boutiquiers », et ils les ont persécutés pour avoir ruiné les vieux idéaux anglais. Ici encore, on retrouve l'opposition entre l'éthique économique puritaine et celle des juifs ; les contemporains (Prynne) savaient bien que c'est la première, et non point la seconde, qui représente l'éthos économique bourgeois.

L'un des éléments fondamentaux de l'esprit du capitalisme moderne, et non seulement de celui-ci, mais de la civilisation moderne elle-même, à savoir : la conduite rationnelle fondée sur l'idée de *Beruf*, est né de l'esprit de l'ascétisme chrétien — c'est ce que notre exposé s'est proposé de démontrer. Si nous relisons à présent le passage de Franklin cité au début de cette étude, nous verrons que les éléments essentiels de l'attitude que nous avons

sur les *estates*. Mais elles réclamaient surtout le *free trade*, c'est-à-dire l'abolition de toutes les barrières monopolistes à l'acquisition *(trade)* dans le pays et à l'étranger, lesdites barrières étant considérées comme violant les droits [naturels] de l'homme. Sens similaire, déjà, pour la Grande Remontrance.

alors appelée « esprit du capitalisme » sont précisément ceux que nous avons trouvé être le contenu de l'ascétisme puritain du métier[1], mais dépourvus du fondement religieux déjà fort affaibli chez Franklin. L'idée que le travail moderne est marqué du sceau de l'*ascétisme* n'est certes pas nouvelle. Se borner à un travail spécialisé, et par suite renoncer à l'universalité faustienne de l'homme, telle est la condition de toute activité fructueuse dans le monde moderne ; ainsi, de nos jours, « action » et « renoncement » se conditionnent fatalement l'un et l'autre. Ce caractère foncièrement ascétique du style de vie bourgeois — il serait plus à propos de parler d'absence de style — Goethe, au sommet de sa sagesse, a voulu lui aussi nous l'enseigner, tant avec les *Wanderjahre* qu'avec la fin qu'il a donnée à la vie de son Faust. Cette connaissance avait pour lui le sens d'un adieu, d'un renoncement à un âge d'opulente et belle humanité, lequel ne pourra pas davantage se répéter, dans le cours de notre culture, que la floraison d'Athènes durant l'Antiquité.

Le puritain *voulait* être un homme besogneux — et nous sommes *forcés* de l'être. Car lorsque l'ascétisme se trouva transféré de la cellule des moines dans la vie professionnelle et qu'il commença à dominer la moralité séculière, ce fut pour participer

1. Que les éléments qui n'ont pas encore été rapprochés ici de leurs racines religieuses — notamment l'adage : « honesty is the best policy » (dans la discussion par Franklin de la notion de *crédit*) — soient d'origine puritaine, cela tient à un ordre de relations quelque peu différent (voir l'étude suivante). [...] Au XVIIe siècle, l'expression « honnête comme un huguenot » était aussi proverbiale que le respect des Hollandais pour la loi, respect tant admiré par Sir W. Temple, et que celui — un siècle plus tard — des Anglais, par comparaison avec les continentaux, lesquels n'avaient pas connu semblable apprentissage moral.

à l'édification du cosmos prodigieux de l'ordre économique moderne. Ordre lié aux conditions techniques et économiques de la production mécanique et machiniste qui détermine, avec une force irrésistible, le style de vie de l'ensemble des individus nés dans ce mécanisme — et pas seulement de ceux que concerne directement l'acquisition économique. Peut-être le déterminera-t-il jusqu'à ce que la dernière tonne de carburant fossile ait achevé de se consumer. Selon les vues de Baxter, le souci des biens extérieurs ne devait peser sur les épaules de ses saints qu'à la façon d'« un léger manteau qu'à chaque instant l'on peut rejeter ». Mais la fatalité a transformé ce manteau en une cage d'acier.

En même temps que l'ascétisme entreprenait de transformer le monde et d'y déployer toute son influence, les biens de ce monde acquéraient sur les hommes une puissance croissante et inéluctable, puissance telle qu'on n'en avait jamais connue auparavant. Aujourd'hui, l'esprit de l'ascétisme religieux s'est échappé de la cage — définitivement ? qui saurait le dire... Quoi qu'il en soit, le capitalisme vainqueur n'a plus besoin de ce soutien depuis qu'il repose sur une base mécanique. Il n'est pas jusqu'à l'humeur de la philosophie des Lumières, la riante héritière de cet esprit, qui ne semble définitivement s'altérer ; et l'idée d'accomplir son « devoir » à travers une besogne hante désormais notre vie, tel le spectre de croyances religieuses disparues. Lorsque l'« accomplissement » [du devoir] professionnel ne peut être directement rattaché aux valeurs spirituelles et culturelles les plus élevées — ou bien, inversement, lorsqu'il ne peut plus être ressenti comme une simple contrainte économique — l'individu renonce, en général, à le justifier. Aux États-Unis, sur les lieux mêmes de son paroxysme, la poursuite de la richesse, dépouillée de son sens éthico-religieux, a tendance aujourd'hui à s'associer aux passions purement agonistiques, ce qui lui confère le plus souvent le caractère d'un sport.

Nul ne sait encore qui, à l'avenir, habitera la cage, ni si, à la fin de ce processus gigantesque, apparaîtront des prophètes entièrement nouveaux, ou bien une puissante renaissance des pensers et des idéaux anciens, ou encore — au cas où rien de cela n'arriverait — une pétrification mécanique, agrémentée d'une sorte de vanité convulsive. En tout cas, pour les « derniers hommes » de ce développement de la civilisation, ces mots pourraient se tourner en vérité : « Spécialistes sans vision et voluptueux sans cœur — ce néant s'imagine avoir gravi un degré de l'humanité jamais atteint jusque-là. »

Mais nous voici dans le domaine des jugements de valeur et de foi, dont nous nous garderons de surcharger cet exposé purement historique. La suite de notre tâche aurait plutôt consisté à montrer la signification, ce que nous n'avons fait qu'amorcer dans l'étude qui précède, du rationalisme ascétique pour le contenu de l'éthique *politico-sociale*, ainsi que pour les types d'organisation et les fonctions des groupes sociaux, depuis le conventicule jusqu'à l'État. Il aurait fallu analyser ensuite ses rapports avec le rationalisme humaniste, les idéaux de vie, l'influence culturelle de ce dernier ; étudier en outre ses rapports avec le développement de l'empirisme philosophique et scientifique, ainsi qu'avec le progrès technique et les idéaux spirituels. Pour finir, il aurait fallu suivre son devenir historique, depuis les amorces médiévales d'un ascétisme à l'intérieur du monde jusqu'à sa dissolution dans le pur utilitarisme, à travers les aires d'extension de la religiosité ascétique. Alors seulement on aurait eu chance de mesurer la signification de la culture du protestantisme ascétique dans sa relation aux autres éléments constitutifs de la civilisation moderne.

Ici, nous nous sommes bornés à tenter, sur un point essentiel certes, de ramener à leurs causes [*Motive*] le fait lui-même et les modalités de son influence. Resterait à élucider la façon dont l'ascétisme protestant a été à son tour influencé, dans son caractère et son devenir, par l'ensemble des conditions sociales, en particulier par les conditions *économiques.* Fût-il pétri de bonne volonté, l'homme moderne est incapable d'accorder aux idées religieuses l'importance qu'elles méritent pour les conduites, la culture et le caractère national. Est-il nécessaire de protester que notre dessein n'est nullement de substituer à une interprétation causale exclusivement « matérialiste », une interprétation spiritualiste de la civilisation et de l'histoire qui ne serait pas moins unilatérale ? *Toutes deux* appartiennent au domaine du *possible* [1] ; il n'en demeure

1. En effet, la présente étude n'a pris en considération que les relations où une influence des idées religieuses sur la civilisation « matérielle » est indubitable. A partir de là, il eût été facile de passer à une « construction » formelle qui aurait *déduit* logiquement du rationalisme protestant *tout* ce qui « caractérise » la civilisation moderne. Mais laissons cela aux dilettantes qui croient à l'« unité » d'un « psychisme collectif » qui serait réductible à *une* formule. Bornons-nous à remarquer, comme il se doit, que, pour ce qui est du développement capitaliste, la période située avant celle que nous avons étudiée a *partout* dépendu pour une part d'influences chrétiennes qui tantôt *entravaient* ce développement, tantôt le favorisaient. Définir la nature de celles-ci fera l'objet d'un chapitre ultérieur. D'ailleurs, il n'est pas certain que l'un ou l'autre des problèmes sommairement esquissés ci-dessus puisse être discuté dans une revue comme celle-ci [*1904*], étant donné les questions aux-

pas moins que, dans la mesure où elles ne se bornent pas au rôle de travail préparatoire, mais prétendent apporter des conclusions, l'une et l'autre servent aussi mal à la vérité historique.

quelles elle se consacre. Mais j'ai peu d'inclination pour écrire les gros volumes qui s'imposeraient en pareil cas, et qui devraient en outre s'appuyer sur les travaux (théologiques et historiques) d'autrui. (J'ai laissé ces lignes telles quelles [*1920*]). [...]

LES SECTES PROTESTANTES
ET L'ESPRIT
DU CAPITALISME

Réédition, amplement augmentée, d'un article publié dans la Frankfurter Zeitung, *numéro de Pâques 1906, puis, sous une forme élargie, dans la* Christliche Welt, *1906, pp. 558 sqq., 577 sqq., sous le titre* Kirchen und Sekten. *A plusieurs reprises j'ai renvoyé au présent essai, qui complète l'étude précédente. Sa réimpression est due au fait que le concept de secte (par opposition à celui d'Église) que j'y ai développé a été repris entre-temps, et à ma profonde satisfaction, par Troeltsch dans ses* Soziallehren der christlichen Kirchen, *où il a traité le sujet à fond. Les discussions conceptuelles peuvent donc être supprimées, d'autant plus que l'indispensable a été dit note 1, p. 173, du chap.* II, *sect.* I *de l'étude précédente.*

Les États-Unis connaissent depuis longtemps le principe de la séparation de l'Église et de l'État. Séparation si rigoureuse qu'il n'existe même pas de statistique officielle des diverses confessions : interroger les citoyens sur leurs croyances serait, de la part de l'État, tenu pour contraire à la loi. Nous ne discuterons pas de l'importance pratique de ce principe pour les relations entre les communautés religieuses et l'État[1]. Intéressons-nous plutôt au fait qu'aux États-Unis, il y a vingt-cinq ans à peine, le nombre de personnes « sans confession » était estimé à 6 % seulement [de la population], cela bien que l'État ignorât absolument les religions, et qu'il s'abstînt, au contraire de ce qui se passait à l'époque un peu partout en Europe, d'accorder toutes sortes de primes extrêmement efficaces à certaines Églises privilégiées, et en dépit aussi d'une énorme immigration.

En outre, aux États-Unis, le fait d'appartenir à une communauté religieuse comporte des charges financières incomparablement plus lourdes qu'en

1. Dans bien des cas ce principe n'existe que sur le papier ; noter l'importance des électeurs catholiques et des subventions aux écoles confessionnelles.

quelque partie que ce soit de l'Allemagne, pour les pauvres surtout. A preuve les budgets familiaux qui ont été publiés. Entre autres cas, j'ai personnellement connu, dans une ville des bords du lac Érié, une paroisse presque entièrement composée de bûcherons immigrés d'Allemagne dont la contribution annuelle aux besoins de l'Église s'élevait à près de 80 dollars, le gain moyen étant de 1 000 dollars. Chacun sait qu'en Allemagne des exigences financières infiniment moins grandes auraient eu pour conséquence un exode massif des fidèles hors de l'Église. Cela mis à part, un voyageur qui aurait visité les États-Unis il y a quinze ou vingt ans, avant que ne commence la récente européanisation du pays, n'aurait pas manqué de constater la vigueur du sentiment d'appartenance religieuse [*Kirchlichkeit*] qui prédominait dans les contrées non encore submergées par le flot des immigrants. Les vieux récits de voyage en témoignent : comparé à celui des dernières décennies, ce sentiment était beaucoup plus profond jadis, et il était incontesté. Nous ne nous occuperons ici que d'un seul aspect de cette situation.

Il y a une génération à peine, lorsque les hommes d'affaires venaient s'établir dans le pays et cherchaient à nouer de nouvelles relations sociales, ils devaient s'attendre à la question : « To what church do you belong ? » Interrogation discrète, due en apparence à l'occasion, mais qui, manifestement, n'était pas l'effet du hasard. Cette vieille tradition s'était maintenue avec une certaine force même à Brooklyn, la cité-sœur de New York ; cependant elle était surtout observée dans les régions les moins exposées à l'influence de l'immigration. Ce qui n'est pas sans rappeler l'une de ces tables d'hôtes typiquement écossaises où, il y a un quart de siècle, le voyageur venu du continent avait presque toujours à répondre, le dimanche, à cette question d'une dame : « What service did you attend to-day ? »

En examinant les choses de plus près, il était facile de se convaincre que, tandis que les autorités américaines, comme nous l'avons dit, ne posaient jamais la question de l'appartenance confessionnelle, celle-ci était presque toujours en cause dans la vie sociale ou professionnelle, lesquelles dépendent de relations durables et de *la bonne réputation.* Pourquoi ?

Tout d'abord, quelques observations personnelles *(1904),* pour tenter de rendre ce fait sensible. Au cours d'un long voyage par chemin de fer à travers ce qui était alors territoire indien, l'auteur de ces lignes, se trouvant dans le même compartiment qu'un représentant en *undertakers hardware* (inscriptions en métal pour pierres tombales), fit incidemment état du sentiment religieux dont la force demeurait encore impressionnante. A quoi le voyageur de commerce répliqua : « Monsieur, je pense que chacun peut croire ou ne pas croire ce qu'il lui plaît. Pourtant, si je rencontre un fermier ou un commerçant qui n'appartient à aucune Église, je ne lui fais pas crédit de 50 cents. *Qu'est-ce qui pourrait l'inciter à me payer s'il ne croit absolument à rien ?* (Why pay me, if he doesn't believe in anything ?) » Il ne s'agissait encore que d'une motivation passablement vague.

Les choses deviennent un peu plus nettes avec le récit qu'un médecin, Allemand de naissance, installé dans une grande ville des bords de l'Ohio, me fit de la visite de son premier client. Le patient s'était allongé sur le divan, à la demande du médecin, et celui-ci s'apprêtait à l'examiner à l'aide d'un réflecteur nasal, lorsque le malade se redressa pour dire avec force et dignité : « Monsieur, je suis membre de l'Église baptiste de la rue... » Surprise du médecin : quelle importance cela pouvait-il avoir pour une affection nasale et son traitement ? Le spécialiste se renseigna discrètement auprès d'un confrère américain qui lui expliqua en souriant : « Cela veut dire tout simplement : soyez sans inquiétude au sujet des honoraires. » Mais pourquoi cette phrase avait-elle précisément ce sens ? Un troisième fait nous éclairera peut-être.

Par un clair et bel après-midi du début d'octobre, j'assistais à une cérémonie de baptême dans une communauté baptiste. Je me trouvais en compagnie de quelques parents — fermiers dans le bocage, à peu de distance de M... (chef-lieu de comté), dans la Caroline du Nord — auprès d'un étang alimenté par une rivière descendant des Blue Ridge Mountains que l'on apercevait dans le lointain. Il avait gelé durant la nuit et le temps restait froid. Alentour, sur les pentes de la colline, une foule de fermiers du voisinage venus avec leurs familles, dans leurs légères voitures à deux roues — certains d'entre eux cependant arrivant de plus loin. Vêtu de noir, le prédicateur se tenait dans l'étang, de l'eau jusqu'à la ceinture. Après divers préparatifs, une dizaine d'hommes et de femmes endimanchés pénétrèrent l'un derrière l'autre dans l'étang. Ils confessaient leur foi, puis étaient entièrement immergés — les femmes dans les bras du prédicateur. Ils réapparaissaient et sortaient de l'eau en s'ébrouant, grelottant dans leurs vêtements trempés. Chacun les « félicitait », puis ils étaient vivement enveloppés dans d'épaisses couvertures et reconduits chez eux en voiture. Près de moi, un parent, peu clérical selon la tradition allemande, regardait en crachant avec mépris par-dessus son épaule. Il observait avec attention l'immersion d'un des jeunes hommes. « Look at him..., I told you so ! » La cérémonie terminée, comme je lui demandais : « Pourquoi avais-tu supposé que celui-là se ferait baptiser ? », il me répondit : « C'est qu'il veut ouvrir une banque à M... — Y a-t-il donc tant de baptistes dans la région, pour qu'il puisse en vivre ? — Certes non, mais maintenant qu'il est baptisé il aura la clientèle de tous les environs et il surclassera tous ses concurrents. » Ma question subséquente : Pourquoi ? Par quels moyens ? aboutit à la mise au point suivante : l'admission dans la communauté baptiste locale, qui adhérait encore strictement aux traditions religieuses, n'intervenait qu'après une mise à l'épreuve minutieuse et des recherches méticuleuses sur la conduite remontant jusqu'à la plus tendre enfance (*disorderly conduct*, fréquentation des cabarets ? danse ? théâtre ? jeux de hasard ? manque de ponctualité dans les paiements ? libertinage ?).

De la sorte, l'admission dans la communauté équivaut à la garantie absolue des qualités éthiques d'un gentleman, et surtout de celles exigées dans les affaires, si bien que ledit gentleman peut être assuré des dépôts de toute la région et d'un crédit illimité sans concurrence possible. C'est désormais un « homme fait ».

Des observations ultérieures ont permis de constater que les mêmes phénomènes, ou du moins des phénomènes analogues, se produisaient dans les régions les plus diverses. Avaient du succès dans les affaires en général ceux-là seuls qui appartenaient aux sectes baptistes ou méthodistes, ou à d'autres *sectes* (ou conventicules à forme sectaire). L'un des membres de la secte changeait-il de résidence, était-il voyageur de commerce, il emportait avec lui un certificat délivré par sa communauté locale et, par ce moyen, non seulement il entrait en relation avec les membres de sa secte, mais surtout il trouvait du crédit. Tombait-il, sans qu'il y fût de sa faute, dans des difficultés économiques, la secte prenait ses affaires en main, donnait des garanties aux créanciers, lui venait en aide de toutes manières, souvent même selon le principe biblique « mutuum date nihil inde sperantes » [*Luc* VI, 35]. Mais ce qui, finalement, faisait pencher la balance en sa faveur, ce n'était point que les créanciers escomptassent que, pour son prestige, la secte ne leur laisserait subir nul dommage. Le point décisif était qu'une secte tant soit peu réputée n'admettait personne en son sein dont la « conduite » ne fût, de façon indiscutable, moralement *qualifiée.*

[En somme,] appartenir à une secte était, pour l'individu, l'équivalent d'un certificat de qualification éthique ; en particulier cela témoignait de sa moralité en affaires, à la différence de l'appartenance à une « Église » dans laquelle on est « né » et qui fait resplendir sa grâce sur le juste comme sur l'injuste. En effet, une « Église », corps constitué en vue de la grâce, administre les biens religieux du salut, telle une fondation de fidéicommis. L'appartenance à l'Église est, en principe, obligatoire, et ne saurait donc rien prouver en ce qui concerne les vertus de ses membres. Une « secte », en revanche, constitue en principe l'association volontaire, exclusive, de ceux qui sont religieusement et moralement qualifiés pour y adhérer. C'est volontairement qu'on y entre, si toutefois l'on s'y trouve admis par la volonté de ses membres, en vertu d'une *probation* [*Bewährung*] religieuse. L'exclusion de la secte pour infraction d'ordre éthique signifiait perte du crédit en affaires et déclassement social.

Les mois suivants, de nombreuses observations

vinrent me confirmer que cet esprit religieux, en tant que tel encore fort vivace, dépérissait il est vrai assez rapidement, mais elles soulignèrent en même temps les traits particulièrement importants mentionnés ci-dessus. De nos jours, la nature de la confession [à laquelle on appartient] est assez indifférente. Peu importe que l'on soit franc-maçon, *christian scientist*, adventiste, quaker, autre chose encore, pourvu que l'on ait été admis par *ballot* après un examen préalable et une *probation* éthique au sens de ces vertus que récompensait l'ascétisme séculier du protestantisme, donc l'ancienne tradition puritaine. On pouvait alors observer les mêmes effets.

Vus de plus près, les faits révélaient les progrès continuels de ce processus caractéristique de « sécularisation » auquel doivent leur disparition, dans les temps modernes, les phénomènes issus de conceptions religieuses. Ce n'étaient plus seulement des associations religieuses, donc des sectes, qui étalaient de tels effets. Bien mieux, celles-ci n'y prenaient plus qu'une part décroissante. Il y a quinze ans encore, en dehors des agglomérations les plus modernes et des centres d'immigration, un peu d'attention suffisait pour remarquer le nombre élevé de personnes appartenant à la moyenne bourgeoisie qui portaient à la boutonnière un petit insigne, de couleur variable, lequel n'était pas sans rappeler la rosette de la Légion d'honneur. Si vous demandiez ce que cela signifiait, la réponse était invariable : il s'agissait de l'insigne d'associations portant parfois un nom des plus bizarres. Associations qui, presque toujours, faisaient fonction de sociétés d'assurance mutuelle en cas de décès et qui offraient en outre divers avantages. Souvent aussi, en particulier dans les régions les moins touchées par la désintégration moderne, l'association accordait moralement à ses adhérents le droit au secours fraternel des membres aisés pour parer à des difficultés économiques dont ils ne pouvaient être tenus pour responsables. Dans plusieurs cas dont j'ai eu connaissance à l'époque, cela avait lieu selon le principe « mutuum date nihil sperantes », ou, à tout le moins, le taux d'intérêt était très bas. Apparemment, le secours était volontairement accordé. En outre, et ceci est le point capital, l'admission dans cette association dépendait d'un scrutin, après enquête et détermination de la valeur morale confirmée [*Bewährung*] [du candidat]. La rosette à la boutonnière voulait donc dire : « Je suis un gentleman breveté après enquête et probation [*Bewährung*], je suis dûment garanti en tant que membre [de l'association]. » Et cela signifiait de surcroît qu'on pouvait *accorder crédit*, au sens le plus strict du terme, [au porteur de l'insigne]. Ici encore, il était loisible de constater l'influence souvent décisive que pareille légitimation exerçait sur les chances économiques.

Tous ces phénomènes qui paraissaient subir une décadence assez rapide[1] — du moins lorsqu'il s'agissait des organisations religieuses elles-mêmes — étaient strictement limités à la moyenne bourgeoisie. En particulier, les associations en question constituaient le véhicule typique d'ascension sociale pour cette classe bourgeoise moyenne qu'était le monde délimité des entrepreneurs (fermiers inclus). On sait que le nombre n'est pas petit (dans les

1. Nombre d'Américains cultivés écartaient ces faits d'un mot, les qualifiant avec mépris et certaine irritation de *humbug*, ou d'état d'esprit arriéré ; William James m'a affirmé que beaucoup les ignoraient réellement. Cependant ces éléments étaient encore vivants dans les domaines les plus divers, et parfois sous des formes qui paraissaient grotesques.

générations les plus vieilles ils représentent probablement la majorité) des *promoters*, capitaines d'industrie, multimillionnaires, magnats des trusts américains, qui appartenaient ostensiblement à des sectes, baptistes pour la plupart. Sans doute n'y adhéraient-ils souvent — tout comme chez nous — que pour des raisons de pure convention, ne visant ainsi qu'à leur légitimation personnelle et sociale, et non point en tant qu'hommes d'affaires. En effet, tout comme à l'époque des puritains, de tels « surhommes de l'économie » n'avaient nul besoin de pareille béquille, et leurs « sentiments religieux » étaient fréquemment d'une sincérité plus que douteuse. De même qu'aux XVIIe et XVIIIe siècles, cette classe moyenne — surtout les couches qui venaient d'y accéder ou celles qui étaient en train de s'élever plus haut — était le porte-parole d'une mentalité religieuse spécifique qu'il faut se garder de considérer comme un produit pur et simple de l'opportunisme[1]. Il ne faut cependant pas perdre de vue que, même en Amérique, sans la diffusion universelle des qualités et des principes de conduite méthodique observés par ces communautés, le capitalisme ne serait pas aujourd'hui ce qu'il est. Mis à part les périodes strictement féodales ou patrimoniales, il n'est aucun moment de l'histoire, en quelque aire économique que ce soit, où aient été absents des

1. En Amérique, l'hypocrisie et l'opportunisme en matière de conventions sociales étaient à peine plus développés qu'en Allemagne où, somme toute, pour un officier, ou un fonctionnaire, n'appartenir à aucune confession constitue également une impossibilité. Un bourgmestre (« aryen » !) de Berlin ne fut pas confirmé officiellement [dans sa charge] parce qu'un de ses enfants n'était pas baptisé. Seul diffère le terrain d'élection de cette hypocrisie : avancement dans des carrières officielles en Allemagne, chances de faire des affaires en Amérique.

Pierpont Morgan, Rockfeller, Jay Gould, etc. ; seuls ont changé (évidemment !) les *moyens* techniques dont ils se servaient pour acquérir [la richesse]. *Ils* se tenaient, *ils* se tiennent encore « au-delà du bien et du mal ». Mais aussi haut que l'on estime d'ailleurs leur influence dans la transformation de l'économie, ils n'ont jamais joué de rôle décisif pour déterminer la mentalité économique dominant à une époque et dans une aire données. Surtout, ils n'ont été ni les artisans ni les hérauts de l'« esprit » *bourgeois* spécifiquement occidental.

Nous ne parlerons pas ici de l'importance politique et sociale des sectes religieuses, ni de celles de ces associations et clubs des plus fermés, fort nombreux aux États-Unis, dont le recrutement se fait par le moyen d'un vote. Le Yankee typique de la génération qui a précédé la nôtre appartenait sa vie durant à toute une série de sociétés analogues, à commencer par le *Boys' Club* à l'école, en passant par l'*Athletic Club* ou la *Greek Letter Society*, ou encore quelque autre club d'étudiants dont l'objet importe peu, pour continuer par l'un des nombreux clubs de notables réservés aux hommes d'affaires et à la bourgeoisie, et finir [éventuellement] dans un de ces clubs de la ploutocratie des grandes villes. En obtenir l'accès équivalait à un ticket d'ascension [sociale] et attestait avant tout, devant le forum de la dignité *personnelle*, que l'on avait fait « ses preuves » [*sich bewähren*]. Au collège, un étudiant qui ne pouvait se faire admettre dans aucun club (ou dans une société du même genre) quelle qu'en fût la nature, devenait une sorte de paria (certains se sont suicidés, m'a-t-on dit, pour y avoir échoué). Pour un homme d'affaires, un commis, un technicien, un médecin, victime de la même fatalité, l'utilisation de ses talents était problématique. Aujourd'hui, de nombreux clubs témoignent de cette tendance caractéristique du développement de l'Amérique à former des groupes sociaux aristocratiques ; à côté et — cela vaut la peine d'être noté — en partie en opposition avec la ploutocratie sans fards[1].

Dans le passé et jusque de nos jours, l'un des caractères spécifiques de la *démocratie* américaine fut, précisément, qu'elle n'était pas un informe tas de sable, [un agrégat] d'individus, mais qu'elle constituait un enchevêtrement d'*associations* rigoureusement exclusives, et volontaires. Il y a peu de temps encore, elle ne reconnaissait pas le prestige de la naissance et de la fortune *reçue en héritage*, ni celui de la fonction et des diplômes, ou, du moins, dans une mesure si minime qu'elle était à peu près

1. En Amérique aussi, la puissance peut s'acheter, mais l'argent seul ne suffit pas à acquérir l'honneur social. Bien sûr, il en constitue l'un des moyens. Comme chez nous, comme partout. Mais [en Allemagne] la voie des honneurs passe par l'achat d'une terre noble, la fondation d'un fidéicommis, puis l'acquisition de titres de noblesse qui faciliteront l'admission des petits-enfants dans la société aristocratique. Aux États-Unis, celui qui avait été l'artisan de sa fortune respectait davantage l'ancienne tradition que ses héritiers, et une carrière sociale honorable s'inaugurait par des relations de bon ton dans un collège élégant. Autrefois, on commençait par une secte distinguée (les presbytériens par exemple ; on trouvait des coussins douillets et des éventails sur les bancs de leurs églises, à New York). Aujourd'hui, l'essentiel est d'être affilié à un club aristocratique. Puis viennent le genre de résidence (dans la rue « comme il faut », — celle-ci ne manque presque jamais dans les villes de moyenne importance), les vêtements, le sport. Ce n'est que récemment qu'il est devenu important de descendre des *Pilgrim Fathers*, de Pocahontas ou autres grandes dames indiennes, etc. Nous n'entrerons pas ici dans les détails. Quantité de bureaux juridiques d'agences de toutes sortes font des recherches approfondies afin d'établir les pedigrees de la ploutocratie. Ces phénomènes, qui atteignent souvent à un grotesque extrême, appartiennent au vaste processus de l'européanisation de la « société » américaine.

sans exemple ailleurs. Néanmoins, dans ces associations on était fort éloigné d'accueillir le premier venu, à bras ouverts, comme un égal. Sans doute, il y a une quinzaine d'années, un fermier américain n'aurait pas laissé passer son hôte à côté d'un laboureur (né en Amérique) au travail, sans leur faire échanger une poignée de main après une présentation en forme. Sans doute, jadis, dans un club typiquement américain, personne ne se serait souvenu que deux des membres en train de disputer une partie de billard étaient respectivement patron et employé. Ici régnait l'égalité absolue des gentlemen. Sans doute, la femme du syndicaliste, accompagnant son mari au lunch, se serait entièrement conformée, toilette et manières — en un peu plus simple et plus gauche — aux dehors d'une dame de la bourgeoisie.

Dans cette démocratie, quelle que fût sa position [sociale], celui qui voulait être pleinement reconnu devait, bien entendu, se conformer aux conventions de la société bourgeoise — y compris la plus stricte des modes masculines. Mais encore, c'était de règle, il devait pouvoir fournir la preuve qu'il avait réussi à se faire admettre par [voie de] scrutin dans l'un des clubs, sectes ou associations — *peu importe* sa nature —, tenu pour une légitimation suffisante de la qualité de gentleman *éprouvé* [*Bewährung*]. Qui n'y parvenait pas n'était pas un gentleman. Qui en faisait fi — comme la plupart des Allemands — avait un dur chemin à parcourir, surtout dans le monde des affaires.

Toutefois, nous l'avons déjà dit, nous n'étudierons pas ici l'importance sociale de ces conditions, qui subissent actuellement une transformation profonde. Ce qui nous intéresse en premier lieu, c'est qu'aujourd'hui l'état d'esprit des clubs séculiers et groupements se recrutant par scrutin, est, dans une large mesure, le produit d'un processus de *sécularisation* du prototype de ces associations volontaires, les sectes, dont le caractère était autrefois beaucoup plus exclusif encore. A vrai dire, ces clubs étaient issus des États du Nord-Est, cette patrie du « yankisme » authentique. Souvenons-nous d'abord que dans la démocratie américaine le suffrage universel, égal pour tous (pour les Blancs ! car même de nos jours il n'existe pas *de facto* pour les Noirs ni les métis), ainsi que la « séparation de l'Église et de l'État », sont les conquêtes d'un passé très récent, qui commence, pour l'essentiel, avec le XIXe siècle. Souvenons-nous aussi que dans les régions du centre de la Nouvelle-Angleterre, le Massachusetts en particulier, durant la période coloniale l'intégralité des droits au sein de la communauté religieuse était la condition préalable (avant quelques autres) à la pleine citoyenneté dans l'État. C'est la *communauté religieuse* qui déterminait l'admission ou la non-admission à la pleine citoyenneté politique[1]. Elle en décidait selon que l'individu avait *prouvé* [*Bewährung*] ou non sa qualification religieuse par

1. A l'époque de l'immigration en Nouvelle-Angleterre, l'organisation des communautés religieuses a souvent précédé l'organisation de la société politique [*Vergesellschaftung*] (à la façon du célèbre pacte des *Pilgrim Fathers*). Ainsi, les émigrants du Dorchester, en 1619, se rassemblèrent avant leur départ en une communauté religieuse et élirent un pasteur et un maître d'école. Dans la colonie du Massachusetts, l'Église constituait une corporation formellement autonome qui, à vrai dire, n'admettait que des citoyens parmi ses membres ; d'un autre côté, lui appartenir supposait la jouissance des droits de citoyen. De même, à New Haven (avant son incorporation au Connecticut, réalisée de vive force), faire partie de l'Église et avoir une bonne conduite (c'est-à-dire être admis à la communion) était la condition préalable à l'acquisition de la citoyenneté. En revanche, dans le Connecticut (1650), le *township* fut

sa *conduite*, comme ce fut le cas parmi toutes les sectes puritaines au sens large du terme. Jusqu'à la période qui précéda immédiatement la guerre d'Indépendance, les quakers n'étaient pas moins les maîtres de l'État de Pennsylvanie bien que, formellement, ils ne fussent pas les seuls citoyens jouissant des pleins droits civils (mais en vertu d'une certaine « géométrie » des circonscriptions). L'énorme importance sociale de l'admission à la pleine jouissance des droits dans les communautés sectaires, en particulier l'admission à la *sainte cène*, agissait dans le sens d'une discipline ascétique de la profession, adéquate au capitalisme moderne à son origine. On peut démontrer que partout, durant des siècles en Europe même, la piété des sectes ascétiques a exercé son action dans le sens illustré ci-dessus par nos expériences personnelles en Amérique.

Jetons un regard en arrière pour considérer les commencements religieux de ces sectes protestantes. Dans leur littérature, surtout celle des baptistes et des quakers, à travers tout le XVIIe siècle, nous trouvons sans cesse de la jubilation à l'idée que les pécheurs « enfants de ce monde » se méfient les uns

obligé de soutenir l'Église (chute des stricts principes indépendantistes dans le presbytérianisme). Ce qui se traduisit aussitôt par une pratique plus laxiste : après l'annexion de New Haven, l'Église se borna à délivrer des certificats stipulant que l'intéressé était religieusement inoffensif et disposait de moyens suffisants. Au XVIIe siècle déjà, à l'occasion de l'annexion du Maine et du New Hampshire, le Massachusetts fut obligé d'abandonner l'observation rigoureuse du principe de la qualification religieuse pour les droits politiques. Sur la question de l'appartenance à l'Église, il fallut également conclure des compromis ; le plus célèbre est le *Half-way Covenant* de 1657. En outre, des individus dont la régénération n'était pas prouvée accédèrent au *membership*. Mais jusqu'au début du XVIIIe siècle, ils ne furent pas admis à la communion.

des autres dans les affaires, mais qu'en revanche ils ont confiance en la probité que la religion entretient chez les hommes pieux[1]. C'est pourquoi ils n'accordent du crédit qu'à ces derniers, ne déposent leur argent qu'entre leurs mains et achètent dans leurs boutiques, car là, et seulement là, *les prix sont honnêtes et fixes.* On sait que les baptistes ont toujours revendiqué l'honneur d'avoir, les premiers, érigé cette attitude en principe[2]. Sans doute est-ce une croyance universelle que les dieux bénissent par la richesse celui qui a su leur plaire, que ce soit par le sacrifice ou par la façon dont il s'est comporté. Si les sectes protestantes n'ont pas été tout à fait les seules à relier consciemment cette idée au type de conduite religieuse qui convenait aux débuts du capitalisme : *honesty is the best policy*, elles sont néanmoins les seules à lui avoir donné et cette continuité et cette cohérence[3]. Mais ce n'est pas

1. Au XVIIe siècle, le fait était tenu pour une telle évidence que BUNYAN (*Pilgrims Progress*, éd. Tauchnitz, p. 114) fait argumenter Mr. Money-Love de la façon suivante : il serait possible d'accéder à la piété même en vue de s'enrichir, en particulier afin d'augmenter le nombre de ses clients, la raison pour laquelle on est devenu pieux étant indifférente.

2. En dehors des baptistes, les quakers ont élevé la même revendication.

3. Dans son ensemble l'éthique typiquement bourgeoise a été, dès le début, commune à tous les conventicules et sectes ascétiques ; elle est identique à l'éthique pratiquée de nos jours par les sectes en Amérique.

Les méthodistes tiennent pour interdit : 1o de vendre et d'acheter à grand renfort de paroles (marchander) ; 2o de commercer avec des marchandises non dédouanées ; 3o de prélever des intérêts plus élevés que ne le permet la loi du pays ; 4o d'« amasser des trésors sur terre » (c'est-à-dire de transformer le capital d'investissement en « fortune ») ; 5o d'emprunter sans être certain de pouvoir rembourser ; 6o de sacrifier au luxe sous toutes ses formes.

seulement l'éthique que nous avons exposée en détail dans l'étude précédente qui remonte aux origines des sectes ascétiques, c'est, également, et avant tout, le cas des avantages [*Prämien*] sociaux, des moyens de discipline et, en général, des fondements de l'organisation du « confessionnalisme » [*Sektentum*] protestant, avec tous les effets qu'il comporte. Dans l'Amérique actuelle, ce sont là survivances d'une réglementation religieuse de la vie qui eut, autrefois, une action des plus profondes. Un bref regard d'ensemble nous éclairera sur la nature de ces sectes, les modalités de leur action et la direction de cette action.

A l'intérieur du protestantisme, c'est fort nettement qu'est apparu parmi les baptistes le principe de la *Believers' Church*, et tout d'abord à Zürich en 1523-1524. En vertu de ce principe, seuls les « vrais » chrétiens étaient admis dans la communauté ; celle-ci était donc une [association] volontaire, séparée du monde, d'individus réellement sanctifiés. Suivant en cela Thomas Münzer — qui avait rejeté le baptême des enfants, mais sans en avoir tiré l'ultime conséquence : le baptême réitéré des adultes (anabaptisme) — les baptistes de Zürich introduisirent, en 1525, le baptême des adultes (jusques et y compris leur rebaptême éventuel). Les principaux agents de diffusion du mouvement baptiste furent les artisans itinérants qui, à chaque répression, transplantaient la doctrine dans de nouvelles régions. Nous n'entrerons pas dans le détail des formes particulières que prit cet ascétisme volontaire dans le siècle, que ce soient celles qu'adoptèrent les vieux baptistes, les mennonites, les baptistes ou les quakers. Nous n'exposerons pas non plus de nouveau comment tous ces ascétismes, le calviniste et le méthodiste compris, furent constamment poussés vers l'une des deux issues suivantes : ou bien, *dans* l'Église, le conventicule des chrétiens exemplaires (piétisme), ou bien la congrégation, qui règne sur l'Église, des citoyens de plein droit qui se sont eux-mêmes légitimés comme religieusement parfaits ; les autres fidèles, n'appartenant qu'à une classe passive, soumise à la discipline, étaient des chrétiens de peu d'importance (indépendantisme).

Entre ces deux principes structurels — l'« Église », conçue comme une organisation administrative en vue du salut, ou bien les « sectes », considérées en tant qu'associations de membres religieusement qualifiés — le conflit, externe et interne, s'est poursuivi dans le protestantisme à travers plusieurs siècles, de Zwingli à Kuyper et Stöcker. Nous considérons simplement ici les *conséquences* pratiques du principe volontariste, importantes par l'influence qu'elles ont exercée sur la conduite. Souvenons-nous que cette idée décisive de préserver la pureté de la *communion*, donc d'éliminer la participation des non-sanctifiés, conduisait à une certaine attitude envers la discipline de l'Église, même parmi ceux qui n'en avaient pas conclu à la nécessité de former les sectes. En particulier, chez les puritains prédestinatiens qui se rapprochaient en fait de la discipline des sectes[1].

1. Pour KUYPER, l'hypothèse fondamentale est que c'est pécher que de ne pas préserver des incroyants la pureté de la communion (*Het dreigend conflict*, 1886, p. 41 ; l'auteur se réfère à I *Cor.* XI, 26, 27, 29 ; I *Tim.* V, 22 ; *Apoc.* XVIII,4). Néanmoins, selon lui, l'Église n'a jamais jugé de l'état de grâce « devant Dieu » — à l'opposé des labadistes (piétistes radicaux). Foi et conduite sont seules décisives pour l'admission à la communion. Aux XVIe et XVIIe siècles, les délibérations de synodes néerlandais fourmillent de discussions sur les conditions préalables de l'admission à la sainte cène. [...]

On aperçoit ainsi l'extrême importance sociale de la communion pour les communautés chrétiennes. Mais dès l'origine, cette idée de la pureté de la communion avait été décisive pour les sectes elles-mêmes. Dans son *Treatise of Reformation without tarying for anie* (probablement en 1582), Browne, le premier volontariste conséquent, avait souligné comme un motif capital pour rejeter l'épiscopalisme et le presbytérianisme, la contrainte qui consiste à participer à la communion en compagnie de *wicked men.* L'Église presbytérienne s'efforça en vain de résoudre le problème. Déjà, sous le règne d'Élisabeth, c'était là le point important (conférence de Wandsworth). Savoir qui pouvait être exclu de la communion, cette question a joué, au Parlement de la Révolution anglaise, un rôle sans cesse renouvelé. Tout d'abord, en 1645, pasteurs et anciens (donc des laïcs) pouvaient en décider librement. Puis le Parlement tenta de déterminer les cas où l'exclusion pourrait être autorisée, tout en faisant dépendre les

Il est probable que Calvin, dans la communauté des Français émigrés à Strasbourg, avait, le premier, imposé l'exclusion de la sainte cène pour ceux dont le mérite s'était révélé insuffisant à l'examen (mais alors c'était le ministre, non la communauté, qui décidait). Selon la doctrine authentique de Calvin, l'excommunication ne devrait s'appliquer qu'aux réprouvés (*Institutio christiana*, IV, cap. XII, § 4, où elle est appelée la promulgation de la sentence « divine »). Mais elle est aussi traitée comme moyen d'« amélioration » (*ibid.* § 5).

De nos jours, en Amérique, l'excommunication formelle est très rare, du moins chez les baptistes des grandes villes, où, dans la pratique, elle est remplacée par le *dropping :* on raye discrètement des listes le nom [de l'excommunié]. [...] Cependant, jusqu'au milieu du XIXe siècle, les indépendants écossais eurent pour coutume de transmettre les cas de mauvaise conduite à une commission dont le rapport était soumis à la communauté ; celle-ci se prononçait sur l'exclusion éventuelle, conformément à une conception rigoureuse de la responsabilité solidaire de tous. [...]

autres de son consentement. Marque d'« érastianisme » contre laquelle l'Assemblée de Westminster protesta violemment.

Le parti indépendant se distinguait en ce qu'il n'admettait à la communion — en dehors des membres locaux de la communauté reconnus irréprochables du point de vue religieux — que les détenteurs d'un laissez-passer *(ticket)*. Ce laissez-passer n'était délivré aux personnes extérieures à la localité que sur la recommandation de membres qualifiés. Les certificats de recommandation *(letters of recommendation)*, délivrés lors d'un changement de résidence ou à l'occasion d'un voyage, existaient déjà au XVIIe siècle. Les conventicules *(associations)* de Baxter, qui avaient été introduits en 1657 dans seize comtés, tentèrent de s'ériger à l'intérieur de l'Église officielle en une sorte de comité de censure volontaire. Ils voulaient seconder le ministre pour déterminer la qualification et prononcer l'exclusion de la communion des *scandalous persons*. Les *five dissenting brethern* de l'Assemblée de Westminster — réfugiés des classes supérieures qui avaient vécu en Hollande — prétendaient à quelque chose d'analogue en proposant d'autoriser des congrégations volontaristes *à côté* de la paroisse *(parish)* et de leur accorder le droit de vote au synode. En Nouvelle-Angleterre, toute l'histoire de l'Église fourmille de luttes sur des questions comme celles-ci : qui peut-on admettre aux sacrements ? (ou encore comme parrain ?) ; est-il permis de baptiser les enfants de personnes non admises et, dans ce cas, sous quelles garanties ? etc. La difficulté était que celui qui en était [jugé] digne, non seulement *pouvait*, mais encore *devait* recevoir la communion. Il s'ensuivait que, dans le cas du croyant doutant de son propre mérite et s'abstenant de communier, cette réserve n'effaçait pas son péché. D'un autre côté, afin d'en préserver la pureté, la communauté devait écarter de la communion tout individu indigne [de la recevoir], et en particulier les réprouvés ; elle *en répondait* solidairement devant Dieu. Surtout, elle se portait garante que le sacrement était administré par quelqu'un qui était digne de le faire, c'est-à-dire qui était [lui-même] en état de grâce. Ainsi réapparaissaient les antiques problèmes de la constitution de l'Église. En vain Baxter proposa-t-il un compromis, suggérant qu'à tout le moins, en cas de nécessité, on pourrait recevoir le sacrement des mains d'un ministre indigne, d'un ministre à la conduite contestable.

Comme aux premiers temps du christianisme, le vieux principe donatiste du charisme personnel se heurtait sans ménagement au principe du *character indelebilis* du prêtre. Ce *character indelebilis*, établi de façon absolue dans l'Église catholique, dominait également les Églises réformées officielles. Pour celles-ci comme pour celle-là, l'Église était une institution administrant la grâce. Le radicalisme sans compromis du monde idéal [*Gedankenwelt*] des indépendants consistait en ceci que la communauté religieuse tout entière était responsable de la dignité du ministre aussi bien que de celle des participants à la communion. Les choses sont toujours ainsi, en principe.

On sait qu'en Hollande, depuis quelques dizaines d'années, d'importantes conséquences politiques résultèrent du schisme de Kuyper. L'origine de ce schisme est la suivante : les anciens d'une église d'Amsterdam — donc des *laïcs*, avec *à leur tête* Kuyper, le futur premier ministre, un simple laïc lui aussi, et un ancien — s'opposèrent aux prétentions du directoire synodal de la *Hervormde Kerk der*

Nederlanden. Ils refusèrent de reconnaître comme suffisants pour l'admission à la communion des bulletins de confirmations délivrés par ceux des prédicateurs des communautés extérieures qui, de leur point de vue, étaient indignes ou incroyants[1]. Situation identique, dans son essence, à l'antagonisme entre presbytériens et indépendants au XVIIIe siècle. En effet, des conséquences de la plus haute importance découlaient de cette responsabilité [collective] de la communauté. A côté du principe volontariste de la libre admission dans la communauté de ceux qui sont qualifiés et uniquement de ceux-ci, nous trouvons le principe de la souveraineté de la *communauté* sacramentelle *locale.* Seule la communauté religieuse locale était

1. Afin de les soustraire à la pression religieuse de prédicateurs orthodoxes, et que leur fût donnée l'instruction des catéchumènes, des citoyens d'Amsterdam avaient envoyé leurs enfants auprès de prédicateurs libéraux. Le *Kerkeraad* [conseil de paroisse] des paroisses [*Gemeinde*] d'Amsterdam refusa de reconnaître les certificats de conduite morale des communiants établis par ces ministres. Les enfants furent exclus de la sainte cène parce que celle-ci devait rester pure et qu'il fallait obéir à Dieu plutôt qu'aux hommes. Lorsque la commission synodale eut approuvé les réclamations présentées contre cette déviation, le conseil de paroisse, refusant d'obéir, adopta un nouveau règlement. En cas de suspension, celui-ci autorisait le conseil de paroisse existant à disposer de l'église ; il rejetait la communauté avec son synode, et les anciens, Rutgers et Kuyper (des laïcs), pour l'heure suspendus, s'emparèrent par surprise de la Nieuwe Kerk, bien que celle-ci fût spécialement gardée. [...] Durant les années 20, le mouvement prédestinatien s'était déjà manifesté, sous la direction de Bilderdijk et de ses disciples Isaac da Costa et Abraham Capadose (des Juifs baptisés). (*A cause* de la prédestination, il repoussait par exemple l'abolition de l'esclavage des Noirs, considérée comme une « atteinte à la Providence », et au même titre, il rejetait la vaccination !). Ce mouvement combattait avec ardeur la discipline laxiste de l'Église et l'administration des sacrements à des individus indignes ; il conduisit à la sécession.

apte à juger de la qualification d'un de ses membres grâce à la connaissance personnelle [qu'elle en avait] et à une enquête [éventuelle], ce que ne pouvait faire le directoire religieux d'une association interlocale de communautés, aussi librement qu'ait été élu celui-ci. Du fait du nombre restreint de ses membres, seule la communauté était à même d'opérer cette discrimination, mais aussi seules les communautés relativement *petites* étaient adaptées à ce principe.

Là où les communautés étaient trop nombreuses, ou bien il se formait des conventicules, comme dans le piétisme, ou bien leurs membres étaient organisés en groupes qui devenaient garants de la *discipline de l'Église*, comme dans le méthodisme[1].

Il existait un troisième principe : la discipline morale extraordinairement rigide des communautés *s'administrant elles-mêmes.* Principe qui était une conséquence inévitable de l'intérêt que l'on portait au maintien de la pureté de la communauté sacramentelle (de la communauté de prière chez les quakers). En fait, la discipline des sectes ascétiques

1. Les « classes » des méthodistes, fondement de leur association en vue de la cure d'âme, étaient la véritable colonne vertébrale de l'organisation tout entière. Une classe comprenait douze fidèles. Le chef de classe devait voir chaque semaine chacun des membres, soit chez lui, soit au *class meeting* au cours duquel avait lieu le plus souvent une confession générale des péchés. Il devait tenir un registre de la conduite de chacun. Cette comptabilité servait, entre autres, à établir des certificats lors du déménagement d'un des membres. Organisation depuis longtemps, et partout, tombée en désuétude, même aux États-Unis. Il est possible de se faire une idée de la façon dont fonctionnait cette discipline de l'Église chez les premiers puritains à l'aide du *Dedham Protocol*, cité plus haut, suivant lequel l'*admonition* devait être donnée dans le conventicule « if any things have been observed *or espied* by the brethern ».

était beaucoup plus rigoureuse que celle de n'importe quelle Église ; elle était en cela analogue à la discipline monastique. [A l'instar de celle-ci,] elle établissait le principe du noviciat[1]. En opposition avec les Églises protestantes officielles, la communauté interdisait souvent à ses membres tout contact avec ceux qu'elle avait expulsés pour infractions d'ordre éthique, décrétant ainsi contre eux le boycott absolu, même en affaires. Parfois, on allait jusqu'à éviter toute relation avec des non-frères, sauf en cas de nécessité absolue. Pour le maintien de sa discipline, la secte s'en remettait surtout aux laïcs. Nulle autorité spirituelle [*geistlich*] ne pouvait délier la communauté de sa responsabilité collective devant Dieu. Chez les presbytériens déjà, parmi les laïcs, les anciens jouissaient de beaucoup d'autorité. Mais l'indépendantisme et, à plus forte raison, le baptisme avaient signifié une lutte contre la domination des théologiens[2]. Ce qui, tout naturellement et exactement, conduisait à une cléricalisation du laïcat, lequel assumait les fonctions du contrôle moral au moyen de l'administration autonome de l'admonition et, éventuellement, de l'excommunication. La domination de l'Église par les laïcs s'est en partie exprimée par la revendication [*Verlangen*] de la libre prédication de ceux-ci *(liberty*

1. Dans toutes les sectes, il y a eu un temps de probation ; chez les méthodistes, par exemple, il était de six mois.

2. C'est ce qu'avaient déjà mis fortement en relief discussions et luttes à l'intérieur des communautés de réfugiés d'Amsterdam, au début du XVIIe siècle. De même, dans le Lancashire, le refus de la discipline cléricale, et la revendication par les laïcs de la direction et du maintien de la discipline de l'Église, furent décisifs pour les positions assumées lors des luttes intestines, au temps de Cromwell.

of prosphesying)[1]. A ce propos on invoquait les conditions qui avaient régné dans les premières communautés chrétiennes. Cette exigence était extrêmement choquante, non seulement au regard de la notion luthérienne d'office pastoral, mais également de l'idée presbytérienne d'ordre divin. D'un autre côté, la domination des laïcs s'est manifestée par leur opposition à toute prédication de théologiens professionnels. Le charisme seul était important, non la fonction [*Amt*] ou l'instruction [*Schulung*].

Il n'est pas douteux que les quakers ont tiré de ce principe des conséquences radicales. Pour eux, chacun peut parler à l'assemblée religieuse, mais seulement si l'« Esprit » est descendu en lui. L'existence d'un clergé professionnel est donc exclue. Dans d'autres sectes, on n'est pas parvenu à des conclusions aussi formelles ; en tout cas celles-ci n'eurent pas d'effet durable. Soit que le ministre n'exerce pas, par principe, une fonction de « mercenaire »[2], mais seulement une charge honorifique,

1. C'est contre cela qu'était dirigée l'ordonnance du Long Parlement du 31 décembre 1646, laquelle se proposait de porter un coup aux indépendants. [...] Dans les premiers temps de la Réforme en Angleterre, non seulement les *exercises* et les *prophesyings* avaient été fréquemment tolérés par des évêques fervents, mais encore ceux-ci les avaient encouragés. En Écosse, en 1560, ils étaient des éléments constitutifs de l'activité de l'Église : introduits à Northampton en 1571, ils le furent ailleurs bientôt après. Mais Élisabeth persistait dans sa détermination de les supprimer, ce que confirma sa proclamation de 1573 contre Cartwright.

2. Les révolutions charismatiques des sectaires (du type de Fox et autres chefs du même genre) ont toujours commencé, à l'intérieur des communautés, par la lutte contre les prébendés de l'État, considérés comme des « mercenaires », et en faveur du principe apostolique de la prédication gratuite par ceux qu'anime l'esprit. Le Parlement fut le théâtre de disputes très vives entre Goodwin, le congrégationaliste, et Prynne, celui-ci

ou bien qu'il reçoive des dons honorifiques volontaires ; soit que sa charge puisse constituer une occupation secondaire dont seuls les frais lui seraient remboursés ; soit encore qu'il risque à tout moment d'être révoqué, ou bien qu'il existe une sorte d'organisation missionnaire avec prédicateurs itinérants et pouvant travailler, de temps à autre, sur le même « circuit »[1], comme dans le méthodisme. Là où la charge [*Amt*] (au sens traditionnel) et, partant, la qualification théologique, avaient été maintenues[2], celle-ci n'avait que la valeur d'une

reprochant à celui-là d'avoir accepté un *living* [bénéfice], contrairement à ses principes, tandis que Goodwin déclarait n'accepter que ce qui lui était donné volontairement. La règle que seuls sont autorisés les dons *volontaires* pour l'entretien des prédicateurs est exprimée dans la pétition des brownistes à Jacques Ier (1603).

1. En 1793, le méthodisme abolit toute différence entre les prédicateurs ayant reçu l'ordination et les autres. En conséquence, les prédicateurs itinérants non ordonnés *(travelling preachers)*, autrement dit les missionnaires, représentants caractéristiques du méthodisme, étaient mis sur un pied d'égalité avec les prêtres qui tenaient encore leur ordination de l'Église anglicane. Mais en même temps les prédicateurs itinérants obtinrent le monopole de prêcher dans tout le « circuit » et d'administrer les sacrements (c'est de cette époque seulement que date en principe l'administration autonome des sacrements, mais à des heures différentes de celles qui étaient en usage dans l'Église officielle, à laquelle on prétendait continuer d'appartenir). Comme depuis 1768 il leur était interdit d'exercer une activité secondaire à titre civil, les prédicateurs se transformèrent en un nouveau clergé. En 1836, fut même instituée une ordination formelle. Il existait en outre des prêcheurs locaux recrutés parmi les laïcs, pour lesquels le prêche constituait une profession secondaire ; ils n'avaient pas le droit d'administrer les sacrements et leur compétence était purement locale. Ni à l'une ni à l'autre de ces deux catégories n'étaient attribués de vêtements indiquant la fonction.

2. L'opposition de Cromwell au « Parlement des saints » devint aiguë du fait, entre autres, de la question des universités (lesquelles auraient disparu avec l'élimination de la dîme et des prébendes). Cromwell ne pouvait se résoudre à détruire

condition technique préalable. Ce qui l'emportait de façon réellement décisive, c'était le charisme de l'état de grâce. C'est à constater celui-ci par des enquêtes que s'employaient les autorités qui — comme les *tryers* de Cromwell (organisations locales qui établissaient les certificats de qualification religieuse) et les *ejectors* (instances disciplinaires ecclésiastiques) — devaient examiner l'aptitude des ministres. On le voit, qu'il s'agisse de l'autorité ou de l'appartenance à la communauté elle-même, le caractère charismatique n'était pas perdu de vue. Dans l'armée de Cromwell les saints n'acceptaient la communion que de ceux qui étaient religieusement qualifiés, le soldat se refusait à marcher au feu sous les ordres d'un officier qui n'eût pas appartenu comme lui à cette même communauté sacramentelle.

A tout le moins chez les baptistes et dans les dénominations qui en dérivent, il était exigé que l'esprit fraternel des premiers chrétiens régnât parmi les membres. Parmi les sectes, beaucoup tenaient pour strictement prohibé tout appel aux tribunaux de l'État[1] et l'entraide en cas de détresse était un devoir[2]. Il va sans dire que si les relations *d'affaires* avec les non-frères n'étaient pas interdites (sauf parfois dans des communautés particulière-

des centres de culture qui étaient avant tout, selon l'esprit du temps, des institutions où se formaient les théologiens.

1. Les méthodistes ont maintes fois essayé de punir par l'exclusion l'appel au juge séculier. D'autre part, ils ont créé de multiples instances auxquelles on pouvait avoir recours contre les mauvais payeurs.

2. Chez les premiers méthodistes, une commission de frères était chargée d'enquêter sur tous les cas de cessation de paiement. S'endetter sans être assuré de pouvoir rembourser était une cause d'exclusion ; d'où la notoriété des méthodistes en matière de crédit. [...]

ment extrémistes), les frères étaient cependant préférés[1]. Dès le début, on trouve en vigueur le système de ces certificats (attestant l'appartenance à la secte et la *conduite*)[2] délivrés aux frères qui changeaient de résidence. Chez les quakers, les œuvres de bienfaisance s'étaient développées au point que la charge qu'elles constituaient devait finalement paralyser la propension au prosélytisme. La cohésion des communautés était si puissante qu'on a pu la tenir, et à juste titre, pour l'une des raisons du caractère largement urbain et de la densité du peuplement de la Nouvelle-Angleterre, en contraste avec le Sud.

Tous ces points montrent que les fonctions modernes des sectes américaines et des associations à forme sectaire décrites au début de cette étude descendent en droite ligne — et doivent être considérées comme des éléments et des survivances — du système de relations qui a régné autrefois dans toutes les sectes ascétiques et les conventicules, système qui, de nos jours, tombe en décadence. Dès le début est attesté, immense, exclusif, l'« orgueil de caste » des sectaires[3].

Et maintenant, quelle part de tout ce développement était — et reste encore — réellement décisive

1. Chez les méthodistes, c'est une obligation expressément formulée.

2. Chez les méthodistes, à l'origine, ces certificats devaient être renouvelés tous les trois mois. Comme nous l'avons déjà noté, les premiers indépendants n'accordaient la communion qu'à ceux qui étaient en possession d'un *ticket.* Chez les baptistes, un nouvel arrivant n'était admis que s'il était porteur d'une *letter of recommendation* de sa communauté d'origine. [...]

3. Cf. par exemple les remarques de Doyle sur les rapports entre classes sociales en Nouvelle-Angleterre, où l'« aristocratie » était constituée par les familles ayant une vieille tradition religieuse et lettrée, et *non* par les classes possédantes.

pour notre problème ? Au Moyen-Age aussi, l'excommunication avait des conséquences civiles et politiques. Elle était même pratiquement plus rigoureuse que là où régnera plus tard la liberté des sectes. Au Moyen Age aussi, seul le chrétien pouvait revendiquer le statut de citoyen à part entière. Au Moyen Age aussi existait la possibilité d'employer les moyens de la discipline de l'Église contre un évêque qui ne payait pas ses dettes, ce qui, comme Aloys Schulte l'a excellemment montré, faisait bénéficier l'évêque de plus de crédit que n'en avait le prince séculier. De même, le fait que pesait sur le lieutenant prussien la menace d'être chassé de l'armée s'il ne remboursait pas l'argent emprunté, renforçait son crédit. Même chose encore pour l'étudiant affilié à une corporation. Au Moyen Age aussi, la confession et le pouvoir coercitif de l'Église permettaient l'exercice d'une discipline efficace, et il en fut effectivement ainsi. Enfin, la menace d'excommunication qui planait sur le débiteur en cas de faux serment était exploitée à fond.

Certes, tout cela est indubitable. Il reste que les types de comportement encouragés ou interdits dans ces conditions différaient totalement de ceux qui furent inculqués ou réprimés par l'ascèse protestante. Pour le lieutenant, l'étudiant, voire pour l'évêque, un crédit accru ne reposait certainement pas sur la mise en valeur d'aptitudes personnelles aux *affaires*. De cette dernière remarque il ressort que si, par rapport au but poursuivi, [ces deux courants religieux] allaient dans le même sens, leurs résultats étaient, de toute nécessité, fondamentalement différents. La discipline de l'Église du Moyen Age, de même que celle des luthériens, I° était entre les mains d'un clergé officiel ; 2° agissait (dans la mesure où elle était efficace) par des moyens autoritaires ; 3° distribuait punitions ou récompenses [*prämieren*] pour des actes concrets et *singuliers*.

La discipline de l'Église des puritains et des sectes [présentait les caractères suivants] : 1° elle était, parfois en partie, souvent en totalité, aux mains des laïcs ; 2° son moyen d'action consistait dans l'obligation où se trouvait l'individu de *s'affirmer personnellement* ; 3° elle cultivait [certaines] *qualités*, ou, si l'on préfère, elle les sélectionnait. De ces trois points, le dernier est le plus important.

Pour pénétrer dans le cercle de la communauté, le membre d'une secte (ou d'un conventicule) devait révéler des *qualités* d'un certain ordre dont la possession — ainsi que nous l'avons exposé dans l'étude précédente — a été des plus importantes pour l'évolution du capitalisme rationnel moderne. Afin de *s'affirmer* dans ce cercle, il lui fallait sans cesse *prouver* [*bewähren*] l'existence de ces qualités. Jour après jour, il devait les cultiver en lui. Car — nous l'avons exposé dans l'étude qui précède — de même que sa béatitude [*Seligkeit*] dans l'au-delà, toute son existence sociale d'ici-bas dépendait de cette « épreuve » [*bewähren*] de soi-même. Toute notre expérience le confirme, il n'existe pas de moyen d'éducation plus puissant que cette nécessité de s'affirmer socialement soi-même dans le cercle de ses compagnons. C'est pourquoi la discipline éthique des sectes, discipline continue et qui passe [pratiquement] inaperçue, se trouve, vis-à-vis de la discipline autoritaire de l'Église, dans le même rapport que l'éducation rationnelle et la sélection vis-à-vis des ordres et des interdits. A cet égard, comme à presque tous les autres, les sectes puritaines sont par excellence les porteurs de l'ascétisme séculier, lui-même l'antithèse la plus conséquente, et en un certain sens l'unique antithèse conséquente, de l'Église catholique universaliste, institution en vue de la grâce [*Gnadenanstalt*]. Les sectes puritaines utilisèrent pour les fins de cette éducation disciplinée [*Anzüchtung*] les intérêts *individuels* tout-puissants sur le plan social de l'estime de soi-même. Ces mobiles *individuels* et ces intérêts personnels furent donc mis au service du maintien et de la propagation de l'éthique puritaine « bourgeoise ». Ce qui fut absolument décisif pour la force de pénétration et l'ampleur du résultat.

Car — répétons-le[1] — ce n'est pas la *doctrine* éthique d'une religion qui comporte des bénéfices [*Prämien*] psychologiques, mais la conduite éthique qu'elle détermine. Ces bénéfices, selon [ce que la religion donnée entend par] biens de salut, constituent son « éthos » spécifique, au sens social du terme. Pour le puritanisme, cette conduite était un mode de vie déterminé de façon méthodique et rationnelle, lequel — dans des conditions données — a frayé la voie à l'« esprit » du capitalisme moderne. Dans *toutes* les dénominations puritaines, ces bénéfices psychologiques étaient liés à la « confirmation » [*Bewährung*] du chrétien devant Dieu, au sens d'assurance du salut ; à l'intérieur des sectes puritaines, ils étaient axés sur l'« attestation » devant les hommes, au sens d'affirmation sociale de soi-même. Ces deux aspects se complétaient dans leur action dans une même direction,

1. Soulignons de nouveau avec force ce point absolument décisif et qui a été mis en relief dans le premier des deux essais présentés ici. L'erreur fondamentale de mes critiques est précisément de n'avoir pas pris garde au fait. Dans l'étude de l'éthique des Hébreux, en relation avec les *doctrines,* fort ressemblantes, des systèmes éthiques égyptien, phénicien et babylonien, nous noterons des états de fait tout à fait analogues.

aidant ainsi l'« esprit » du capitalisme moderne à accoucher de son *éthos* spécifique, c'est-à-dire de l'éthos de la *bourgeoisie* moderne. En particulier, l'organisation de sectes et de conventicules avec l'éclatement radical de la sujétion patriarcale et autoritaire[1] [qu'elle a provoqué], et *sa* façon d'interpréter le principe qu'il vaut mieux obéir à Dieu qu'aux hommes, cette organisation a constitué l'un des fondements historiques les plus importants de l'« individualisme » moderne. Enfin, pour comprendre la nature de ces effets éthiques, un dernier parallèle. Dans les corporations du Moyen Age on trouvait fréquemment un contrôle du niveau éthique des adhérents, analogue à celui qu'exerçait la discipline dans les sectes ascétiques protestantes[2]. Mais évidente est la différence, et d'ailleurs inévitable, entre corporations et sectes dans leurs effets sur le comportement économique de l'individu. La corporation réunissait des confrères, autrement dit, des *concurrents*, afin précisément de *limiter* la concurrence et le désir d'acquisition rationnelle qui s'ensuivait. Elle enseignait des « vertus civiques » ; en un certain sens (que nous n'analyserons pas ici en détail), elle figurait le porte-parole du « rationalisme » bourgeois. Mais elle agissait par le biais des

1. A ce sujet, comparer avec ce qui est dit dans l'étude précédente, pp. 204 sqq. Les congrégations, chez les juifs de l'Antiquité comme chez les premiers chrétiens, agissaient, chacune à sa manière, dans la même direction (c'est ce qui a déterminé, nous le verrons, la disparition de l'importance sociale de la *parenté* chez les juifs ; le christianisme a agi dans le même sens au début du Moyen Age).

2. Qu'il suffise de donner en exemple le *Livre des métiers* du prévôt de Paris, Étienne BOILEAU (1268) (éd. Lespinasse et Bonnardot, *Histoire générale de Paris*), pp. 211, section 8 ; 215, section 4.

« moyens d'existence » [*Nahrungspolitik*] qu'elle reconnaissait à ses membres et par celui de la *tradition.* Dans la mesure où la réglementation de la corporation sur le plan économique a été effective, elle a eu les conséquences pratiques que l'on sait.

Pour leur part, les sectes ne rassemblaient pas des individus techniquement qualifiés pour exercer une profession par un apprentissage ou des origines familiales. Elles réunissaient des *compagnons de croyance* éthiquement qualifiés par la discipline et la sélection ; elles contrôlaient et réglementaient la conduite de leurs membres au sens *exclusif* de *vertu formelle* et d'ascétisme méthodique, faisant fi de toute manipulation des moyens d'existence de ses membres qui auraient pu freiner le désir d'un gain rationnel. Le succès, au sens capitaliste, d'un membre d'une corporation, ruinait l'esprit corporatif — comme cela s'est produit en Angleterre et en France — et, de ce fait, il était regardé avec horreur. Légitimement obtenu par un frère d'une secte, un succès du même ordre fournissait au contraire la preuve de son mérite et de sa confirmation [*Bewährung*] ; prestige et chances d'expansion de la communauté s'en trouvaient accrus. En conséquence, un tel succès était vu avec faveur, de nombreuses assertions l'ont ci-dessus démontré.

Considérons l'organisation du travail libre dans les corporations, sous la forme qu'ont prise celles-ci durant le Moyen Age chrétien, et qui était fort éloignée de leur dessein [initial]. A coup sûr, elle ne doit pas être envisagée seulement comme une entrave à l'organisation capitaliste du travail ; elle en a également constitué comme une étape préalable, une étape peut-être indispensable. Il n'en est pas moins évident que la corporation ne pouvait enfanter l'*éthos* capitaliste bourgeois des temps modernes. Seul, le mode de vie méthodique des sectes ascétiques était en mesure de légitimer en les transfigurant les motivations économiques « individualistes » de celui-ci.

BIBLIOGRAPHIE

ADAMS (Thomas), in *Works of the English Puritan Divines* (London, 1845-1847).

ALBERTI (Leone Battista), « Del governo della famiglia », *Opere volgari di Leone Battista Alberti, annote e illustrate dal dott. Anicio Bonucci* (Firenze, 1843-1849), 5 vol.

ASHLEY (William James), *Birmingham Industry and Commerce* (Birmingham, 1913).

BAYLEY (R.). *Praxis pietatis* (Leipzig, 1724).

BARCLAY (Robert), *The Inner Life of the Religious Societies of the Commonwealth* (London, 1876).

BAXTER (Richard). *An Christian Directory, or a Summ of practical Theology and Cases of Conscience* (London, 1677, 1678²).

– « Life », in *Reliquiae Baxterianae, or Mr. Richard Baxter's Narrative of the most memorable Passages of his Life and Times* [...] *publish'd* [...] *by Matthew Sylvester* (London, 1696).

– *The Saints' Everlasting Rest, or a Treatise on the blessed State of the Saints in their enjoyment of God in Heaven, by the Rev. Richard Baxter* (London, s.d. [1650]).

BOILEAU (Etienne), *Les métiers et corporations de la ville de Paris.* XIIIe siècle. Le Livre des Métiers d'Etienne Boileau, publié par René de Lespinasse et François Bonnardot (Paris, 1879).

BRENTANO (Lujo), *Die Anfänge des modernen Kapitalismus* (München, 1916).

– *Über das Verhältnis von Arbeitslohn und Arbeitszeit zur Arbeitsleistung* (Leipzig, 1875, 1893²).

BROWNE (Robert), *A Treatise of Reformation without tarying for anie, and of the wickednesse of those Preachers which will not reforme till the Magistrate commaunde or compell them* (?, 1582 [probablement]).

BUNYAN (John), The Pharisee and the Publican, *Works of the English Puritan Divines,* (London, 1845-1847).

– *The Pilgrim's Progress from this World to that which is to come* [...] (London, 1678-1684), 2 vol.

CALVIN (Jean), *Johannis Calvini Opera quae supersunt omnia*, éditées par BAUM, CUNITZ et REUSS, in *Corpus Reformatorum*, t. XXIX-LXXXVII (Braunschweig, 1863-1900), 59 vol.
– *Institutio christianae religionis* (Genevae, 1501).
– *Commentarii in Jesaiam Prophetum*, *Opp.* III.
CATON L'ANCIEN, *De re rustica.*
Confession d'Augsbourg 1530 [textes français, allemand et latin (Paris/Strasbourg, 1949)].

DENIFLE (Heinrich), *Luther und Luthertum in der ersten Entwicklung quellenmäßig dargestellt* (Mainz 1904-1906), 2 vol.
DOWDEN (Edward), *Puritan and Anglican : Studies in Literature* (London, 1901).
DOYLE (John Andrew), *The English in America* (London, 1887).

FRANCKE (August Hermann), *Lectiones paraeneticae.*
– *Von des Christen Vollkommenheit.*
FRANKLIN (Benjamin), Necessary Hints to Those That would Be Rich, *Works*, vol. II. Edition Sparks (Boston, 1840), 10 vol.
– Advice to a Young Tradesman, *Works*, vol. II. Edition Sparks (Boston, 1840), 10 vol.
– *The Life of Franklin, written by himself*, Editions Bigelow (Philadelphia, 1874), 3 vol.

GOETHE (Johann Wolfgang von), *Maximen und Reflexionen* (Weimar, 1907).

HEPPE (Henrich Ludwig), *Dogmatik der evangelish-reformierten Kirche* (Elberfeld, 1861).
– *Geschichte des Pietismus und der Mystik in der reformierten Kirche, namentlich der Niederlande* (Leyden, 1879).
HOFFMANN (Hermann von), *Das Kirchenverfassungsrecht der niederländischen Reformierten bis zum Beginne der Dordrechter Nationalsynode von 1618-1619* (Leipzig, 1902).

KNOLLYS (Hanserd), [*Confession*] (West Chester [Pa.] 1827) [reproduite dans *Baptist Confessions of Faith*, éd. par W.L. LUMPKIN, The Judson Press (Philadelphia, 1959)].
KUYPER (Abraham), *Het dreigend conflict* (Amsterdam, 1886).
LEVY (Hermann), *Die Grundlagen des ökonomischen Liberalismus in der Geschichte der englischen Volkswirtschaft* (Jena, 1912).
– Studien über das englische Volk, *Archiv für Sozialwissen schaft und Sozialpolitik*, XLVI (1918-1919), 422 sqq., 636 sqq.

LOFFS (Friedrich), art. « Methodismus » in *Realenzyklopädie für protestantische Theologie and Kirche.*

LUTHER (Martin), *Deutsche Schriften* (Erlangen und Frankfurt, 1826-1857), 67 vol.

MARKS (Erich), *Gaspard von Coligny, sein Leben und das Frankreich seiner Zeit* (Stuttgart, 1892).

MILTON (John), *Paradise Lost* (London, 1667).

MONTESQUIEU (Charles Louis de Segondat, baron de La Brède et de), De l'Esprit des Loix, *Œuvres de M. de Montesquieu, nouvelle édition revue* [...] [Amsterdam et Leipsick] (Paris, 1758), 3 vol.

MÜLLER (Karl), *Kirchengeschichte* (Freiburg, 1892).

OFFENBACHER (Martin), Konfession und soziale Schichtung. Eine Studie über die wirtschaftliche Lage der Katholiken und Protestanten in Baden, *Volkswirtschaftlichen Abhandlungen der badischen Hochschulen*, tome IV, fasc. 5 (Tübingen und Leipzig, 1901).

PETTY (William), *Political Arithmetic, Discourse concerning the Extent and Values of Lands, People, Buildings* [...] (London, 1691).

PLITT (Hermann), *Zinzendorfs Theologie* (Gotha, 1869-1874), 3 vol.

RANKE (Leopold von), *Englische Geschichte im XVI. und XVII. Jarhrundert* (Berlin und Leipzig, 1859-1867), 3 vol.

RITSCHL (Albrecht), *Die christliche Lehre von der Rechfertigung und Versöhnung* (Bonn, 1870-1874).

SANFORD (John Langhton), *Studies and Illustrations of the great Rebellion* (London, 1858).

SCHÄFER (Dietrich), Zur Beurteilung des Wormser Konkordats, *Abhandlungen der Berliner Akademie* (Berlin, 1905).

SCHNECKENBURGER (Matthias), *Vergleichende Darstellung des lutherischen und reformierten Lehrbegriffs* (Stuttgart, 1855).

– *Vorlesungen über die Lehrbegriffe der kleineren protestantischen Kirchenparteien*, édité par Hundeshagen (Frankfurt, 1863).

SOMBART (Werner), *Der Bourgeois* (München und Leipzig, 1913).

– *Der moderne Kapitalismus*[2] (Müchen, 1916).

SPENER (Philipp Jacob), *Philipp Jacob Speners* [...] *theologisches Bedenken über einige Puncten* [...] (s.l. 1692).

TAULER (Johann), *Sermon des groszgelarten in Gnaden erlauchten doctoris Johannis Thauleri* [...] (Leipzig, 1498).
TROELTSCH (Ernst), *Die Soziallehren der christlichen Kirchen und Gruppen* (Tübingen, 1912).

UNWIN (George), *Industrial Organisation in the Sixteenth and Seventeenth Centuries* (London, 1914).

VEBLEN (Thornstein), *The Theory of Business Enterprise* (New York, 1904).
VOETIUS (VOET) (Gisbert), De usuris, *Selectae disputationes theologicae* (?, 1667).

WEBER (Max), Zur Psychophysik der industriellen Arbeit, *Archiv für Sozialwissenschaft und Sozialpolitik*, XXVII, XXVIII (1908-1909).

ZIZENDORF (Nikolaus Ludwig, Graf von), *Sokrates, d.i. Aufrichtige Anzeige verschiedener nicht sowohl unbekannter als vielmehr in Abfall geratener Hauptwahrheinten* (?, 1725).

NOTE SUR LA PRÉSENTE TRADUCTION

Parmi les nombreux partis que nous avons pris pour rendre le plus fidèlement possible un texte difficile et semé de chausse-trappes, certains au moins méritent d'être exposés au lecteur.

La traduction de *Beruf*, « métier-et-vocation », mot clé pour Weber à bien des égards (cf. *le Savant et le politique*), exigeait que soit sauvegardée avant tout la tension sémantique entre ses deux pôles. Nous l'avons rendu par « métier » (ou profession) dans un contexte religieux, par « vocation » dans un contexte professionnel, afin de souligner cette tension qui fonde la thèse même de l'ouvrage. Toutefois il serait inexact de présupposer partout ces deux acceptions complémentaires, en particulier dans un contexte biblique où cela reviendrait à introduire un anachronisme : en pareils cas, nous nous sommes contentés de « besogne », ce vieux mot des Écritures, qui nous a semblé rendre au mieux la notion en son état indifférencié.

Weber utilise *Bewährung* et *bewähren* au sens théologique de « preuve/épreuve », « prouver/éprouver », mais aussi au sens commun de « vérifier ». Au premier sens nous nous sommes tenus dans la mesure du possible à « épreuve » (« probation » ne serait pas toujours compris en dehors des milieux protestants), sans toutefois nous interdire de recourir à « attestation » et même « confirmation » pour le salut de la langue. Ce vocable est utilisé d'ailleurs de façon beaucoup plus lâche dans le deuxième essai.

Individuum, *Eigenart* ont été traduits le plus littéralement possible ; *Konsequenz*, au singulier, par « enchaînement systématique » ou « cohérence logique ». *Zurechnung* par « imputation » (causale). *Idealtypus* est généralement rendu en français par « type idéal ». Nous avons conservé ce qui peut déjà passer pour un usage, bien qu'à notre opinion il conviendrait de se contenter de « type idéel », non seulement pour éviter tout risque d'un éventuel jugement de valeur, certes, mais surtout pour conserver à cette notion la fonction d'analyseur que Weber lui attribue [...]

La présente traduction, due à M. Jacques Chavy, a été révisée par M. Louis Dumont et M. Éric de Dampierre. Traducteur et reviseurs remercient MM. Henri Dussat et Jean Séguy d'avoir bien voulu relire le texte avec leurs yeux critiques. Ils accueilleront avec reconnaissance les remarques et les propositions que l'on voudra bien leur faire en vue d'une éventuelle troisième édition. – É.D.

INDEX DES NOMS

INDEX DES MATIÈRES

Les références aux notes sont en italique.

T

TABLE DES MATIÈRES

IMPRIMÉ EN FRANCE PAR BRODARD ET TAUPIN
58, rue Jean Bleuzen - Vanves.
Usine de La Flèche, le 25-10-1985.
6981-5 - N° d'Éditeur 10, novembre 1985.

PRESSES POCKET - 8, rue Garancière - 75006 Paris
Tél. 634.12.80